Angelika Fürstler

HighVibe-FOOD

Beschwingt & glücklich
mit Rezepten
voller Lebensenergie und Genuss

HANS-NIETSCH-VERLAG

HighVibe® ist eine von Angelika Fürstler registrierte Marke. Der Lesbarkeit wegen wurde im Buch auf die Verwendung des ®-Zeichens verzichtet.

Redaktion & Lektorat: Martina Klose, Freiburg
Korrektorat: Andrea Bistrich
Fotos: Mónica García, Angelika Fürstler, Romain Almirall-Torrel-Fürstler, Frédéric Lefeuvre, Daniela Vallant, Cesar Cuervo, Doug Berry, Veronika Fedorchenko, Martina Haslinger;
Food-Styling & Photo-Direction: Angelika Fürstler
Innenlayout & Satz: Rosi Weiss
Illustrationen (Rezept-Icons Mixer, Uhr, Mütze, Apfel; Sprossen-Icon Seite 39 ff.; Hintergrund Infokästen): © *Olga Zakharova/..., karamvi/..., Yusak_P/..., matsabe/..., Vladimir Kim/Shutterstock.com*
Umschlaggestaltung: Rosi Weiss, unter Verwendung eines Fotos von Mónica García (Frontcover) und © *Tartila/shutterstock.com* (Backcover)
Druck: Dimograf Sp. z o.o., Bielsko-Biała/Polen

Hans-Nietsch-Verlag
Industriestraße 20
64380 Roßdorf

www.nietsch.de
info@nietsch.de

ISBN 978-3-86264-830-6

Inhalt

Vorwort

Wie wundervoll, dass du dieses Buch in Händen hältst. Alles im Leben kommt zur richtigen Zeit zu uns. Und so freue ich mich auf die Entdeckungsreise mit dir in die Welt von „HighVibe-Food & -Lifestyle" – eine **energetisch hochschwingende Ernährungs- und Lebensweise**. Wir werfen gemeinsam einen Blick über den Tellerrand konventioneller Wissenschaft und Normen und tauchen dabei ein in die ganzheitlichen, feinstofflichen, energetischen Aspekte unserer Lebensmittel und unserer Lebensweise und ihre Auswirkungen auf unsere Vitalität, Gesundheit, unser Wohlbefinden, Bewusstsein, Denken und Handeln.

HighVibe-Food begleitet dich auf dem Weg zu mehr Lebensenergie, Leichtigkeit, Wahrhaftigkeit, „innerer Ordnung" und Harmonie, sodass du dein Leben befreit und gestärkt auf eine Weise gestalten kannst, die dir guttut. Du wirst am eigenen Leib erfahren, was dich – auf allen Ebenen – nährt, und das dann ganz einfach in deinem Tempo umsetzen. Lebe dein Leben voller Lebendigkeit und Herzensfreude. 🙂

Ganz wichtig: In keinem Fall geht es mir darum, irgendwelche Dogmen aufzustellen; glaub nicht, dass du Idealen nacheifern oder alles sofort und perfekt umsetzten musst, denn: Das ganze Leben ist ein Prozess, und du bist einzigartig – und genauso individuell darf auch deine Ernährung und Lebensweise auf deine Bedürfnisse abgestimmt sein. *Am besten geht's sowieso ohne Druck.* Alles darf, nichts muss sein; und was ist, das ist auch richtig so – für dich persönlich, zum jetzigen Zeitpunkt.

Ich lade dich ein, all das, was ich geschrieben habe, mit offenem Herzen und freiem Geist zu lesen und immer wieder in dich hineinzuspüren, was sich gerade für dich stimmig anfühlt. Folge der Spur der Freude und Leichtigkeit. Gehe Schritt für Schritt. Hör auf dein Herz, vertraue auf dein „Bauchgefühl" und lass uns unsere Reise genießen und zusammen wachsen. 🙂

Wie ein Samenkorn alles in sich trägt, was es braucht, um sich zur Pflanze zu entwickeln, so trägst auch du alles in dir, was du benötigst, um dich auf jeder Ebene zu entfalten. Tief innen weißt du, wer du bist und was du in der Welt bewirken möchtest. Du bist einzigartig, und deine Essenz zu leben und ihr Ausdruck zu verleihen ist das Beste, was du für dein vitales, erfülltes Leben und für die Welt tun kannst.

Damit aus einem Samenkorn eine gesunde und kräftige Pflanze wird, braucht es außer dem, was in ihm steckt, *von außen* die richtigen Nährstoffe (einen guten Boden) sowie Wasser, Sonnenlicht und ein Klima, in dem das Pflänzchen gut gedeihen kann. Mit all dem entwickelt es sich prächtig, erblüht, trägt Früchte und erfüllt seinen

Lebenssinn. Und mit uns Menschen ist es ebenso: Die richtigen Lebens-Mittel, eine „artgerechte“ Lebensweise, ein Lebenssinn, liebvolle Beziehungen und ein positives Umfeld lassen uns gesund heranwachsen und uns voll entfalten. Wonach wir uns sehnen, das ist: gesund, glücklich und in Harmonie zu leben – in unserer Mitte, in der Erde verwurzelt, mit „Höherem“ verbunden, in Einklang mit uns selbst und allem, was ist, in unserer Kraft und im Fluss des Lebens. Das ist unser eigentlicher Seinszustand. Wir wollen, dass es uns und anderen gut geht, denn das ist die menschliche Natur. Und wie wir das nicht nur theoretisch, sondern auch praktisch leichter umsetzen können, das erleben wir auf der Reise mit diesem Buch.

Natürlich ist in der Welt draußen nicht alles ideal und förderlich, doch lass uns unseren Blick lieber auf das Hilfreiche richten: *HighVibe-Food* will dich unterstützen, ganzheitliche Lösungen mit Freude, Leichtigkeit und Genuss umzusetzen, sodass du und deine Lieben auf jeder Ebene davon profitieren. – Freu dich auf jede Menge Informationen, praktische Übungen und superleckere energiereiche Rezepte für die ganze Familie.

Möge dieses Buch dir köstliche und Glück erfüllte Augenblicke schenken und eine wertvolle Bereicherung für dein Leben sein. Es will dich einladen, dich dem Leben voll und ganz hinzugeben und dich mit dem Lebendigen in dir und um dich herum zu verbinden.

Erwarte Wunder. Jetzt.
Alles Liebe,

Wichtig ist: Ich reiße in *HighVibe-Food* viele Themen an. Sie alle umfassend darzustellen würde den Rahmen des Buchs sprengen. Und so sind im Literaturverzeichnis (Seite 236 f.) Bücher und unter „Anmerkungen“ (Seite 233 f.) Links zu den Studien zusammengestellt, die dir helfen, tiefer in die Materie einzudringen. Bezugsquellen findest du auf meiner Website **www.highvibefood.de**. Hier werde ich auch Aktuelles zum Thema und unter „Buchbonus“ zusätzliche Rezepte, Videos, geführte Meditation u. v. m. für dich bereitstellen.

Einführung: HighVibe-Food – Was ist das eigentlich?

Auf den Spuren der Lebensenergie

> „Möchtest du die Geheimnisse des Universums erfahren, denke in den Begriffen ‚Energie', ‚Frequenz' und ‚Schwingung'."
> *Nicola Tesla*

Lebensenergie ist Grundlage alles Lebendigen. Wir Menschen sind Teil des Großen Ganzen, in dem alles miteinander verbunden ist, und wir sehnen uns von tiefstem Herzen danach, diese Ganzheit und Verbundenheit zu erfahren – sie beschert uns Gesundheit, auf allen Ebenen. Lass uns im Folgenden Hintergründe und Zusammenhänge in Bezug auf „Lebensenergie", „Gesundheit", „ganzheitliche Ernährung" und „menschliches Potenzial" erkunden.

Das Konzept „Lebensenergie" in verschiedenen Kulturen

Die Lehren vom Kultivieren und Nutzen der Lebensenergie sind so alt wie die Menschheit selbst und gehen auf Weisheitstraditionen und Überlieferungen der Volksmedizin zurück. Hier wird die Schöpfungsenergie als einheitliches Feld beschrieben, das alles durchdringt und verbindet – ein großes Mysterium mit vielen Namen: *Ki* in Japan, *Mana* auf Hawaii, *Lüng* in Tibet, *Pneuma* in Griechenland, *Ruah* im Hebräischen, *Odem* in der christlichen Tradition, *Orgon* bei Wilhelm Reich …

Die traditionelle chinesische Medizin (TCM) spricht von *Chi*, das unentwegt in Bewegung ist, sich fortwährend verändert. Es steckt es in allem, was ist, und fließt durch das Meridiansystem des menschlichen Körpers, das mittlerweile von Wissenschaftlern der *Seoul National University* in Korea nachgewiesen wurde.[1] Im Taoismus sind *Chi* (Lebenskraft), *Jing* (Essenz) und *Shen* (Geist) die drei Formen von Lebensenergie, die auch als *San bao* (die drei Schätze) bekannt sind.

Im Ayurveda, dem alten indischen Heilwissen, ist *Prana* die Energie in allem. Es fließt durch mehr als 72 000 *Nadis* (feinstoffliche Energiebahnen) im menschlichen Körper und um ihn herum. Diese Bahnen leiten die Energie zu unseren *Chakren* (Energiezentren) und von ihnen weg in alle Bereiche des Körpers. Jedes *Chakra* hat eine bestimmte Funktion für die körperliche und die geistige Entwicklung des Menschen.

Licht: Die Grundlage alles Lebendigen

Die Sonne ist der größte Energielieferant und die wichtigste Informations- und Nahrungsquelle für alle Lebewesen. Aber was genau ist Licht? – Es handelt sich hierbei um ein elektromagnetisches Wellenmuster, das wesentlich zur Aufrechterhaltung der Ordnung in unserem System beiträgt.

Photonen, die kleinsten Partikel des Lichts, werden sowohl von lebenden Zellen (als [Bio-] Photonen) als auch von nicht lebender Materie (als Photonen) abgegeben. In den 1970er-Jahren gelang es Professor Fritz-Albert Popp (1938–2018; auf den Spuren von Alexander Gurwitsch [1874–1954], des eigentlichen Entdeckers der Biophotonen), nachzuweisen, dass von den Zellen eines biologischen Organismus eine schwache ultraviolette Lichtemission ausgeht.[2] Er nannte sie **„Biophotonen“** und belegte, dass jede lebende Substanz ein sehr schwaches Licht mit einer Wellenlänge von 200 bis 800 Nanometern ausstrahlt. Das Licht in den Zellen und um sie herum strahlt kohärent* als informationstragendes, gebündeltes, geordnetes Licht.[3] Für 75 Prozent der Biophotonen-Aktivität im menschlichen Körper ist die DNA verantwortlich, die als Licht- und Informationsspeicher dient.[4] Heute ist bekannt, dass Zellen über Biophotonen miteinander kommunizieren.

Wir sind also alle „Licht“-Wesen und werden von Licht „geleitet“. Je mehr „inneres Licht“ vorhanden ist und je kohärenter die Biophotonenstrahlung ist, desto gesünder ist der Körper und desto mehr Biophotonen gibt er wiederum ab. Nicht umsonst sprechen wir bei manchen Menschen von einer „starken Ausstrahlung“, dem Charisma.

Licht hat einen hohen Stellenwert in allen Bereichen des Lebens, und so widmen wir uns in *HighVibe-Food* **hochschwingenden und biophotonenreichen Lebensmitteln und einer Lebensweise, die uns im wahrsten Sinne des Wortes „strahlen“ lassen** (siehe Seite 64 ff.).

Unser Bio-Energiefeld: Die Aura

Heilige werden in religiösen Abbildungen mit einem Heiligenschein (*Nimbus*) dargestellt. Dieses so dargestellte Energiefeld eines Menschen wird oft als „Aura“ bezeichnet, und es gibt Menschen, die es bei Mensch, Tier, Lebensmitteln etc. wahrnehmen können. Mittlerweile ist es auch der Wissenschaft gelungen, die Felder, die unser menschlicher Körper erschafft, zu erfassen. Sie können z. B. (elektro-)magnetischer, elektrostatischer, radioaktiver, akustischer und chemischer Natur sein. Jedes einzelne Feld kann Energie übertragen und somit als „Energiefeld“ bezeichnet werden. Die Summe aller Felder, die von jedem biologischen Wesen ausgeht, wird „Bio-Feld“ oder „Bio-Energiefeld“ genannt.

Die Pionierin Dr. Valerie Hunt (1916–2014), Professorin der *UCLA University of California*, hat das menschliche Bio-Energiefeld als Erste im Labor gemessen. Mithilfe eines elektronischen Hochfrequenzgeräts konnte sie es nachweisen und sogar auf Video festhalten. Zu sehen ist dabei z. B., wie gesundes Essen im wahrsten Sinne des Wortes „strahlt“ und das Energiefeld des Menschen

* Kohärente Wellen sind solche, die gleichmäßig über weite Entfernungen erhalten bleiben, nach Professor Popp sogar unendlich weit.

„erleuchtet“ und *Fastfood* mit Tierprodukten ein dunkles Feld kreiert. Damit hat Professorin Hunt einen wesentlichen Beitrag zur wissenschaftlichen Anerkennung und Erforschung dieser Energiefelder geleistet.[5]

Eine weitere Pionierarbeit kommt aus Russland. Der renommierte Wissenschaftler und Erfinder Professor Konstantin Korotkov (*1952) aus St. Petersburg entwickelte 1995 mit seinem Team ein Computersystem: die GDV-Technologie (*Gas Discharge Visualisation;* „Visualisierung der Koronaentladung“), die das direkte Betrachten und Analysieren von menschlichen Energiefeldern ermöglicht.[6]

Was uns beschwingt ...

Die formgebende und schöpferische Kraft von Schwingung konnte erstmalig von dem deutschen Physiker und Musiker Ernst F. F. Chladni (1756–1827) sichtbar gemacht werden. Er streute Sand auf eine Glasplatte und brachte diese mit einem Geigenbogen am Rand der Platte zum Schwingen, wodurch auf der Platte „Klangfiguren“ aus Sand entstanden. Der Psychologe und Fotograf Alexander Lauterwasser (*1951) führt diese Arbeit u. a. mit dem Medium Wasser fort, das eine sehr hohe Resonanzfähigkeit hat, wodurch die gestaltbildende Kraft von Schwingungen eindrucksvoller zu sehen ist.[7] Sehr dünnwandige, leichte Gefäße verschiedenster Formen werden mit destilliertem Wasser gefüllt und von unten mittels eines speziellen Schallwandlers durch die Musikklänge zum Schwingen gebracht. Die Verteilungen und Wanderungen der Wellenbewegungen werden über Lichtreflexionen sichtbar gemacht und fotografiert oder gefilmt.

Im Jahre 1998 erklärte Dr. Robert O. Becker (1923–2008) in *The Body Electric,* dass auch der menschliche Körper eine elektrische Frequenz habe und dass sein Gesundheitszustand anhand seines Frequenzniveaus bestimmt werden könne. Und hier liegt das große Plus von HighVibe-Foods: Sie bringen mehr beschwingende Lebensenergie in deinen Körper, erhöhen also seine Frequenz und schenken dir Gesundheit, Vitalität und dein Wohlbefinden.

Ordnung – Die Basis der Gesundheit

Der menschliche Körper besteht aus Billionen von Zellen, die wie ein großes Orchester wundervoll zusammenspielen. In jeder einzelnen Zelle gehen hochkomplexe Prozesse vor sich. Ordnung im Körper schafft Gesundheit, Unordnung führt zu Krankheit. Dass eine gesunde Zelle anders schwingt und klingt als eine kranke, hat Dr. James K. Gimzewski, Professor für Biochemie an der *University of California*, eher zufällig entdeckt. Mit einem speziell entwickelten Rasterkraftmikroskop gelang es ihm und seinem Forscherteam, die Schwingung einer Hefezelle zu messen und als Ton für das menschliche Ohr hörbar zu machen. Es zeigte sich, dass gesunde Zellen anders schwingen und klingen als kranke und tote Zellen.[8]

Unsere Organe bestehen aus unterschiedlichen Zellen, die verschiedene Aufgaben übernehmen und jeweils eigene Frequenzen besitzen. Wenn die Zellfrequenzen harmonieren, im „Einklang" sind, dann sind wir gesund. Kranke Zellen spielen sozusagen „falsch", und trifft das auf mehrere Zellen zu, so mag *Entropie**, der Verlust der Ordnung im Organismus, die Folge sein, und das kann in frühzeitiger Alterung und Krankheit münden. Einflussfaktoren, die unseren Organismus belasten und diesen Effekt verstärken, sind Umweltgifte, elektromagnetische Strahlung (siehe Seite 72 f.), ungesunde Ernährung (siehe „LowVibe-Foods", Infokasten Seite 15), Stress, zu viel Blaulicht von Bildschirmen, Störungen des Biorhythmus u. v. m. Dem lebensabbauenden Prozess Einhalt zu gebieten oder ihn sogar wieder umzukehren, dabei unterstützt uns „HighVibe-Food & -Lifestyle".

In diesem Buch lege ich den Fokus auf die schöpferische *Syntropie***, einen aufbauenden Prozess, der die Ordnung im menschlichen Organismus und unsere Vitalität fördert. Die Wiederherstellung verloren gegangener Ordnung auf körperlicher und energetischer Ebene ist grundlegend wichtig für Heilung und dafür, dass wir unser volles Potenzial entfalten können. Du kannst diesen HighVibe-Effekt selbst spüren, wenn du einige Zeit lang regelmäßig Sprossen isst, Grassaft trinkst, im Eisbad oder in der Infrarotsauna bist, länger fastest oder eine ganzheitliche Körperbehandlung genießt. So vieles ist möglich mit einer Lebensweise und einer Ernährung, die diesen regenerierenden, aufbauenden und lebensfördernden Effekt fördert. ☺

Ernährung – Eine neue Sichtweise

> **„Tu deinem Leib des Öfteren etwas Gutes, damit deine Seele Lust hat, darin zu wohnen."**
> ***Teresa von Ávila***

Nachdem wir einen Blick auf das Phänomen „Lebensenergie & Ordnung" geworfen haben, lass uns nun herausfinden, was uns wirklich nährt, welche Lebensmittel – insbesondere in Hinsicht auf Energie und Information in der Nahrung (siehe im Folgenden) – uns Lebendigkeit und Gesundheit schenken.

* Ein Maß für die Unordnung, die ein System aufweist. Je höher die Unordnung ist, umso höher ist auch die Entropie. Hier geht man davon aus, dass Systeme zu einem Ausgleich der Energieniveaus tendieren

** Hier: die Fähigkeit lebender Systeme, sich auf einen in der Zukunft liegenden Zustand besserer Organisation auszurichten (1944 von dem italienischen Mathematiker Luigi Fantappié [1901–1956] in die wissenschaftliche Diskussion eingeführt). Auch als *Negentropie* oder „negative Entropie" bezeichnet

Mehr als Kalorien und Nährstoffe – Das Thema „Ernährung" im Wandel der Zeit

Die konventionelle Ernährungswissenschaft geht den quantitativen chemisch-analytischen Weg. Sie sagt uns, welche Mengen an Kalorien und Nährstoffen der Mensch täglich zu sich nehmen soll, um gesund zu bleiben. In der Kalorien-Theorie aus dem Jahre 1777 setzte Antoine Lavoisier (1743–1794) den Körper von Lebewesen mit seinen Stoffwechselvorgängen einer Maschine gleich. Danach soll unser Körper im Ruhezustand etwa 1800 Kalorien pro Tag benötigen. Je aktiver wir sind, desto mehr Kalorien braucht er. Bekommen wir nicht genug Kalorien, so sind nach Lavoisier Gewichtsverlust, Schwäche und Tod die Konsequenz.

Wäre das tatsächlich so, würden wir bei längerem Fasten sterben und viele Völker wären längst ausgestorben. So machte der japanische Arzt Professor Hirohiko Kuratsune Mitte des 20. Jahrhunderts ein Ernährungsexperiment: Er und seine Frau nahmen täglich nur 700 bis 1000 Kalorien zu sich. Sie ernährten sich rohköstlich und arbeiteten in dieser Zeit. Kuratsunes Frau stillte außerdem ihr Baby. Untersuchungen zeigten keinerlei Mangelerscheinungen und ihre Bewegungen beschrieben sie als „eigenartig leicht, schnell und geschickt". Ein entscheidender Faktor in Sachen „Kalorien" scheint zu sein, ob unser Essen roh oder gekocht ist. Amerikanische Soldaten machten in japanischer Kriegsgefangenschaft bei etwa 1000 Kalorien eine komplett andere Erfahrung: Sie erlitten schwere Mangelerscheinungen obwohl ihr Essen ebenfalls vorwiegend aus Reis, Gemüse, Obst und Algen bestand. Der entscheidende Unterschied war: Es war gekocht (siehe auch Seite 19).[9]

Zu einer verblüffenden Entdeckung kam der Forscher Paul Webb (1923–2014). Seine im Jahr 1980 im *American Journal of Clinical Nutrition* veröffentlichte Studie zeigte, dass die über die Ernährung aufgenommene Energie nicht annähernd reicht, um den Verbrauch seiner Probanden zu decken.[10] Bis zu 23 Prozent, also fast ein Viertel der Energie war kalorisch nicht erklärbar. Diese Energiemenge nannte er *unmeasurable energy*. Interessant war auch, dass die Menge der „nicht messbaren Energie" bei Menschen mit geringerer Nahrungszufuhr größer war als bei Personen, die eine hohe Kalorienzufuhr hatten.

Das macht deutlich, dass am westlichen Konzept der menschlichen Energiebilanz etwas nicht stimmen kann, dass es weitere Energiequellen geben muss. Das korrespondiert mit dem Konzept der „**Multidimensionalen Ernährung**", wie ich es nenne. Gemeint ist hier alles, was uns „ernährt", und das sind eben nicht nur Nahrungsmittel. Auf seelischer Ebene gibt es ebenfalls verschiedene andere „Lebens-Mittel". Während das Thema „Lebensenergie" in der Schulmedizin bis heute ein Tabu ist, gehört es zum „überlieferten Wissen" und ist mittlerweile auch wissenschaftlich erwiesen (siehe im Folgenden).

Energie: Was uns wirklich nährt …

Wir sind hochkomplexe Lebewesen und in verschiedenste Schwingungen und Energien eingebunden, die uns umgeben und durchdringen. Bevor wir die besonders lebensenergiereichen HighVibe-Foods beleuchten, werfen wir einen Blick auf weitere Quellen von Lebensenergie:

*Multidimensionale Ernährung: Das volle Spektrum der Energie-Assimilation**

Die Energie der Erde aufnehmen: Wir sind bioelektrische Lebewesen und die Erde hat ein natürliches elektromagnetisches Feld sowie eine natürliche Spannung. Haben wir direkten Hautkontakt mit der Erde – im Liegen, Sitzen, Stehen oder beim Barfußgehen –, so wird der natürliche bioelektrische Grundzustand unseres Körpers wiederhergestellt (siehe Infokasten Seite 105).

Die Energie der Sonne aufnehmen: Nach neuesten Erkenntnissen können wir die Energie der Sonne direkt aufnehmen. Eine chlorophyllreiche Ernährung unterstützt das genauso (siehe Infokasten Seite 18) wie Lebensmittel, die reich an Melanin sind (siehe Infokasten Seite 109). Das Wasser in unserem Körper (siehe „EZ-Wasser", Seite 72 f.) kann durch Infrarotstrahlung (vor allem des Sonnenlichts) wie eine Batterie aufgeladen werden. 98 Prozent des Sonnenlichts gelangen über die Augen in unseren Körper. Unser Leib ist praktisch ein biologischer Lichtrezeptor und die Augen empfangen das Licht und strahlen es ab. In manchen alten Traditionen wird *Sungazing* praktiziert, um Lichtnahrung aufzunehmen.[11]

Energie einatmen: Mit dem Atmen nehmen wir nicht nur Sauerstoff auf, sondern auch Energie. In den Traditionen des Yoga, des Schamanismus u. v. a. gibt es Atem- und Energietechniken, um mehr Lebensenergie über den Atem aufzunehmen. Ein Beispiel dafür ist *Tummo Sadhana*, eine alte tibetische Methode zur Aktivierung unserer Lebensenergie und Erweckung des inneren Feuers.[12]

* In Anlehnung an Gabriel Cousens, *Ganzheitliche Ernährung und ihre spirituelle Dimension*, Seite 17

Die Energie in uns: Die Mitochondrien sind die Energiekraftwerke unserer Zellen, doch möglicherweise tragen die Billionen von Bakterien in unserem Mikrobiom ebenfalls zur Erzeugung von Lebensenergie bei.[13] Zudem sind unsere Emotionen „Energie in Bewegung" und können uns weiter beschwingen oder Energie rauben, genauso wie zwischenmenschliche Beziehungen und der Kontakt mit Tier und Natur.

Es gibt sicher noch unzählige bislang weniger bekannte Möglichkeiten, Lebensenergie aufzunehmen. Von alten Weisheitstraditionen können wir in diesem Bereich viel lernen. Das Wichtigste ist, dass wir uns mehr und mehr bewusst werden, was uns auf jeder Ebene nährt und guttut, und unser Leben dementsprechend gestalten.

Die Qualität unserer Nahrung – Eine ungewohnte Definition

Unsere Lebensmittel sollen „Mittel zum Leben" sein und das Leben in uns und um uns herum fördern, nicht (zer-)stören. Wir wollen in uns Harmonie erfahren und uns so ernähren, dass wir gesund, glücklich und beschwingt sind und unser volles Potenzial ausschöpfen können. Welche Möglichkeiten eröffnen sich, wenn wir dabei nicht nur die stoffliche, sondern auch die feinstoffliche Ebene (Biophotonen, Elektronen ...) betrachten und dadurch einen neuen Maßstab für gesunde Lebensmittel schaffen? Dabei gewinnen, wie bereits angesprochen, völlig neue Kriterien an Bedeutung, beispielsweise:

Übung: Lebensenergie spüren

Beobachte in den nächsten beiden Wochen, was dich mit Lebensenergie erfüllt. Probiere einiges aus, z. B. Waldbaden, Barfußgehen, Meditieren, Schwimmen, Tanzen, Singen, Zeit mit deinen Lieben verbringen ... Wie wirkt sich das auf deine Stimmung und dein Wohlbefinden aus? ... Halte fest, wann du von Lebensenergie erfüllt bist. ...

Schreibe deine Erfahrungen in deinem HighVibe-Tagebuch nieder. ... Wie kannst du ab jetzt mehr Energie in dein Leben bringen?

Lebensenergie & Lebendigkeit

Die Qualität unserer Lebensmittel hängt nicht nur von Mikro- und Makronährstoffen ab, sondern auch davon, wie viel Licht- und Lebensenergie (Biophotonen/Bioelektrizität) darin steckt. Bioaktive Substanzen wie Polyphenole, Sulfide, Saponine ... spielen ebenfalls eine wichtige Rolle. Sie sind Elektronenlieferanten und versorgen unseren Körper mit wertvollen Antioxidantien und Energie.

Laut Nobelpreisträger Erwin Schrödinger (1887–1961) sind Elektronen wichtige Ordnungs- und Strukturelemente, die uns dabei helfen sollen, unsere Gesundheit zu erhalten. Fehlt es an Elektronen, so kommt es zu einer Anhäufung an freien Radikalen, was im Körper zu Unordnung und Entzündungen und früher oder später zu Krankheit führt.[14] Die Zubereitungsart der Nahrung spielt m. E. auch eine wichtige Rolle in Sachen „Quantität der enthaltenen Biophotonen und Elektronen".

Vor allem sehr chlorophyllreiche Lebensmittel – wie Wildkräuter, Mikroalgen, Mikrogrün und Gräser – sind ideale Lieferanten von **„gespeichertem Sonnenlicht“ und Biophotonen** (siehe Seite 12 f.), und selbst Sprossen und probiotische Lebensmittel, die nicht in Kontakt mit direktem Sonnenlicht kommen, sind biophotonen- und elektronenreich.

Information & Ordnung

Es ist wichtig, darauf zu achten, wie sich Lebensmittel auf unsere „innere Ordnung“ auswirken. Haben sie einen ordnenden Effekt auf unseren Organismus (siehe Seite 9 f.) und unser gesamtes Energiesystem – wie HighVibe-Foods – oder führen sie zu Chaos und damit vielleicht zu Krankheit (wie das meiste Fastfood und „LowVibe-Foods“, siehe Infokasten Seite 15)? Welche Informationen und welche formbildende Kraft geben sie? Erwin Schrödinger wies ebenfalls darauf hin, dass es bei einer hohen Lebensmittelqualität primär darauf ankommt, inwieweit uns das Lebensmittel richtig „informiert“ und dadurch die Ordnung im Organismus stabilisiert.[15]

Wellenlängen, die im Körper in Disharmonie sind, werden durch Lebensmittel stabilisiert, die reich sind an Biophotonen, das hat Fritz-Albert Popp bestätigt. Er empfahl Lebensmittel, die nicht in erster Linie Energielieferanten, sondern vielmehr Überträger fehlender Schwingungen sind. Wir sind primär nicht Kalorienfresser, auch nicht Fleischfresser, Vegetarier oder Allesfresser, sondern Ordnungsräuber und Lichtsäuger.[16]

Bio-Lebensmittel versus konventionell Angebautes: Das Ergebnis ist eindeutig!

Die Biokristallisation, eine bildschaffende Methode aus der Anthroposophie, lässt einen Rückschluss auf den Ordnungsgrad von Nahrungsmitteln zu. In seinem Buch *Die unsichtbare Kraft in Lebensmitteln* stellt Walter Dänzer (*1947) die Unterschiede zwischen biologisch und nicht biologisch angebauten Lebensmitteln anhand von beeindruckenden Kristallisationsbildern dar. Das Ergebnis war: Lebensmittel in Bioqualität (am besten: *Demeter*-Qualität) sind konventionell angebauten Produkten weit überlegen und Wildkräuter aus unberührter Natur weisen eine wunderschöne, geordnete Struktur auf, ganz im Gegensatz zu Wildkräutern, die in der Nähe von Industriegebieten, gedüngten Ackerflächen usw. geerntet wurden. Natürlich ist es hier auch wichtig, wie die Lebensmittel zubereitet und verzehrt werden (siehe Seite 10).

Die HighVibe-Standards: Neue Kriterien für Lebensmittelqualität

Wichtig ist generell, dass Nahrungsmittel frei von Chemikalien, Schwermetallen und anderen Schadstoffen sind und schonend verarbeitet werden. HighVibe-Foods sind Lebensmittel, wenn sie die folgenden Kriterien erfüllen:

Frisch Geerntetes wird am besten naturbelassen, also unverarbeitet konsumiert, denn durch lange Lagerzeiten und die Verarbeitung (Ausnahme: Keimen und Fermentieren) geht die Lebenskraft – und damit auch Enzyme, Vitamine und sekundäre Pflanzenstoffe – verloren. Das

„Leuchten des Lebens“ ist in frisch gepflückten Pflanzen deutlich intensiver als in älteren, das konnte Professor Fritz-Albert Popp in seiner Arbeit messen und verbildlichen.[17]

Naturbelassenes, Rohes (nicht über 42 °C erhitzt) **und Lebendiges** tut unserer Vitalität gut. Falls du lieber die ein oder andere Speise kochst, dann möglichst schonend und im Idealfall mit ätherischen Ölen (siehe „Dein Guide der ätherischen Öle“, Seite 158 ff.), frischen Kräutern oder probiotischen Kulturen angereichert (siehe Infokasten Seite 76), ggf. auch leicht fermentiert (siehe „Dein Fermentier-Guide“, Seite 74 ff.).

Saisonales & Regionales steht in Harmonie mit den Jahreszeiten und den Bedürfnissen des Körpers (wie Wildkräuter; siehe „Dein Wildkräuter-Guide“, Seite 190 ff.).

Ursprungliche, „alte“ Sorten enthalten ebenfalls mehr Biophotonen. **Wild wachsende Pflanzen** oder „wilde“, zu Hause kultivierte Pflanzen, Saatgut von Ur-Gemüse und Ur-Früchten, alte Sorten (z. B. Einkorn, Granatapfel) sind hier besonders wertvoll, am besten biodynamisch (von *Demeter*) oder in *Bioland*-Qualität angebaut.

GoodVibes only wollen wir zu uns nehmen, und deshalb ist es auch sehr wichtig, wie Lebensmittel „behandelt“ werden: Mit wie viel **Liebe und Achtsamkeit** das Lebensmittel angebaut, geerntet und weiterverarbeitet wurde ... Mit wie viel **Dankbarkeit** und **in welchem Bewusstsein** es zubereitet und genossen wird ...

Pflanzliche Lebensmittel enthalten jede Menge **gespeichertes Sonnenlicht** und sind, frisch geerntet und gegessen, wertvolle Elektronen- und Biophotonenträger – kurz gesagt –Lebensenergie pur.

Die Enormous Eight der HighVibe-Foods

In den „Guides“ in diesem Buch tauchen wir gemeinsam tiefer in die Welt einzelner HighVibe-Foods ein. Doch zunächst möchte ich dir die acht besten hochschwingenden Lebensmittel vorstellen:

1. Wasser (siehe „Dein Wasser-Guide“, Seite 69 ff.)
2. Sprossen, Keimlinge, Mikrogrün, Gräser & Co. (siehe „Dein Keim-Guide“, Seite 24 ff.)
3. Wildpflanzen: Wildkräuter, Wilde Blüten, Knospen, Wilde Früchte, Wurzeln, Harze etc. (siehe „Dein Wildkräuter-Guide“, Seite 190 ff.; „Dein Guide der essbaren Blüten“, Seite 154 ff.)
4. Algen: Mikro-, Makroalgen (siehe „Dein Algen-Guide“, Seite 196 ff.)
5. Vitalpilze (siehe „Dein Pilz-Guide“, Seite 108 ff.)
6. Ätherische Öle (siehe „Dein Guide der ätherischen Öle“, Seite 158 ff.)
7. Fermentierte Lebensmittel (siehe „Dein Fermentier-Guide“, Seite 74 ff.)
8. Frische Knospen und Blüten (siehe „Dein Guide der essbaren Blüten“, Seite 154 ff.)

Frische/s, reif geerntete/s Früchte und Gemüse sowie bestimmte Gewürze – z. B. Schwarzkümmel, Kreuzkümmel, Kümmel, Koriander, die man auch aktivieren kann (siehe Seite 26 ff.) – schenken uns ebenfalls jede Menge *HighVibes*.

Du selbst spürst, was dich beschwingt und was nicht. In den kommenden Kapiteln tauchen wir nun in spezielle Bereiche des beschwingten Lebens ein – und das mit Food-Guides, tollen HighVibe-Rezepten, Übungen, Inspirationen, Tipps und Tricks sowie jeder Menge Know-how.

Lebensmittelpyramide: High-, Medium- und LowVibe-Foods

LowVibe- & MediumVibe-Foods – Davon so wenig wie möglich ...

Verfalle bitte nicht in Schwarz-Weiß-Denken: Es gibt viele Graustufen und Faktoren, die beeinflussen, wie Lebensmittel auf uns wirken. Generell lässt sich allerdings sagen, dass sich hochgradig verarbeitetes Fastfood negativ auf Gesundheit und Vitalität auswirkt, im Gegensatz zu hochschwingende Lebensmitteln, wie Wildkräutern und frischem Grassaft. Ein Großteil der LowVibe-Foods kann eigentlich gar nicht als „Nahrungsmittel" eingestuft werden: Er enthält eine zu hohe Menge an Chemikalien, künstlichen Aromen, Süßungsmitteln, Konservierungsstoffen ...

LowVibe-Foods:

Energy-Drinks (mit Zucker oder synthetischen Inhaltsstoffen)
Fleischprodukte und die meisten tierischen Produkte
Frittiertes
Genmanipuliertes (GMO)
hocherhitzte Pflanzenfette
Kochsalz (NaCl)
kohlensäurehaltige Getränke
Margarine (Transfette*)
raffiniertes weißes Mehl
Nahrungsmittel mit Konservierungsstoffen, künstlichen Aromen (z. B. Glutamat), künstlichen Süßungsmitteln (Aspartam ...), Rückständen von chemischen Düngemitteln und Pestiziden, Schimmelpilzgiften (in Getreide, Mehl, Kaffee, Nüssen, Trockenfrüchten ...)
radioaktiv bestrahlte Nahrungsmittel (leider auch Babynahrung)
Softdrinks
natürliche, jedoch hochverarbeitete Süßungsmittel (wie Agavendicksaft, Reissirup ...)
synthetische Vitaminpräparate
fluorid- und chlorhaltiges Wasser
kohlensäurehaltiges Wasser
Weizen
raffinierter weißer Zucker

MediumVibe-Foods:

Gekochtes (schonend –)
Kombucha und Kefir (mit zu viel Zucker und Alkohol können sie Candida-Befall begünstigen)
lektinhaltige Lebensmittel (Lektine [Fraßschutz der Pflanzen] werden beim Keimen oder Fermentieren reduziert.)
unreif geerntetes Obst und Gemüse
zu lang gelagertes Obst oder Gemüse (das bereits im Abbauprozess ist)

* Ungesättigte Fettsäuren, die z. B. entstehen, wenn ursprünglich gesundes Pflanzenöl industriell gehärtet wird. Transfette erhöhen den Gehalt an „schlechtem" Cholesterin (LDL) im Blut. Diese sogenannten Lipoproteine geringer Dichte führen zu Ablagerungen in den Gefäßwänden *(Arteriosklerose)*

1. EnerCHI

Reine Lebensenergie tanken

> **„Die Energie ist tatsächlich der Stoff, aus dem alle Elementarteilchen, alle Atome und daher überhaupt alle Dinge gemacht sind, und gleichzeitig ist die Energie auch das Bewegende.“**
> ***Werner Heisenberg***

Dass unser Körper aus Lebensmitteln Energie gewinnt, ist grundlegend wichtig für sein Funktionieren, für unsere geistige Leistungsfähigkeit, unsere Gesundheit, unser Wohlbefinden, unsere Stimmung, unser Bewusstsein ... Sicher kennst du das Gefühl, „Bäume ausreißen“ zu können, wenn deine „Batterien voll aufgeladen“ sind.

Energie ist in unendlichem Maße vorhanden. Und dein Organismus funktioniert optimal, wenn du sicherstellst, dass dein „Akku“ immer gut aufgeladen ist und die Energie ungehindert durch die Energiekanäle im Körper (*Nadis*; siehe Seite 6) fließt. Im Idealfall kann sich unser Körper durch seinen natürlichen Selbstregulierungsmechanismus aus eigener Kraft „in Ordnung“ bringen. Voraussetzung

Chlorophyll: Sich von Sonnenlicht ernähren

Pflanzen, Algen und Cyanobakterien können die Lichtenergie der Sonne in chemische Energie umwandeln und (z. B. in Form von Glukose) speichern. Für diesen „Fotosynthese“ genannten Vorgang, bei dem auch Sauerstoff frei wird, benötigen Pflanzen Wasser und Kohlendioxid sowie Chlorophyll.

Der grüne Blattfarbstoff Chlorophyll spielt bei der Fotosynthese eine wesentliche Rolle, denn er ermöglicht das Absorbieren von Sonnenlicht und die Umwandlung der Lichtenergie in chemische Energie. Eine chemisch sehr ähnliche Struktur wie das Blattgrün besitzen die Elektronen transportierenden Proteine (Häme), die Bestandteil des roten Blutfarbstoffs Hämoglobin, des Muskelproteins Myoglobin und der Cytochrome (in Zellen vorkommenden, elektronentransportierenden Proteine) sind, wobei in den Hämen das Zentralatom Eisen (statt des Magnesiums im Chlorophyll) ist. Chlorophyll unterstützt in unserem Körper den Aufbau des Blutfarbstoffs und der roten Blutkörperchen und fördert das Wachstum neuer Blutzellen und den Sauerstoffgehalt in den Zellen; bei Blutarmut erhöht Chlorophyll den Hämoglobin- und den Ferritin-Spiegel (Eisenspeicher).

Grüner Blattfarbstoff hat viele weitere positive Effekte. Er wirkt

- antibakteriell, antiseptisch, desinfizierend und wundheilend;
- antioxidativ (bekämpft freie Radikale, schützt und regeneriert Zellen und die DNA);
- positiv auf Darmflora und Verdauung;
- desodorierend bei unangenehmen Körperausdünstungen wie Mundgeruch;
- entgiftend (hilft, Schwermetalle wie Kadmium, krebserregende Gifte wie Schimmelpilzgifte und Ablagerungen im Körper auszuleiten);
- entzündungshemmend;
- unterstützend beim Abbau von Fettzellen;
- immunstimulierend;
- krebsvorbeugend und -bekämpfend
- und unterstützend für einen gesunden Säure-Basen-Haushalt;
- zudem fördert es den Energiefluss im Körper;
- verbessert das Hautbild, beugt Akne vor und hilft, sie zu heilen,
- und vermindert Sodbrennen.
- Da frisches Chlorophyll jede Menge Biophotonen enthält, wirkt es außerdem beschwingend, „ordnend“, belebend und verjüngend auf Körper und Geist.

für all das ist: Energie. Speisen mit HighVibe-Foods können dein Energieniveau unmittelbar und auf Dauer erhöhen, sie bringen dir Leichtigkeit, Lebensfreude und Lebenslust. Sie helfen, Stress zu reduzieren und dein Lebensgefühl, deine Leistungsfähigkeit, dein Wohlbefinden und deine Gesundheit auf eine neue Ebene zu bringen.

HighVibe-Foods: Die Extraportion „Energie"

Je nach Ernährungsweise muss unser Körper mehr oder weniger viel Energie für die Verdauung der Nahrung und die Aufnahme der Nährstoffe aufwenden: Wir kauen, schlucken, verdauen, und die Nährstoffe werden im Darm aufgenommen, über das Blut zu den Zellen transportiert und dort u. a. in Energie umgewandelt. So mag gekochtes Essen zwar Wärme schenken und laut traditioneller chinesischer Medizin (TCM) für eine stärkere Mitte sorgen, es kann nach dem Essen jedoch müde machen. Und stark sättigendes Essen oder Überessen lässt uns ebenfalls eher müde fühlen, weil der Körper viel Energie zum Verdauen benötigt.

Die HighVibe-Foods und die Rezepte, die ich dir in diesem Kapitel vorstelle (siehe Seite 42 ff.), sind besonders leicht verdaulich, werden basisch ver-

Lebensmittel, die besonders reich an Chlorophyll sind:

(Wenn nicht anders angegeben, Chlorophyll-Gehalt in Milligramm (mg) pro 100 Gramm)*

Chlorella, getrocknet: 2400 mg[18]

Spirulina, getrocknet: 600–1100 mg[19]

Amarant-Mikrogrün, frisch: 638,5 mg[20]

Gerstengras, getrocknet: 438–662 mg[21]

Brennnesselblätter, frisch: 531 mg[22]

Grünkohl, frisch: 230 mg[23]

Radieschen-Mikrogrün, frisch: 215,7 mg[24]

Petersilie, frisch: 212 mg[25]

Brokkoli-Mikrogrün, frisch: 60,78–140,76 mg[26]

Spinat: 105 mg[27]

Weizengrassaft, frisch (hier: etwa 100 ml): 42,2 mg[28]

Weizengrassaft, getrocknet: 746 mg[29]

Gerstengraspulver, getrocknet: 438–662 mg[30]

Brokkoli: 32 mg[31]

Eisbergsalat: 2 mg[32]

„Chlorophyll wird im kommenden, erleuchteten Zeitalter das wichtigste Protein sein. Es enthält im frisch zubereiteten Getränk verdichtetes Sonnenlicht und die für die Wiederbelebung des Körpers erforderliche elektrische Energie – und es wird Teile des Gehirns erschließen, von denen man heute noch nichts ahnt."

Reverent J. L. Moran*

* Die enthaltene Chlorophyll-Menge ist je nach Anbau und anderen Faktoren (Licht, Keimdauer, Anbaumethode ...) Schwankungen unterworfen. Je dunkelgrüner die Pflanze ist, desto mehr Chlorophyll enthält sie. Durch das unterschiedliche Maß an Lichteinwirkung variiert der Chlorophyll-Gehalt allein schon zwischen 60 und 140 Milligramm Chlorophyll pro 100 Gramm.

** Ann Wigmore, *The Wheatgrass Book*, Seite 97

stoffwechselt und stecken voller Energie und Lebensenergie fördernder Stoffe (z. B. Zellwasser, aktive Enzyme, Chlorophyll, Nähr-, Vital- sowie sekundäre Pflanzenstoffe). So fühlst du dich wohlig gesättigt, bist du auf zellulärer Ebene genährt, neigst weniger dazu, dich zu überessen, und fühlst dich nach dem Essen vitaler.

Die besten EnerCHI-Foods sind ...

1. **Wasser & „Zellwasser":** Ist unser Körper nicht ausreichend mit Wasser versorgt, so leiden die körperliche und die geistige Leistungsfähigkeit. Verliert unser Körper nur 2 Prozent Wasser (bei Sport sind es leicht mal 8 bis 10 Prozent), kann sich das schnell in reduzierter Leistungsfähigkeit, in Müdigkeit, Kopfschmerzen, Konzentrationsschwierigkeiten ... bemerkbar machen.[33] Und so stellt Wasser die Basis dar, denn damit wir ausreichend Energie aufnehmen können, müssen wir zuerst einmal genug Wasser trinken. Wie viel das optimalerweise ist, das hängt stark von unserer Ernährung und unserer Lebensweise ab und davon, wie aktiv wir sind. Trinke gefiltertes und revitalisiertes Leitungswasser oder Quellwasser (siehe „Dein Wasser-Guide", Seite 69 ff.). Besonders wertvoll ist das Wasser lebender Pflanzen, wie Kokosnusswasser, Birkenwasser und Ahornwasser. Es ist hoch strukturiert, enthält reichlich Biophotonen, aktive Enzyme, Nähr- & Vitalstoffe und vor allem wertvolle Elektrolyte. Möglicherweise fördert es die Bildung von „EZ-Wasser", was sich positiv auf die Energiegewinnung in den Zellen auswirkt (siehe Seite 72 f.).
2. **Süßgräser/Gräser:** Gräser und Grassäfte sind ein vollkommenes Lebensmittel mit einzigartiger Vitalstoffkombination, Nährstoffdichte und jeder Menge Lebensenergie. Die im Jahr 1930 von dem amerikanischen Landwirtschaftschemiker Dr. Charles Schnabel (1895–1974) entdeckte Vitalstoffbombe Weizengras wurde als Saft durch die Gründerin des *Hippocrates Health Institute* Dr. Ann Wigmore (1909–1994) weltbekannt. Ich empfehle folgende

Raygras: Wilde Energie

Süßgräser (es gibt mehr als 10 000 verschiedene Arten!) sind ein wahres Lebenselixier und wachsen auf Wiesen, am Waldrand oder sogar in deinem Garten. Das bekannteste und beliebteste wild wachsende Süßgras ist das 10 bis 20 Zentimeter hohe Raygras (Englisches Raygras, *Lolium perenne*; Italienisches Raygras, *Lolium multiflorum*). Du kannst das junge Gras in freier Natur sammeln oder selbst anbauen (siehe Seite 32 ff.), anschließend entsaften, für deinen Smoothie mitpürieren oder trocknen und zu Pulver vermahlen (siehe Infokasten Seite 195).

Ein weiteres erwähnenswertes und vor allem in Indien sehr bekanntes Gras ist das „Durva"-Gras (*Cynodon dactylon*). Das hochgeschätzte Allheilmittel des Ayurveda wird traditionell in kleinen Mengen als frisch gepresster Grassaft (2 bis 3 Esslöffel) mit Wasser verdünnt eingenommen (Bezugsquellen siehe *www.highvibefood.de*).[35]

Getreidesorten: Einkorn, Emmer (Zweikorn), Dinkel, Kamut, Hafer, Roggen und Rotkornweizen. Erwiesenermaßen enthalten diese grünen Gräser jede Menge aktive Enzyme, alle essenziellen Aminosäuren, Chlorophyll, Vitalstoffe und Lebensenergie (in Form von Biophotonen). Säfte aus diesen Gräsern wirken reinigend und beschwingend. Dass dieser „Grassaft-Faktor" das Wachstum und die Entwicklung von gesunden Zellen fördert, wurde von Dr. Chris Reynolds und George Kohler von der *University of Western Australia* bestätigt.[34] Der Saft kann die Fruchtbarkeit fördern, Nährstoffdefizite ausgleichen, die Haut regenerieren u. a. m. Frischer Grassaft und Grassaftpulver – pur oder in Säften, Smoothies und Speisen – sind legales Doping vom Feinsten. ☺

3. **Keimlinge, Sprossen & Mikrogrün:** Sprossen sind pure Lebensenergie. Die junge Pflanze befindet sich im Wachstum, in einem aufbauenden Prozess: Sie ist voller bestens bioverfügbarer Vital- und Nährstoffe sowie Lebensenergie, reich an unzähligen Mikronährstoffen, wie Vitaminen, Mineralstoffen, Spurenelementen, sowie sekundären Pflanzenstoffen, Chlorophyll und Ballaststoffen. Durch den Keimprozess werden natürlich vorkommende Säuren und Gifte (sogenannte Antinährstoffe, die dem Fraßschutz dienen) abgebaut und der Gehalt an Vitaminen und Nährstoffen und deren Bioverfügbarkeit nimmt zu. Sprossen sind leicht verdaulich und eine effektive Energiequelle. Der amerikanische Biochemiker und Ernährungsforscher Dr. Edward Howell (1898–1988) fand heraus, dass sich auch die Aktivität der Enzyme beim Keimen stark erhöht.[36] Laut *Hippocrates Health Institute* soll sie bei Sprossen & Co. 10- bis 100-fach höher sein als bei Obst und Gemüse.[37] Sprossen punkten zudem mit selten vorkommenden Vitalstoffen, wie Folsäure[38], Spermidin[39], Sulphoraphan (Glucoraphanin)[40] und Quercetin[41].
Die besten, leicht verdaulichen Sprossen für schnell verfügbare Energie sind etwa die von Alfalfa, Bockshornklee, Brokkoli, Radieschen, Rettich, Rosenklee, Rotklee und Sprossenmischungen wie Angi's ZEN-Mix, Glücksklee-Mix, Sportler-Mix, SprossenEngerl-Mix und Sprossit-Mix (siehe Seite 39 ff.). Zu den besten EnerCHi-Mikrogrün-Sorten zählen die von Erbsenmikrogrün, Kohlrabi, Kresse, Rucola, Sonnenblumen und das Mikrogrün der eben genannten Sprossensorten. Genießе sie in Säften, Salaten, Smoothies, als Beilage oder einfach pur als Snack.

HighVibe-Tipp: Mit Mikrogrün und Mikrogrün-Mischungen, nach Belieben in einem schönen Topf, in einer Kokos- oder Keramikschale als essbare Deko zu Hause angebaut, hast du immer leckerstes HighVibe(-Fast)-Food zur Hand.

4. **Weitere Top EnerCHI-Foods:**
   - **Mikroalgen** (siehe Seite 169 ff.) wie Chlorella, marines Phytoplankton*, Spirulina;
   - **Wildkräuter** (siehe „Dein Wildkräuter-Guide", Seite 190 ff.), etwa die frischen Blätter von Brennnessel, Giersch, Löwenzahn, Maiwipferl (jungen Fichten- und Tannentrieben), Sauerampfer, Sauerklee, Spitzwegerich und Vogelmiere;
   - **Gartenkräuter** wie Estragon, Oregano, Pfefferminze, Rosmarin und Thymian
   - sowie bestes **Obst & Gemüse** wie wild wachsende Beeren, Gurke, grünes Blattgemüse, frisches Kokoswasser, Ingwer, Sellerie und Zitrone.

Übung: Energie-Check

Richte deine Aufmerksamkeit darauf, wie sich deine Ernährung auf dein Energielevel, dein Wohlbefinden, deine Leistungsfähigkeit und deinen gesamten Seinszustand auswirkt. Achte auch darauf, wie viel Raum dein Essen oder bestimmte Gelüste in deinen Gedanken einnehmen.

Beobachte, wie viel Lebensenergie dir deine derzeitige Ernährungsweise schenkt: Wie energiegeladen fühlst du dich nach dem Essen? Steckst du voller Power oder bist du eher müde und fühlst dich sehr satt? Notiere in den nächsten 3 Tagen, wie es dir nach jedem Essen geht – auf einer Skala von 1 bis 10 (1 = müde; 10 = voller sprudelnder Lebensenergie). Mache dir Notizen zu deinen Gefühls- und Bewusstseinszuständen.

Ab dem 4. Tag probierst du 3 Tage lang Rezepte aus diesem Kapitel aus und notierst erneut deine Befindlichkeit (siehe oben).

Schreibe deine Erfahrungen in deinem HighVibe-Tagebuch nieder.

HighVibe-Tipps:

- Mehr Energie nach dem Essen hast du, wenn du etwa 20 Minuten vor dem Essen ausreichend Wasser (siehe „Dein Wasser-Guide", Seite 69 ff.) trinkst.
- Getränke, wie **Angi's Aufweckwasser** (Rezept Seite 42 f.), **HighVibe-Limonade** (Rezept Seite 206 f.), **Belebender Wildkräuter-Smoothie** (Rezept Seite 54 f.), **EnerCHI-Delight** (Rezept Seite 46 f.), **EnerCHI-Shot** (Rezept Seite 44 f.) und **Greeña Colada** (Rezept Seite 48 f.), bieten sich als Aperitif an. (20 Minuten Pause vor dem Essen einhalten!)
- Als Vorspeise empfiehlt sich ein Sprossen-Salat oder ein anderer Snack mit Sprossen oder Mikrogrün. Sprossen fördern die zelluläre Sättigung, verbessern die Verdauung und schenken Lebensenergie.
- Kaue gut (auch deine Smoothies), iss langsam und in Ruhe und hör auf zu essen, bevor du voll(kommen satt) bist.

* Mikroskopisch kleine Algen, die frei schwebend im Meerwasser leben. Phytoplankton wandelt anorganische Verbindungen mittels Fotosynthese in organische Substanzen um

Bei den Rezepten dieses Kapitels liegt der Fokus auf frischen Sprossen, Mikrogrün und Gräsern. Du kannst sie im Handumdrehen selbst ziehen. Wenig Aufwand – großer Effekt!

Dein Keim-Guide

Sprossen, Keimlinge, Mikrogrün, Gräser & Co. sind vibrierende Lebensenergie und Syntropie (siehe Seite 9) in Reinform. Sie enthalten eine Fülle an Biophotonen, Enzymen sowie Vital- und Nährstoffen in hoher Bioverfügbarkeit. Sie zu verdauen braucht wenig Energie und die in ihnen enthaltene Energie steht uns schnell zur Verfügung.

Gekeimtes und Aktiviertes zu Hause zu ziehen und leckere Speisen damit zuzubereiten, das ist gesund, erhöht unser Energielevel und ist eine Bereicherung auf allen Ebenen. Hier zählt nicht nur das Resultat – die fertigen Sprossen mit ihren positiven Wirkungen –, sondern auch der Prozess des Sprossenziehens selbst, der nur ein paar Minuten pro Tag für Einweichen, Spülen und Ernten in Anspruch nimmt: Augenblicke, die wirklich erfüllend sind, wenn du sie bewusst wahrnimmst und für dich und dein persönliches Wachstum nutzt.

Die Tätigkeiten rund ums Sprossenziehen sind eine Chance, dich wieder mit dir, deiner Nahrung, den Prozessen in der Natur, den universellen Gesetzen und dem Leben in seiner Fülle zu verbinden und zu dir selbst zu kommen. Das tut deiner Seele gut und das Kind in dir freut sich darüber. Nimm das Leben als Geschenk wahr!

Nun wenden wir uns der Praxis zu. Die folgenden Anleitungen und Tipps helfen dir dabei, dass der Anbau von Sprossen, Keimlingen, Mikrogrün und Gräsern gelingt und du Anfängerfehler vermeidest.

Übung: Sprossen-Meditation

Wenn du das Saatgut einweichst, geh tief nach innen und vergegenwärtige dir, wofür du von ganzem Herzen dankbar bist. Lass das Gefühl in deinem Inneren so lebendig wie möglich werden. Jedes Mal, wenn du die Sprossen spülst oder das Mikrogrün bewässerst, „tunest" du dich auf diesen positiven Zustand ein. Beim Einweichen kannst du auch eine Intention für die kommenden Tage oder für das ganze Jahr ersinnen, und dich, immer wenn du die Sprossen spülst, daran erinnern.

Diese Übung hilft dir, bewusster zu leben, und schenkt dir ein beschwingtes, vitales und glückliches Leben. Probier's aus!

Du kannst dir auch vorstellen, wie du dich im Leben fühlen möchtest, und dich immer wieder auf dieses Gefühl einstimmen ...

Schreibe deine Erfahrungen gern in deinem HighVibe-Tagebuch nieder.

Alles, was du wissen musst: Die Sprossen-Basics

Beachte beim Sprossenziehen Folgendes:

Saatgut: Verwende Bio-Keimsaat, die speziell fürs Sprossenziehen zertifiziert ist und eine hohe Keimfähigkeit (von 80 bis 100 Prozent) hat. Sie wird vom Anbieter streng auf Verunreinigungen und Erreger geprüft. Bewahre die Samen trocken, kühl, dunkel und am besten in einem luftdicht verschlossenen Violettglas (siehe Infokasten Seite 27) auf.

Wasser: Sprossen und Mikrogrün bestehen bis zu 90 Prozent aus Wasser, beste Wasserqualität ist also ebenfalls sehr wichtig. Verwende sowohl zum

Aktivieren als auch zum Spülen gereinigtes, revitalisiertes Wasser in Quellwasserqualität (mehr dazu siehe „Dein Wasser-Guide", Seite 69 ff.; Bezugsquellen siehe *www.highvibefood.de*). Weiche die Samen in ausreichend Wasser ein, spüle die Sprossen regelmäßig und gründlich und bewässere das Mikrogrün immer wieder, sodass sie/es feucht gehalten wird.

Bei zu viel Feuchtigkeit und Wärme kann sich Schimmel bilden.

Luft: Deine Samen bzw. Keime benötigen Luftzufuhr. Auch hier gilt: nicht zu viel, nicht zu wenig.

Temperatur: Deine Sprossen wachsen bei einer Temperatur von 18 bis 21 °C optimal. Ist es wärmer, wachsen sie schneller und es können Bakterien und Pilze entstehen. Bei niedrigeren Temperaturen brauchen die Samen länger, bis sie keimen.

Stelle deine Samen und Sprossen auf keinen Fall in die pralle Sonne.

Samenmenge, Einweich- & Keimzeiten: Das Volumen vom Saatgut zur erntefähigen Sprosse kann um das Zwanzigfache zunehmen. Verwende so viele Samen in deinem Keimgerät, dass die Sprossen genug Platz haben und nicht ineinander verwachsen. Das vermeidet auch Wärmebildung, Luftmangel und dadurch entstehendes Bakterienwachstum. Beim Anbau von Mikrogrün und Gräsern sollte das Saatgut immer mit etwas Platz zwischen den einzelnen Samen ausgestreut werden. Je länger du das Mikrogrün wachsen lässt, umso mehr Platz braucht es. Ausreichend Platz beugt u. a. Schimmelbildung vor.

Für die passende Menge Samen bekommst du mit der Zeit ein Gefühl. Du wirst bemerken, dass das Wachstum deiner Sprossen je nach Jahreszeit, Ort oder Keimmethode unterschiedlich ist: Hier ist Feingefühl gefragt. Die Samensorten haben unterschiedliche Einweich- und Keimzeiten (siehe Tabelle Seite 35 ff.). Vor der Mindestkeimzeit konsumierte Keimlinge und Sprossen können giftig sein, weil sie „Antinährstoffe" – Säuren und Gifte, die der Pflanze als Fraßschutz dienen – enthalten.

Utensilien: Natürlich sind auch die passenden Keimgeräte für das Ergebnis ausschlaggebend. Achte beim Kauf auf Qualität. Es sollten keine gesundheitsschädlichen Materialien wie Aluminium und BPA* enthalten sein. Ich empfehle Sprossengläser mit Edelstahldeckel und -sieb sowie Keimschalen aus reinem Edelstahl oder aus Keramik (Bezugsquellen, Infos, Updates, Tests und mehr siehe *www.highvibefood.de*).

Tipps: Für **Sprossen und Keimlinge** verwende ich am liebsten Sprossengläser mit einem Fassungsvermögen von etwa 1 bis 3 Litern. Sie sind

* Bisphenol A ist ein Weichmacher, der dafür sorgt, dass Materialien wie Kunststoffe und Polyester geschmeidiger, flexibler und dehnbarer werden.

praktisch in der Handhabung und leicht zu reinigen. Diese Größe lässt den Sprossen genug Platz zum Wachsen und bringt höhere Erträge. (Damit sich die Arbeit auch lohnt! 🙂)

Für **schleimbildende Samen**, wie Rucola, Kresse, Basilikum, Lein- und Chiasamen, ist ein Kressesieb oder Kresseigel praktisch. Sie können *nicht* im Sprossenglas gezogen werden.

Mikrogrün und Gräser gedeihen in Erde bzw. Kokoserde, aber auch ohne Erde auf Watte, Vlies, Kokos- und Hanfmatten.

Dünger: Sprossen tragen in sich, was sie zum Wachsen benötigen; verzichte gern auf Dünger. Für Mikrogrün und Gräser, die länger als 12 Tage in Erde, Kokoserde oder auf Kokos- oder Hanfmatten wachsen, kannst du ein wenig Dünger (etwa flüssigen Algendünger, veganen Biodünger ...; Bezugsquellen siehe *www.highvibefood.de*) verwenden.

Hygiene: Sprossen gehören zu den „reinsten" Lebensmitteln überhaupt, da die Keimsaat nach der Ernte keinen Umweltgiften oder Schadstoffen ausgesetzt ist. Deine Sprossen sollten allerdings nicht mit tierischen Nahrungsmitteln (wie rohem Fleisch, Fisch, Eiern) und Geräten oder Küchenutensilien, die damit in Berührung kommen, Kontakt haben. Bewahre sie im Kühlschrank getrennt von tierischen Produkten auf.

Säubere Keimequipment und Küchenutensilien gründlich.* Wechsle Putzlappen und Küchentücher regelmäßig und halte deine Küchenutensilien und Arbeitsflächen sauber. Wasche deine Hände gründlich, bevor du mit Saatgut oder Sprossen hantierst. Deine Sprossen sollten immer frisch duften und aussehen, ihre Konsistenz sollte knackig sein – ohne Verfärbungen, Schimmel und dergleichen.

Nüsse, Kerne und Samen aktivieren

Weiche die Keimsaat in Wasser ein (Einweichzeiten siehe Tabelle Seite 35 ff.). So wird es aus seinem „Dornröschenschlaf" geweckt.

Aktivieren kannst du

- **Nüsse und Kerne**, die du normalerweise roh, also ungekocht, essen würdest: Cashewkerne, Haselnüsse, Kürbiskerne, Macadamianüsse, Mandeln, Sesam, Sonnenblumenkerne, Walnüsse, Zedernüsse ...;
- **Gewürzsamen**, die du normalerweise roh essen kannst: Fenchel, Koriander, Kümmel, Kreuzkümmel, Schwarzkümmel ...;
- **Samen**, die du normalerweise vor dem Verzehr kochen würdest: Getreide, Pseudogetreide und Hülsenfrüchte. Weiche sie vor dem Kochen ein, das baut Antinährstoffe ab, veredelt den Geschmack und verkürzt die Kochzeit,
- und **Saatgut**, das du zu Keimlingen, Sprossen, Mikrogrün oder Gräsern ziehen kannst.

* Detaillierte Informationen zur Reinigung deiner Sprossenutensilien siehe in meinem Buch *Sprossen & Mikrogrün*, Seite 28

Utensilien: Zum Aktivieren reicht ein Glas oder eine Schüssel. Zum Spülen (vor allem von kleineren Samen, wie Sesam, Amarant, Quinoa) kann ein feines Sieb nützlich sein. Du kannst auch ein Sprossenglas verwenden.

So einfach geht's:

1. **Spülen:** Nüsse, Kerne und Samen gründlich so lange mit kühlem bis handwarmem Wasser spülen, bis dieses klar ist.
2. **Desinfizierendes Wasserbad:** Vor allem bei Nüssen, Kernen, Getreide und Pseudogetreide (wahlweise auch bei Hülsenfrüchten) empfiehlt sich nach dem Spülen ein kurzes „desinfizierendes" Wasserbad. Hier wird das Saatgut 5 bis 10 Minuten lang in die 3- bis 10-fache Wassermenge mit Apfelessig, Zitronensaft oder Speisenatron – 1 bis 3 Teelöffel auf 1 Liter Wasser – eingeweicht und gut umgerührt, dann das Wasser durch ein Sieb abgießen. Die Keimsaat noch einmal gründlich mit Wasser spülen, bis dieses klar ist. Alternativ kannst du auf 1 Liter Wasser etwa 20 Tropfen für Lebensmittel geeignetes Wasserstoffperoxid (3-prozentiges H_2O_2; Bezugsquellen siehe *www.highvibefood.de*) verwenden.

   Schleimbildende Samen nicht in ein desinfizierendes Wasserbad geben.
3. **Aktivieren:** Die Samen nun in die **3- bis 10-fache Menge Wasser** geben.

Mironglas: Violettes Glas schützt die wertvollen Inhaltsstoffe von HighVibe-Lebensmitteln perfekt

Keimsaat, Nüsse, Kerne, Gewürze sowie HighVibe-Speisen und Getränke bewahrst du am besten in einem Behälter aus Mironglas auf. Das violette Glas wirkt als natürlicher Filter, es lässt nur die Anteile des Sonnenlichts durch, die den wertvollen Inhaltsstoffen von Saatgut und Lebensmitteln nicht schaden, was den „Alterungsprozess", der durch sichtbares Licht ausgelöst wird, verhindert – so sind die Lebensmittel länger frisch, ihre gesundheitsfördernden Inhaltsstoffe bleiben haltbar, organische Moleküle werden energetisch aufgeladen ...

Die speziellen Schutzeigenschaften von Violettglas waren bereits bei den alten Ägyptern bekannt. Wertvolle Essenzen (Öle) und heilende Naturprodukte wurden in Gefäßen aus Gold oder Violettglas aufbewahrt. 1851 beschrieb der Grazer Lehrer, Musiker und Mystiker Jakob Lorber (1800–1864) eine Methode zur Absorption und Erhaltung von Photonen aus Sonnenlicht in Produkten durch dieses Glas. Seine schützenden Wirkungen wurden durch die Biophotonen-Messungen von Dr. Hugo Nigglie (*1955) vom Institut für Biophysik bei Professor Fritz Popp (1938–2018) bereits 1996 bewiesen. Eine weitere Testreihe, die 1997 von Dr. Dieter Knapp durchgeführt wurde, bestätigt die Wirksamkeit von Violettglas.

Die holländische Firma *Miron* produziert diese Art biophotonischer Glasverpackung für Naturprodukte seit 1995, so wurden Violettgläser auch unter dem Namen „Mirongläser" bekannt. (Bezugsquellen siehe *www.highvibefood.de*).

Die Einweichzeiten variieren je nach Keimsaatsorte (siehe Tabelle Seite 35 ff.).

Bei Einweichzeiten von mehr als ½ Tag das Wasser nach 12 Stunden wechseln.

4. **Ernten & Aufbewahren:** Das Wasser nach dem Einweichen abgießen und die Samen mit Wasser spülen, bis dieses klar ist. Die Samen abtropfen lassen und zeitnah verwenden.

Die aktivierten Samen im Einweichwasser oder in ein Küchentuch oder ein Stück Küchenpapier eingewickelt und *nicht* luftdicht verschlossen im Kühlschrank aufbewahren.

Praxis-Tipps: **Frisch** aktiviert schmecken Samen, Kerne und Nüsse am besten!

Schleimbildendes Saatgut, wie Lein-, Chia-, Rucola-, Kresse- und Basilikumsamen, saugen die 6- bis 10-fache Wassermenge ihres eigenen Volumens auf und es entsteht eine gelartige Schicht um die Samen herum.

Vor und nach dem Einweichen wird diese Keimsaat *nicht* gespült. Achte darauf, dass keine trockenen Samen auf dem Einweichwasser schwimmen und rühre das Ganze etwa 5 Minuten nach dem Einweichen noch einmal gut um, damit sich die Samen gleichmäßig verteilen.

Das **Einweichwasser** sowie das Wasser vom Sprossenspülen kannst du zum Blumengießen verwenden. Seine Nährstoffe sind ein belebender Dünger für deine grünen Mitbewohner.

Muntere Mandeln – Eine HighVibe-Zutat der Extraklasse

Aus ihrem „Dornröschenschlaf" (*Dormanz**) weckst du Samen und Kerne, indem du sie in Wasser einweichst. Aus diesem Grund nenne ich aktivierte Mandeln auch liebevoll „Muntere Mandeln". 😊 Da ich sie als Zutat für viele meiner Speisen verwende, möchte ich sie dir hier noch einmal gesondert vorstellen.

So einfach geht's:

1. **Einweichen:** Rohköstliche Mandeln gründlich spülen und 8 bis 24 Stunden mit Haut in die 3- bis 10-fache Menge Wasser geben. Das Wasser nach 12 Stunden wechseln.
2. **Ernten:** Das Einweichwasser abgießen und die Kerne noch einmal gründlich spülen. Fertig sind die leckeren Munteren Mandeln!

Die Mandeln werden stets mit Haut eingeweicht. Erst nach dem Aktivieren kannst du ihre Haut abziehen, wenn du das wünschst.

Tipps: Am besten aktivierst du jeweils nur die Menge an Mandeln, die du direkt verbrauchst. Du kannst die Kerne allerdings auch noch 1 Tag (eingeweicht in Wasser) im Kühlschrank aufbewahren.

Hinweis: Europäische Mandeln sind den kalifornischen in Qualität und Geschmack deutlich überlegen.

Aktivierte Nüsse und Kerne kannst du

- ganz einfach pur genießen
- oder als Beilage oder Topping für Salate, Hauptspeisen etc. nehmen;
- für Saucen, Dips und Aufstriche,
- zur Herstellung von pflanzlicher Nuss-Mylk,
- von pflanzlichem Joghurt und pflanzlichem Käse – (Ch'Ease-Rezepte Seite 87, 130 f.),
- für Cracker, Crunchies, Müslis,
- und für süße sowie herzhafte Snacks verwenden.

* Von lateinisch *dormire* (schlafen); alle Formen der Entwicklungsverzögerung bei Lebewesen oder biologischen Vorgängen, durch Außenfaktoren in Gang gesetzt, genetisch oder hormonell gesteuert

Sprossen ziehen

KEIMEN LASSEN

Samen einweichen

Wasser abgießen

Saatgut gründlich spülen

Glas in Keimposition bringen, Keimgut 2-mal täglich spülen (Keimzeit siehe Tabelle Seite 35 ff.)

ERNTEN

Keimlinge spülen, das Glas mit Wasser auffüllen

Sprossen aus dem Wasser nehmen, in eine Schüssel geben

Sprossen in desinfizierendes Wasserbad legen (siehe Seite 27)

Keimgut gründlich mit Wasser spülen

LAGERN

Sprossen gut abtropfen lassen

Keimgut in eine Schüssel geben, sauberes Geschirrtuch darauflegen

Das Ganze mit einem Deckel verschließen (nicht luftdicht)

Mikrogrün ziehen

ANBAUEN

Aktiviertes oder trockenes Saatgut aussäen (siehe Tabelle Seite 33)

Das Ganze mit Wasser besprüheen …

… und vorsichtig bedecken, sodass die Luft gut zirkulieren kann

Keimgut 2-mal täglich von oben mit Wasser versorgen (Die Pflänzchen, wenn sie gewurzelt haben, nicht mehr besprühen, Wasser auf die Erde gießen.)

ERNTEN

Mikrogrün keimen lassen (Keimzeit siehe Tabelle Seite 35 ff.)

Die Pflänzchen über der Erde abschneiden, mit Wasser abspülen

Keimlinge & Sprossen ziehen

Nach dem Aktivieren lässt du das Saatgut keimen. Nun entwickeln sich zuerst Keimlinge, dann Sprossen und anschließend Mikrogrün. Hierfür gibt es unterschiedliche Keimmethoden und verschiedenste Utensilien und Geräte. Eine Auswahl stelle ich dir im Folgenden vor.

Zum Keimenlassen & Sprossenziehen kannst du dutzende verschiedener Saatgutsorten verwenden. Fast alles ist geeignet – von Getreide über Pseudogetreide, Hülsenfrüchte, Gemüse- und Kräutersorten, Wildkräuter bis zu den Ölsaaten.

Utensilien: Keimlinge und Sprossen kannst du u. a. ziehen mit:

- Sprossenglas,
- Sprossensack,
- Etagenkeimgerät (aus Terracotta oder BPA-freiem Kunststoff),
- Keimschale,
- *EASYSPROUT* (eigenes System aus Kunststoff),
- automatischem Keimgerät wie *EASYGREEN*,
- selbst gemachtem Keimgerät (aus Schüssel, Edelstahlsieb und Teller).

So einfach geht's (hier das Keimen im Sprossenglas)**:**

1. **Einweichen:** Das Saatgut gründlich spülen und im Sprossenglas **in die 3- bis 10-fache Menge Wasser** geben. Wenn gewünscht, vorab ein desinfizierendes Wasserbad machen (siehe Seite 27). (Einweichzeiten für die verschiedenen Keimsaatsorten siehe Tabelle Seite 35 ff.)
2. **Keimen lassen:** Die aktivierten Samen mit Wasser spülen, bis dieses klar ist; das Saatgut abtropfen lassen. Das Sprossenglas in Keimposition bringen. 2-mal täglich (morgens und abends) spülen – so lange, bis die Keimlinge oder Sprossen erntereif sind (Keimzeit für die unterschiedlichen Samensorten siehe Tabelle Seite 35 ff.).
3. **Ernten:** Keimlinge und Sprossen nochmals gründlich mit Wasser spülen, bis dieses klar ist. Das Sprossenglas mit Wasser füllen, die Sprossen aus dem Wasser nehmen und am besten anschließend in ein desinfizierendes Wasserbad mit Essig oder etwas Speisenatron (siehe Seite 27) geben. Nicht gekeimtes Saatgut sinkt nun zu Boden und Samenhülsen schwimmen an der Oberfläche, können also leicht abgeschöpft werden. Die Sprossen aus dem Wasser nehmen, in ein Sieb geben und noch einmal gründlich spülen, danach gut abtropfen lassen. Zum Aufbewahren dürfen sie nicht zu nass sein.
4. **Aufbewahren:** Keimlinge und Sprossen am besten in ein mit einem bio-baumwollenen Geschirrtuch oder mit Küchenpapier ausgelegtes Glasgefäß geben, wiederum mit Küchen-

papier oder Geschirrtuch bedecken und mit dem Deckel *nicht* luftdicht verschließen. So sind sie im Kühlschrank mindestens 5 Tage haltbar. Alles Gekeimte sollte bei Verzehr immer frisch duften. (Bei unangenehmem Geruch oder unappetitlichem Aussehen lieber entsorgen.)

Hinweise: Die **Wurzeln** der Sprossen können im Sprossenglas nach einigen Tagen **miteinander verwachsen**. Fülle das Sprossenglas beim Spülen mit Wasser und trenne die kleinen Wurzeln behutsam mit den Fingern. Gieße das Wasser anschließend ab und bringe das Sprossenglas wieder in Keimposition.

Ziehst du **Sprossen mit längeren Keimzeiten** (wie Alfalfa) oder Sprossen, bei denen sich viele Samenhülsen früh lösen (wie Brokkoli), oder merkst du, dass einige Samen nicht keimen, dann empfiehlt sich nach 3 bis 5 Keimtagen ein desinfizierendes Wasserbad (siehe Seite 27). Auf diese Weise werden die Sprossen nicht schlecht. (Das ist vor allem im Sommer wichtig!) Anschließend gibst du das Keimgut zum Weiterkeimen zurück in das gereinigte Sprossenglas und bringst dieses erneut in Keimposition.

Dein Abfluss in der Spüle sollte mit einem Sieb versehen sein, das Samenhülsen und Saatgut auffängt, damit der Abfluss nicht verstopft. Du kannst das Wasser aber auch einfach durch ein Sieb abschütten. Dafür kannst du auch das Sieb vom Sprossenglas verwenden.

Nach kurzer Zeit bilden sich bei vielen Sprossensorten sogenannte Wurzelhaare, einzellige, feine Ausstülpungen der Wurzeln, die oft mit Schimmel verwechselt werden. Sie vergrößern die Oberfläche der Wurzel und damit die Wasseraufnahme der Pflanze. (Das ist also etwas ganz Natürliches! ☺) Sieh sie dir gern mal mit einer Lupe an – sie sind faszinierend. Nach dem Spülen sind sie nicht mehr zu sehen.

Verwendung & Rezeptideen

Keimlinge nimmst du als

- Topping, Einlage oder Deko für Speisen;
- Grundlage zur Herstellung von pflanzlicher Nuss-Mylk;
- Basis für Müslis, Rohkostbrote, Cracker & Crunchies,
- und du kannst aus ihnen **Rejuvelac** (Rezept Seite 78 f.) herstellen.

Sprossen

- sind ein leckerer Snack;
- dienen als Topping, Beilage, Einlage oder Deko für Speisen;
- ergeben einen köstlichen Sprossensalat;
- sind eine urgesunde Zutat für Cracker,
- Pestos und Aufstriche,
- Smoothies und Säfte
- sowie für den **Fermentierten Gemüse-Drink** (Rezept Seite 227).

Mikrogrün und Gräser ziehen

Aus den meisten Keimsaaten lässt sich Mikrogrün ziehen. Das ist die letzte Entwicklungsphase, die bei der Keimzucht für die Zubereitung unserer Gerichte interessant ist.

Mikrogrün ist reich an Chlorophyll, kalorienarm und hat einen höheren Wassergehalt als die kleine Pflanze in den vorhergehenden Entwicklungsstadien (als Sprosse und Keimling) hatte.

Mikrogrün ziehen kannst du

- aus fast allen Keimsaaten, dazu gehören *Brassica*-Sorten, wie Brokkoli, Radieschen und Rettich; Gänsefußgewächse wie Rote Bete; Lauch-Sorten, z. B. Knoblauch, Schnittlauch und Zwiebeln; Kleesorten; Hanf und Hülsenfrüchte;
- aus schleimbildenden Samen, etwa Basilikum, Chia, Flohsamen, Gartenkresse, Leinsamen, Rucola;
- aus Pseudogetreide, wie Amarant, Buchweizen, Quinoa und Braunhirse,
- und Wildkräutersamen wie Mariendistel sowie Exoten wie Moringa.

Gräser ziehen kannst du aus Getreide, wie Dinkel, Hafer, Roggen, Emmer, Kamut u. v. a. m. Wilde Süßgräser wie Raygras können entweder selbst angebaut oder in der Natur geerntet werden. Gräser gehören zum Mikrogrün, doch sie werden anders verwendet. Aufgrund ihres hohen Zellulosegehalts sind sie vor allem zum Entsaften geeignet, oder in kleinen Mengen für Smoothies oder fein geschnitten als Salatzutat.

Utensilien: Du kannst Mikrogrün mit oder ohne Erde ziehen. Als Erde empfehle ich Aussaaterde, Humus, Vulkanerde oder Kokoserde in Bioqualität ohne tierischen und synthetischen Dünger.*

* Mehr zum Thema „Keimequipment und Keimmethoden" findest du in meinem Buch *Sprossen & Mikrogrün,* Seite 22 ff.

Mikrogrün und Gräser anbauen

Mikrogrün	Gräser	Mikrogrün aus schleimbildenden Samen
Ohne Erde		
• auf Watte/Vlies • im Etagenkeimgerät • im automatischen Keimgerät (z. B. *EASYGREEN*)	• auf Watte/Vlies • im Weizengrassieb • in der Weizengraskiste • im Etagenkeimgerät • im automatischen Keimgerät	• auf Watte/Vlies • im Kressesieb • auf dem Kresseigel • im Kunststoff-Anbauset
Mit Erde oder Kokoserde		
• im Tontopf • im Tontopfuntersetzer (flach, nicht glasiert) • in der Kokosnussschale • im Kunststofftopf oder im sogenannten *Microgreen-Tray* aus BPA-freiem Kunststoff • im Aussaat-/Anzuchtbehälter aus Pappe oder Kokosfaser		

Tipp: Mikrogrün kannst du in Bonsaitöpfen oder in Tontopfuntersetzern anbauen, die du etwa 2 bis 5 Zentimeter hoch mit Erde befüllst.

So einfach geht's (hier in Erde):

1. **Einweichen:** Du kannst das Saatgut vor dem Aussäen über Nacht in die 3- bis 10-fache Menge Wasser geben, also „aktivieren" (siehe Tabelle Seite 35 ff.). So keimt es anschließend schneller. Sorten wie Sonnenblumen-, Zuckererbsen-Mikrogrün und Gräser: Aktivierte Keimsaat 1 bis 2 Tage in einem Sprossenglas vorkeimen lassen. Die Keimsaat, vor allem von schleimbildenden Sorten, kann ohne Einweichen ausgesät werden.
2. **Aussäen:** Die Erde in den Behälter füllen, leicht andrücken und das (trockene oder bereits aktivierte) Saatgut gleichmäßig mit Platz zwischen den Samen auf der Erde verteilen. Die Samen mit Wasser besprühen. Die ersten 3 bis 4 Tage den Topf mit einem Teller, Tontopfuntersetzer oder mit einer Frischhaltefolie (aus pflanzlichem Material) bedecken. Die Samen sollten „ausreichend Luft bekommen", jedoch nicht zu viel, damit sie nicht austrocknen.
3. **Bewässern:** 2 bis 3 Tage lang Erde und Samen 2-mal täglich mit Wasser besprühen. Die Sprösslinge benötigen Feuchtigkeit – nicht zu viel und nicht zu wenig. Sobald sie Wurzeln

gezogen haben, erhalten die Pflänzchen das Wasser direkt aus der Erde. Nun reicht es, sie alle 1 bis 2 Tage einmal mäßig zu gießen.

4. **Ernten:** Das erntereife Mikrogrün (siehe Tabelle Seite 35 ff.) über der Erde abschneiden. Das Grün abspülen oder in ein Wasserbad geben (ohne desinfizierende Zutaten). Harte Samenschalen, wie die der Sonnenblumen- oder Buchweizenkerne, können im Wasserbad abgeschöpft werden, da sie auf dem Wasser schwimmen.
5. **Aufbewahren:** Mikrogrün schmeckt frisch verzehrt am besten. Wenn nötig, kannst du es aber einige Tage lang im Kühlschrank aufbewahren (zum Aufbewahren siehe Seite 30 f.).

Tipp: Mikrogrün und Gräser sind anfälliger für Schimmel. Nicht keimende Samen und Samen mit Schimmelbefall entfernen. Sollte das Mikrogrün an mehreren Stellen schimmeln, entsorge es lieber komplett.

Verwendung & Rezeptideen:

Mikrogrün ist perfekt für

- Snacks (vor allem Sonnenblumen-Mikrogrün),
- Topping, Deko oder als Beilage für verschiedene Speisen;
- für Salat (als Zutat),
- feine Mikrogrün-Pestos,
- Smoothies und Säfte.

Gräser eignen sich zur Zubereitung von

- Grassaft-Shot (Rezept Seite 44 f.)
- und Säften;
- sind in kleinen Mengen lecker in Smoothies,
- und das junge, süß schmeckende Gras macht sich, fein gehackt, auch gut im Salat.

Praxis-Tipps:

- **Keimlinge und Sprossen** niemals in die Sonne stellen, sie sind empfindliche „Babys". 🙂 **Mikrogrün**, das du in Erde ziehst, kannst du auf der Fensterbank, auf dem Balkon oder im Garten in der Sonne wachsen lassen. Schütze es jedoch in den ersten 3 bis 4 Tagen vor direkter Sonneneinstrahlung, indem du es mit einem feuchten Baumwolltuch oder einem Teller bedeckst. Mikrogrün, das du nicht in Erde ziehst, kannst du etwa ab dem 4. Keimtag in die Morgen- und Abendsonne stellen, sodass die Pflanzen mehr Sonnenlicht aufnehmen.
- Rote Bete, Mangold oder Koriander wachsen besser auf Erde als im Sprossenglas oder auf Watte.

Top-Tipp zur Vermeidung von Schimmel: Beim Anbau von Getreidegräsern weichst du das Saatgut in ein desinfizierendes Wasserbad mit Wasserstoffperoxid (wie auf Seite 27 beschrieben) ein.

Einweich- und Keimtabelle für Keimlinge, Sprossen, Mikrogrün und Gräser*

Saatgut	Einweichzeit (Samen in der 3- bis 10-fachen Menge Wasser „aktivieren“)	Ernte
Alfalfa	8–12 Stunden	*Sprossen:* ab dem 7. Tag *Mikrogrün:* nach 7–12 Tagen
Amarant	2–6 Stunden	*Sprossen/Keimlinge:* nach 2–4 Tagen *Mikrogrün:* nach 6–14 Tagen
Aprikosenkerne	8–12 Stunden (bis 24 Stunden, das Wasser nach 12 Stunden wechseln)	*aktiviert* roh verzehrbar
Basilikum (schleimbildend)	2–6 Stunden zum Aktivieren 0–6 Stunden fürs Mikrogrün	*aktiviert* roh verzehrbar *Mikrogrün:* nach 10–15 Tagen
Bockshornklee	6–12 Stunden	*Sprossen:* nach 2–5 Tagen *Mikrogrün:* nach 10–17 Tagen
Braunhirse (wild)	6–12 Stunden (bis 24 Stunden, das Wasser nach 12 Stunden wechseln)	*Keimlinge:* nach 2–4 Tagen
Brokkoli	8–12 Stunden	*Sprossen:* nach 5–6 Tagen *Mikrogrün:* nach 7–14 Tagen
Buchweizen (ohne Schale)	2–6 Stunden	*Keimlinge:* nach 12–48 Stunden
Cashewkerne	2–4 Stunden	*aktiviert* roh verzehrbar
Chia (schleimbildend)	2–6 Stunden zum Aktivieren 0–6 Stunden fürs Mikrogrün	*aktiviert* roh verzehrbar *Mikrogrün:* nach 8–14 Tagen

* Die Einweich- und Keimzeiten bei den Rezepten können von den Angaben in dieser Tabelle abweichen, da sie speziell auf das Gericht, den Drink ... abgestimmt sind.

Saatgut	**Einweichzeit** (Samen in der 3- bis 10-fachen Menge Wasser „aktivieren“)	**Ernte**
Fenchel	8–12 Stunden	*Sprossen:* nach 8–10 Tagen *Mikrogrün:* nach 11–18 Tagen
Gartenkresse (schleimbildend)	0–6 Stunden	*Mikrogrün:* nach 7–14 Tagen
Getreide (Nackthafer, Nacktgerste, Roggen, Dinkel, Kamut, Weizen, Einkorn ...; ohne Schale)	8–12 Stunden (bis 24 Stunden, das Wasser nach 12 Stunden wechseln)	*Keimlinge:* nach 2–3 Tagen
Grünkohl, Sibirischer Kohl (*Red Russian Kale*)	6–12 Stunden	*Sprossen:* nach 4–6 Tagen *Mikrogrün:* nach 7–14 Tagen
Kakaobohnen	6–12 Stunden	*aktiviert* roh verzehrbar
Kichererbsen	8–12 Stunden (bis 24 Stunden, das Wasser nach 12 Stunden wechseln)	*Sprossen: nach 3–4* Tagen (vor dem Verzehr ggf. kurz erhitzen)
Koriander	8–12 Stunden	*Sprossen:* nach 10–12 Tagen *Mikrogrün:* nach 12–21 Tagen
Kürbiskerne	4–12 Stunden	*aktiviert* roh verzehrbar *Keimlinge:* nach 1–2 Tagen
Leinsamen	2–6 Stunden zum Aktivieren 0–6 Stunden fürs Mikrogrün	*aktiviert* roh verzehrbar *Mikrogrün:* nach 7–14 Tagen
Linsen (Beluga-, Berglinsen ...)	8–12 Stunden (bis 24 Stunden, das Wasser nach 12 Stunden wechseln)	*Sprossen:* nach 3–5 Tagen
Macadamianüsse	8–6 Stunden	*aktiviert* roh verzehrbar

Saatgut	**Einweichzeit** (Samen in der 3- bis 10-fachen Menge Wasser „aktivieren“)	**Ernte**
Mandeln (siehe Infokasten Seite 28)	8–24 Stunden (Das Wasser nach 12 Stunden wechseln.)	*aktiviert* roh verzehrbar
Mangold, Rote Bete	8–12 Stunden (bis 24 Stunden, das Wasser nach 12 Stunden wechseln)	*Sprossen:* nach 5–7 Tagen *Mikrogrün:* nach 7–14 Tagen
Mariendistel	24 Stunden (Das Wasser nach 12 Stunden wechseln.)	*Mikrogrün:* nach 9–14 Tagen
Moringa	10–12 Stunden (bis 24 Stunden, das Wasser nach 12 Stunden wechseln)	*Mikrogrün:* nach 12–21 Tagen
Mungobohnen	8–12 Stunden (bis 24 Stunden, das Wasser nach 12 Stunden wechseln)	*Sprossen:* nach 3–5 Tagen
Pekannüsse	6–12 Stunden	*aktiviert* roh verzehrbar
Pinienkerne	2–8 Stunden	*aktiviert* roh verzehrbar
Pistazien	6–12 Stunden	*aktiviert* roh verzehrbar
Quinoa	2–4 Stunden	*Keimlinge:* nach 10–48 Stunden
Radieschen, Rettich	6–12 Stunden	*Sprossen:* nach 3–5 Tagen *Mikrogrün:* nach 6–12 Tage
Raps	8–12 Stunden	*Sprossen:* nach 5–6 Tagen *Mikrogrün:* nach 7–14 Tagen
Raygras/Weidelgras	–	*Gräser:* nach 2–3 Wochen
Rucola (schleimbildend)	0–6 Stunden	*Mikrogrün:* nach 7–14 Tagen

Saatgut	**Einweichzeit** (Samen in der 3- bis 10-fachen Menge Wasser „aktivieren“)	**Ernte**
Schwarzkümmel	6–12 Stunden	*aktiviert* roh verzehrbar *Keimlinge:* nach 2–4 Tagen *Sprossen:* nach 6–14 Tagen
Sesam	2–8 Stunden	*aktiviert* roh verzehrbar *Keimlinge:* nach 1–2 Tagen
Sonnenblumen (mit Schale)	8–12 Stunden (bis 24 Stunden, das Wasser nach 12 Stunden wechseln)	*Mikrogrün:* nach 7–12 Tagen (Schale vor Verzehr entfernen!)
Sonnenblumenkerne (ohne Schale)	4–6 Stunden	*aktiviert* roh verzehrbar *Keimlinge:* nach 1–2 Tagen
Süßlupinen (blau/weiß)	8–12 Stunden (bis 24 Stunden, das Wasser nach 12 Stunden wechseln)	*Sprossen:* nach 3–5 Tagen *Mikrogrün:* nach 10–14 Tagen (vor dem Verzehr ggf. kurz erhitzen)
Violetter Klee, Rosenklee, Rotklee	8–12 Stunden	*Sprossen:* nach 5–6 Tagen *Mikrogrün:* nach 7–14 Tagen
Vollhafer, Volldinkel, Vollgerste, Roggen (ungespelzt), **Hartweizen und anderes (Ur-)Getreide** (mit Schale)	8–12 Stunden (bis 24 Stunden, das Wasser nach 12 Stunden wechseln)	*Gräser:* nach 7–12 Tagen
Walnüsse	8–12 Stunden (bis 24 Stunden, das Wasser nach 12 Stunden wechseln)	*aktiviert* roh verzehrbar
Zedernüsse	2–8 Stunden	*aktiviert* roh verzehrbar
Zuckererbsen	8–12 Stunden (bis 24 Stunden, das Wasser nach 12 Stunden wechseln)	*Sprossen:* nach 3–4 Tagen *Mikrogrün:* nach 10–14 Tagen (vor dem Verzehr ggf. kurz erhitzen)

AngelikA's HighVibe-Mixes

Im Folgenden findest du einige meiner liebsten Sprossenmischungen, deren Zusammensetzung du je nach Geschmack verändern kannst, wenn Einweich- und Keimzeiten (siehe Tabelle Seite 35 ff.) sowie die Keimmethode der Samensorten zusammenpassen. Weitere, auch extravagante und exotische Mischungen, siehe *www.highvibefood.de*.

Angi's ZEN-Mix: Alfalfa (60 Prozent), Fenchel (10 Prozent), Rosa/Violetter Kohlrabi (7 Prozent), Violette Radieschen (3 Prozent), Rosenklee (20 Prozent)

8 bis 12 Stunden lang einweichen;
nach 6 bis 7 Tagen als Sprossen,
nach 7 bis 14 Tagen als Mikrogrün ernten

Detox Gras-Mix: Emmer (70 Prozent), Gerste (30 Prozent)

8 bis 24 Stunden lang einweichen;
nach 7 bis 12 Tagen als Gräser ernten

Detox Mikrogrün-Mix: Koriander (30 Prozent), Mariendistel (30 Prozent), Raygras (30 Prozent), Schwarzkümmel (10 Prozent)

8 bis 24 Stunden lang einweichen;
nach 14 bis 21 Tagen als Mikrogrün ernten

Detox-Mix: Bockshornklee (60 Prozent), Radieschen (2½ Prozent), Rettich (10 Prozent), Senf (2½ Prozent), Sibirischer Kohl (Red Russian Kale) oder Grünkohl (25 Prozent)

8 bis 12 Stunden lang einweichen;
nach 4 bis 6 Tagen als Sprossen,
nach 7 bis 14 Tagen als Mikrogrün ernten

Hell oder dunkel? – Wie keimen die Samen am besten?

Samen benötigen zum Keimen in jedem Fall Sauerstoff und Feuchtigkeit. Und als Drittes benötigen sie Licht. – Allerdings gibt es hier Unterschiede: Es gibt Keimsaat, die zunächst kein Licht braucht, man nennt diese Pflanzen „Dunkelkeimer". Sobald die Keimblätter zu sehen sind, brauchen auch Dunkelkeimer Tageslicht, damit der Keimling Chlorophyll und Vitalstoffe bilden und wachsen kann. In Erde ausgesäte Samen von **Dunkelkeimern** kannst du mit etwas Erde oder alternativ mit einem Teller oder Tuch bedecken oder in eine dunkle Ecke stellen. **Lichtkeimer** hingegen säst du immer direkt auf der Erde aus und bedeckst sie am besten mit einem lichtdurchlässigen Teller (aus Glas). Platziere sie nicht in der prallen Sonne, sonst trocknen die Keimlinge aus oder gehen in der Hitze ein.

Für den Anbau von Sprossen und Mikrogrün spielt diese Unterscheidung jedoch keine große Rolle.*

Gewürze aktivieren für mehr Geschmack und höhere Schwingung

Kümmel, Kreuzkümmel, Schwarzkümmel, Fenchel, Koriander und viele andere Samen-Gewürze kannst du ebenfalls aktivieren: Gib hierfür die Körner 2 bis 8 Stunden in die 3- bis 10-fache Menge Wasser. (Genaue Angaben findest du bei den jeweiligen Rezepten.)

* Dunkel- und Lichtkeimer siehe auch in meinem Buch *Sprossen & Mikrogrün* in der Sprossenguide-Tabelle, Seite 178 ff. (5. Spalte)

Femme Divine Mikrogrün-Mix: Anis (5 Prozent), Fenchel (20 Prozent), Karotte (25 Prozent), Mangold (25 Prozent), Rote Beete (25 Prozent)
8 bis 24 Stunden lang einweichen;
nach 14 bis 21 Tagen als Mikrogrün ernten

Glücksklee-Mix: Bockshornklee (5 Prozent), Rosa/Violette Radieschen (5 Prozent), Rosenklee (30 Prozent), Rotklee (30 Prozent), Violetter Klee (30 Prozent)
8 bis 12 Stunden lang einweichen;
nach 5 bis 6 Tagen als Sprossen,
nach 7 bis 12 Tagen als Mikrogrün ernten

ImmunStark Mikrogrün-Mix: Bockshornklee (10 Prozent), Brokkoli (40 Prozent), Kresse (10 Prozent), Raps (10 Prozent), Radieschen (10 Prozent), Rettich (5 Prozent), Rucola (10 Prozent), Schwarzkümmel (5 Prozent)
8 bis 12 Stunden lang einweichen;
nach 7 bis 14 Tagen als Mikrogrün ernten

Linsensprossen-Trio-Mix: Belugalinsen (33 Prozent), Berglinsen (33 Prozent), Französische Linsen (*Le Puy*-Linsen; 33 Prozent)
12 bis 24 Stunden lang einweichen;
nach 3 bis 6 Tagen als Sprossen,
nach 7 bis 12 Tagen als Mikrogrün ernten
Am besten blanchieren. Die Sprossen sind erst nach 4 Tagen roh essbar.

Mediterraner Mikrogrün-Mix: Basilikum (25 Prozent), Roter Basilikum (25 Prozent), Dill (5 Prozent), Knoblauch (5 Prozent), Kresse (10 Prozent), Rucola (20 Prozent)
8 bis 12 Stunden lang einweichen oder direkt aussäen;
nach 14 bis 21 Tagen als Mikrogrün ernten

ProteinPower Sprossen-Mix: Kichererbsen (25 Prozent), Schwarze Kichererbsen (25 Prozent), Süßlupinen (50 Prozent)
12 bis 24 Stunden lang einweichen;
nach 3 bis 5 Tagen als Sprossen ernten
Die Sprossen blanchieren oder kochen (5 bis 45 Minuten, je nach Keimdauer), bis sie weich sind

Sportler-Mix: Belugalinsen (25 Prozent), Bockshornklee (10 Prozent), Brokkoli (11 Prozent), Roter Kohlrabi (10 Prozent), Rosenklee (20 Prozent), Rotklee (20 Prozent), Rucola (2 Prozent), Senf (2 Prozent)
8 bis 12 Stunden lang einweichen;
nach 4 bis 6 Tagen als Sprossen,
nach 7 bis 12 Tagen als Mikrogrün ernten

SprossenEngerl-Mix: Brokkoli (30 Prozent), Kohlrabi (5 Prozent), Violette Radieschen (2 Prozent), Raps (30 Prozent), Rettich (3 Prozent), Rosenklee (30 Prozent)

8 bis 12 Stunden einweichen;
nach 5 bis 6 Tagen als Sprossen,
nach 7 bis 14 Tagen als Mikrogrün ernten

Sprossit-Mix: Brokkoli (10 Prozent), Grünkohl (6 Prozent), Kohlrabi (6 Prozent), Rosa Radieschen (2 Prozent), Raps (6 Prozent), Rosenklee (70 Prozent)

8 bis 12 Stunden lang einweichen;
nach 5 bis 6 Tagen als Sprossen,
nach 7 bis 14 Tagen als Mikrogrün ernten

Süßer Gräser-Mix: Dinkel (60 Prozent), Hafer (40 Prozent); beides entspelzt

8 bis 24 Stunden lang einweichen;
nach 7 bis 12 Tagen als Gräser ernten

Angi's Aufweckwasser

mit frischen Kräutern, Ingwer & Zitrone

Ein Wasser mit belebenden Kräutern, das deine Energien wieder in Fluss bringt. Es wirkt basisch, hydriert und energetisiert deine Zellen. Perfekt für den Start in den Tag und als Energie-Kick für zwischendurch!

Für 1 Liter

1 Liter Wasser
ca. 1½ cm frischer Ingwer
½–1 Zitrone
frische Pfefferminzblätter (nach Geschmack)
frischer Thymian (nach Geschmack)
frischer Rosmarin (nach Geschmack)

ca. 5 Minuten

So einfach geht's:

Das Wasser (in Zimmertemperatur bis lauwarm) in eine Flasche oder einen Keramik- oder Glaskrug füllen.

Den Ingwer in dünne und die Zitrone in etwas dickere Scheiben und diese in Stücke schneiden. Die Kräuter ein wenig zwischen den Fingern kneten, dann mit Ingwer und Zitrone ins Wasser geben, umrühren.

Das Ganze etwa ½ Stunde (wahlweise in der Sonne) ziehen lassen und das Wasser in den nächsten 3 Stunden genießen.

Übung: In den Tag hineintanzen

Setze dich vor dem Aufstehen im Bett auf. Entspanne dich … entspanne Gesicht, Schultern, den ganzen Körper. … Nimm deinen Atem wahr. … Spüre deinen Herzschlag. … Wie fühlt sich dein Körper an? … Spüre seine Lebendigkeit … und sei dankbar: Du lebst, das ist das größte Geschenk. Meditiere darüber, wenn du magst … Nimm dir Zeit. … Steh auf, wenn du dazu bereit bist, und beginne, dich zu bewegen. Verbinde dich mit deiner Herzensfreude. … Was wird dir an diesem Tag begegnen und wie wirst du damit umgehen? Bewege dich zu diesem Gefühl, tanze mit dem, was der Tag dir bringen wird. … Drücke all das 5 Minuten lang in Bewegung und Tanz aus.

Tipps:

Im Kühlschrank ist das Aufweckwasser in einer Glasflasche (siehe Infokasten Seite 77) 1 Tag haltbar. Am besten genießt du es aber frisch, denn die Zitrone macht das Wasser mit der Zeit leicht bitter.

Hast du keine frischen Kräuter zur Hand oder möchtest das Aufweckwasser noch intensiver haben, dann rühre statt der frischen Kräuter einfach je 1 Tropfen ätherisches Zitronen- und Rosmarinöl und ganz wenig ätherisches Pfefferminzöl (mit Zahnstochertechnik, siehe Infokasten Seite 158) ein.

Lifestyle-Tipp:

Wenn wir morgens aufwachen, ist unser Körper stark dehydriert, was zu einem starken Energieverlust führen kann. Genieße das Aufweckwasser also gleich als Kickstart in den Tag und immer dann, wenn du dich erschöpft fühlst – am besten in Kombination mit Bewegung oder Atemübungen, die noch mehr aktivieren. Lass deine Energie fließen!

EnerCHI-Shot

RAW

aus frischen Gräsern

Dieser natürliche Energy-Drink ist ein Geschenk der Natur! Er bringt Licht und Leben in jede Zelle deines Körpers, wirkt basisch, entgiftend, „ordnend" und in höchstem Maße energetisierend. Du fühlst dich besser, vitaler, verbundener und glücklicher. Let's get high on EnerCHI! ☺

Für 1 Shot (à 30 Milliliter)

50–80 g frisches Dinkelgras *oder* frische Grasmischung nach Wahl (z. B. Einkorn, Emmer, Gerste, Hafer, Kamut, Roggen, Weizen …; siehe Seite 32 ff.)

ca. 10 Minuten

Slow Juicer/Handentsafter

So einfach geht's:

Das Gras entsaften, in ein kleines Glas füllen. Den Grassaft frisch genießen.

Hinweis: Die Grassaftausbeute ist je nach Sorte, Anbauart, Keimdauer und Entsafter unterschiedlich. Finde selbst heraus, wie viel Gramm Keimsaat du für deine Grassäfte benötigst.

Variante: Für den **Wilden EnerCHI-Shot** kannst du selbst angebaute Gräser und wild wachsende Süßgräser wie Raygras aus der Natur verwenden. Raygras kannst du auch selbst anbauen (siehe Seite 32 ff., Infokasten Seite 20).

Grassaft-Shot: Der Star unter den HighVibe-Drinks

Der Grassaft-Shot ist glutenfrei und hat so viele Vitalstoffe wie etwa 1 Kilogramm Biogemüse. Er liefert jede Menge Vitamine, Mineralstoffe und Spurenelemente (vor allem Selen, Zink, Eisen und Magnesium) und steckt voller Chlorophyll, aktiver Enzyme, sekundärer Pflanzenstoffe, pflanzlichem „Zellwasser" und Biophotonen. Das macht ihn zum absoluten Star unter den HighVibe-Foods und zu einem Muss für deinen Speiseplan.

Tipps:

Den Grassaft solltest du immer auf nüchternen Magen trinken und anschließend mindestens 20 Minuten lang nichts essen und nichts anderes trinken.

Er kann sehr intensiv schmecken und wirken. Beginne mit kleinen Mengen (10 Millilitern) bzw. verdünne den EnerCHI-Shot zuerst einmal mit etwas Wasser. Als Einstieg empfiehlt sich die „leichtere" Variante **EnerCHI-Delight** (Rezept Seite 46 f.).

Express-Tipp:

Wenn du den Saft in Eiswürfelformen gießt und einfrierst, geht nur wenig von seiner Lebenskraft verloren. Die Nährstoffe und das wertvolle Chlorophyll bleiben erhalten. Gib morgens 1 Eiswürfel in ein Glas lauwarmes Wasser.

Glow-Tipps:

Den Schaum, der beim Entsaften entsteht – und natürlich auch den Grassaft selbst –, kannst du als Gesichtsmaske verwenden. Trage ihn auf Gesicht und Dekolleté auf, lasse ihn 10 bis 15 Minuten einwirken und spüle ihn anschließend mit Wasser ab.

Frischer Grassaft unterstützt die Regeneration der Haut, hilft bei Mückenstichen, kleinen Wunden, Ekzemen, Narben, Falten und Hautunreinheiten. In vielen Kliniken kommt Grassaft auch in Darmspülungen zum Einsatz.

EnerCHI-Delight

mit frischen Gräsern, Ingwer & Apfel

Eine erfrischende, beschwingende, süß schmeckende Alternative für alle, denen der EnerCHI-Shot pur zu intensiv ist. So werden auch deine Kinder Grassaft lieben!

Für 1 Glas (etwa 200 Milliliter)

1 kleiner Apfel (alte Sorte)
ca. 100 g frisches Gras *oder* frische Grasmischung nach Wahl (siehe **EnerCHI-Shot**, Rezept Seite 44 f.)
ca. 100 ml Wasser (nach Belieben mehr)
ca. ½ cm frischer Ingwer (wahlweise)

ca. 10 Minuten Slow Juicer/Handentsafter

So einfach geht's:

Den ungeschälten Apfel (ohne Kerngehäuse) vierteln, das Gras grob in Stücke schneiden und beides mit dem Ingwer entsaften.

Den Saft sofort genießen.

Tipps:

Statt des Apfels schmecken Granatapfelkerne oder eine Scheibe Ananas ebenfalls sehr lecker.

Du kannst die Zutaten auch mit etwas mehr Wasser im Mixer cremig pürieren und das Ganze dann durch ein Sieb oder einen Nussmilchbeutel geben.

Oder du pürierst 20 bis 30 Grashalme sowie 2 bis 4 Eiswürfel mit den angegebenen Zutaten im Hochleistungsmixer und genießt das Ganze als Smoothie.

Greeña Colada

RAW

mit viel Grünem, Äpfeln & Ingwer

Dieser HighVibe-Cocktail hat sogar meinen Mann zum EnerCHI-Fan gemacht. Lecker, erfrischend, belebend – macht müde Männer tatsächlich munter. ☺ Ein idealer Einstieg und ein tropisches Geschmackserlebnis für alle, die noch nicht so „grün" unterwegs sind.

Für 2 Gläser (etwa 600 Milliliter)

1–2 **EnerCHI-Shots** (Rezept Seite 44 f.)
½ reife Ananas
Wasser von 1 jungen Thai-Kokosnuss
8–10 Eiswürfel

Deko

2 Stücke Ananas

ca. 10 Minuten

(Hochleistungs-)Mixer, Slow Juicer/Handentsafter

Einfach & schnell: Eine junge Thai-Kokosnuss öffnen

Die frische Bio-Trinkkokosnuss (Bezugsquellen siehe *www.highvibefood.de*) auf einem großen Holzbrett platzieren und mit einem großen Hackmesser – mit Kraft und Vorsicht! – oben aufhacken, bis ein Loch in der harten Schale entsteht. Den Deckel abheben, kleine Schalenteile, die eventuell in das Kokoswasser gefallen sind, aus dem Wasser herausfischen.

Das frische Kokoswasser abgießen und das Kokosfruchtfleisch mit einem Löffel oder einem kleinen Teigschaber von den Innenwänden der Nuss abkratzen.

Das Kokoswasser sollte klar und hell sein sowie frisch duften und auch schmecken. Ist es pink oder violett, dann ist es nicht mehr genießbar.

Tipp: Du kannst auch mit einem Schraubenzieher, einem Apfelstecher oder einem Kokosnussöffner 2 Löcher oben in die Nuss schlagen und das Kokoswasser in ein Gefäß gießen, bevor du die Nuss auf der oberen Seite öffnest und das Fruchtfleisch herausholst. Diese Variante ist (möglicherweise) „putzfreundlicher". ☺

So einfach geht's:

Die Ananas schälen, das harte Innere entfernen und das Fruchtfleisch grob in Stücke schneiden. Diese mit dem Kokoswasser cremig pürieren (zum Öffnen der Kokosnuss siehe Infokasten links). Die Eiswürfel dazugeben und das Ganze noch einmal etwa 15 Sekunden auf höchster Stufe mixen.

Das eisige Ananaspüree in Gläser füllen, die EnerCHI-Shots darübergießen und das Ganze mit Ananas dekoriert und einem Lächeln genießen.

Tipp:

Wenn du keinen Entsafter für den **EnerCHI-Shot** zu Hause hast, nimmst du 30 bis 50 Grashalme und pürierst sie zusammen mit den anderen Zutaten im Hochleistungsmixer cremig. Verwende hierfür (7 bis 8 Tage) junges Gras, denn es ist weniger faserig.

Green Juice

mit viel Grünem, Äpfeln & Ingwer

Tank mal wieder richtig auf mit diesem leckeren, frischen, grünen Saft, dessen Zutaten du jederzeit nach deinem Gusto wählen kannst. Dies ist Treibstoff fürs Leben und Zellnahrung vom Feinsten.

Für etwa 1 Liter

2–3 Handvoll grünes Blattgemüse (z. B. Grünkohl)
1–2 Handvoll frische Gräser (Samen einweichen, keimen und wachsen lassen; siehe Seite 32 ff., Tabelle Seite 35 ff.)
10 Pfefferminz- *oder* Melissenblätter und/ *oder* 1 Handvoll (Wild-)Kräuter nach Wahl
5–8 Stangen Staudensellerie
2 große Salatgurken
1–2 Äpfel (alte Sorte)
½–1 cm frischer Ingwer
etwas ätherisches Pfefferminzöl (wahlweise; mit Zahnstochertechnik, siehe Infokasten Seite 158)

ca. 15 Minuten

Slow Juicer/Handentsafter

So einfach geht's:

Grünes, Gräser, Kräuter sowie Sellerie, Gurken, Äpfel (ohne Kerngehäuse) und Ingwer grob in Stücke schneiden.

Die Zutaten entsaften. Den Saft in eine Glas- oder Keramikkanne füllen.

Wenn gewünscht, ätherisches Pfefferminzöl dazugeben und das Ganze noch einmal umrühren.

Variante: Granatapfel oder Ananas schmeckt statt der Äpfel hier ebenfalls sehr lecker.

Tipps:

Trinke den Saft immer frisch. Wenn nötig, kannst du ihn im Kühlschrank in einer Glasflasche (siehe Infokasten Seite 77) 1 Tag aufbewahren.

Wie süß oder bitter der Drink schmeckt, das hängt von den verwendeten Zutaten ab. Verwende Wildkräuter (sie enthalten Bitterstoffe) vorsichtig, nimm nur wenige Blättchen. Nimm nicht zu viel Obst, verwende lieber frische Getreidegräser, die dem Saft auch Süße schenken und noch mehr Power geben – ganz ohne Fruktose.

Wenn grüne Säfte neu für dich sind, beginne mit kleineren Mengen Blattgemüse, Gräsern etc. und erhöhe die „Dosis" allmählich. Deine „Lust auf Grün" wird sich von selbst einstellen.

RAW Goddess Smoothie

mit Mandeln, Grünkohl, Mikroalgen & Sprossen-Deko

Ein Getränk voller Licht & Lebenskraft für die Göttin bzw. den Gott in dir. Eine wundervolle, lebensenergiereiche Mahlzeit zum Auftanken und Sich-verzaubern-Lassen.

Für 2 bis 4 Gläser (etwa 800 Milliliter)

- 1–2 Handvoll Mandeln (8–24 Std. einweichen; mit *oder* ohne Haut verwenden)
- 2–3 Grünkohlblätter
- 1–2 entkernte Medjool-Datteln
- 2–3 reife Bananen
- ¼–2 TL Spirulina-Pulver (Bezugsquellen siehe *www.highvibefood.de*)
- 1–2 Msp. Bourbon-Vanillepulver
- 300–500 ml Wasser
- 3–6 Eiswürfel

Zutaten deiner Wahl

- Inhalt von 2 Kapseln Ur-Phytoplankton-Pulver *oder* ¼ –½ TL Chlorella-Pulver (Bezugsquellen siehe *www.highvibefood.de*)
- ein paar frische Pfefferminzblätter *oder* ca. ½ cm frischer Ingwer

Deko

- milde Sprossen nach Wahl (z. B. Klee- *oder* Alfalfasprossen; siehe Seite 30 ff.),
- ein paar Mandeln (8–24 Std. einweichen; mit *oder* ohne Haut verwenden)

ca. 10 Minuten — Hochleistungsmixer

So einfach geht's:

Bei den Grünkohlblättern die dicke Mittelrippe herausschneiden. Grünes und Datteln grob in Stücke schneiden. Die Bananen schälen und in Stücke brechen. Die Mandeln mit Haut verwenden oder die Haut abziehen.

Alle Zutaten (außer Eiswürfel) etwa 20 Sekunden lang cremig pürieren. Die Eiswürfel hinzufügen und das Ganze noch einmal etwa 15 Sekunden auf höchster Stufe mixen.

Den Smoothie in Gläser füllen, mit Sprossen und Mandeln dekoriert und einem Lächeln im Gesicht genießen.

Hinweis: Dieser Smoothie ist der perfekte Einstieg für jeden, der „Grünes" noch nicht gewohnt ist. Selbst Kinder lieben ihn! Du entscheidest, wie süß und wie grün er im Geschmack sein soll. Die aktivierten Mandeln und die Bananen schenken dem Drink Süße.

Tipp:

Den Smoothie kannst du im Kühlschrank in einer Glasflasche (siehe Infokasten Seite 77) 1 Tag aufbewahren.

Gourmet-Tipp:

Statt aktivierten Mandeln und Wasser können auch Wasser und das Fruchtfleisch von 1 jungen Thai-Kokosnuss (zum Öffnen der Kokosnuss siehe Infokasten Seite 48) verwendet werden.

RAW

Belebender Wildkräuter-Smoothie

mit viel wildem Grün, Obst & Blüten

Dieser Smoothie wirkt ausgleichend und belebend für Körper, Geist und Seele und lässt dich fit und vital in den Frühling starten. Ein Weckruf des Lebens! Hier passen viele Wildkräuter und Blüten der Saison – einfach ausprobieren!

Für 2 bis 3 Gläser (etwa 600 Milliliter)

1–2 kleine Äpfel *oder* Birnen (Sorte: Williams)
1 Handvoll junger Blattspinat *oder* grünes Blattgemüse nach Wahl
2–3 junge Brennnesselspitzen
1–3 junge Gierschspitzen
2–3 Löwenzahnblätter
ca. 400 ml Birkenwasser *oder* Wasser
3–6 Eiswürfel

Zutaten deiner Wahl

2–3 junge Maiwipferl (frische, hellgrüne Frühjahrstriebe von Tanne *oder* Fichte)
Fruchtfleisch von ½ Avocado

Deko

essbare Blüten (1 Dolde Holunder- *oder* 2–3 Kleeblüten) *oder* Sprossen

ca. 5 Minuten Hochleistungsmixer

So einfach geht's:

Äpfel oder Birnen (ohne Kerngehäuse) und das Grüne grob in Stücke schneiden.

Alle Zutaten (außer Eiswürfel) im Mixer cremig pürieren.

Die Eiswürfel hinzufügen und das Ganze noch einmal etwa 15 Sekunden auf höchster Stufe mixen.

Den Smoothie in Gläser füllen, mit essbaren Blüten oder Sprossen dekoriert, entspannt genießen.

Tipps:

Wenn Wildkräuter-Smoothies für dich neu sind, verwende diese Kräuter zuerst einmal zurückhaltend, da sie sehr intensiv im Geschmack sein können.

Du kannst den Smoothie im Kühlschrank in einer Glasflasche (siehe Infokasten Seite 77) 1 Tag aufbewahren.

Den Drink kannst du bis in den Sommer hinein genießen – verwende saisonale Wildkräuter.

Gourmet-Tipps:

Zum Süßen eignet sich 1 getrocknete Feige oder Dattel, die du mitpürierst.

1 Prise Zimt neutralisiert die Bitterstoffe der Wildkräuter.

Cremiger wird der Smoothie, wenn du entweder etwas mehr Avocado, 1 reife Banane oder ½ bis 1 Teelöffel Chiasamen (vorab in 5 Esslöffeln Wasser 2 bis 4 Stunden einweichen) hinzufügst.

EnerCHI-Thai-Suppe

mit frischer Kokosnuss, Koriandergrün & jeder Menge sonniger Thai-Vibes

Von der Thai-Küche inspiriert, schenkt dir diese rohköstliche grüne Suppe jede Menge GoodVibes *und Urlaubsstimmung. Ein Geschmackserlebnis mit aufmunternder und energetisierender Wirkung!*

Für 4 Portionen (etwa 800 Milliliter)

1 EL Chiasamen (in 5 EL Wasser ½–4 Std. einweichen)
¼–½ grüne Paprikaschote
½ Bund Koriandergrün
1 Frühlingszwiebel (mit Grün)
½–1 cm frischer Ingwer
1 junge Thai-Kokosnuss
Fruchtfleisch von ½–1 Avocado
Saft von ½ Limette
1 entkernte Medjool-Dattel
1 TL Kokosblütenzucker
4 EL Kokosnuss-Aminos (Bezugsquellen siehe *www.highvibefood.de*)
¼–½ TL Suppenwürze-Pulver
1 Msp. Galgant-Pulver
1 Prise geriebene Kaffirlimettenschale *oder* Kaffirlimettenblatt-Pulver
1 Tropfen ätherisches Zitronengrasöl
1 Tropfen ätherisches Limettenöl
3–6 Eiswürfel

Zutaten deiner Wahl

1 Handvoll Koriandermikrogrün (8–12 Std. einweichen, 12–21 Tage keimen lassen; siehe Seite 32 ff.)
½–1 Knoblauchzehe
1 Prise Cayennepfeffer
1 kleines Stück grüne Chilischote (ohne Kerne)

Deko

4–8 EL Kokoscreme; einige Blätter Thai-Basilikum, frisches Koriandergrün *oder* Koriandermikrogrün, einige dünne grüne Paprikastreifen, aktivierte Chiasamen, Sprossen *oder* Blüten nach Wahl

ca. 20 Minuten   Hochleistungsmixer

So einfach geht's:

Die grüne Paprikaschote ohne Kerne sowie alles Grüne grob in Stücke schneiden. Den Ingwer wahlweise schälen.

Kokoswasser und Fruchtfleisch der Kokosnuss cremig pürieren (zum Öffnen der Kokosnuss siehe Infokasten Seite 48). 4 bis 8 Esslöffel der Kokoscreme in den Kühlschrank stellen.

Alle anderen Zutaten (außer etwa 2 Esslöffel aktivierte Chiasamen, diese für die Deko beiseitestellen) zur Kokoscreme geben und alles cremig pürieren.

Anrichten Die Suppe in Kokosschalen oder Schüsseln füllen, nach Belieben mit je 1 bis 2 Esslöffeln Kokoscreme sowie Thai-Basilikum, frischem Koriandergrün oder Koriandermikrogrün, Paprikastreifen, aktivierten Chiasamen, Sprossen und Blüten dekoriert servieren.

Tipps:

Die Mischung aus Kokoswasser und Kokosfruchtfleisch sollte eine cremige Konsistenz ergeben. Du kannst etwas Kokosmus oder mehr Avocado hinzufügen, um die Suppe cremiger zu machen.

Hat die Kokosnuss zu wenig Kokoswasser, dann nimmst du mehr Eiswürfel oder Wasser.

Möchtest du die Suppe kühl genießen, fügst du etwas mehr Eis hinzu, möchtest du sie wärmer essen, mixe sie einfach so lang, bis sie warm ist. (Sie sollte höchstens eine Temperatur von etwa 42 °C haben.)

Angi's schneller Sprossensalat

RAW

mit frischen Sprossen, Mikrogrün & Gemüse

Hochschwingendes & leckeres „Fastfood“ vom Feinsten! Diesen Salat gibt's bei mir fast jeden Tag – als Vor- oder als Hauptspeise –, denn er ist schnell gemacht, leicht verdaulich und schenkt jede Menge Energie.

Für 2 bis 4 Portionen

4–6 Handvoll Sprossenmischung **Sprossit-Mix** (1½–2 EL Keimsaat 8–12 Std. einweichen, 5–6 Tage keimen lassen; siehe Seite 41, 30 ff.) *oder* Sprossen nach Wahl
2–4 Stangen Staudensellerie
½ Gurke
4–6 Radieschen
weiteres Gemüse nach Wahl (z. B. Fenchel, Paprika, Tomaten)
2 Handvoll **Angi's würzige Crunchies** (Rezept Seite 228 f.)

Dressing

4–6 EL Olivenöl
2–5 EL Kokosnuss-Aminos *oder* 2–3 EL Zitronensaft
1 Prise Suppenwürze-Pulver (wahlweise)
frisch gemahlener Wilder Madagaskarpfeffer *oder* schwarzer Pfeffer
Kräuter deiner Wahl (z. B. Thymian, Dill, Estragon, Kräuter der Provence)

Deko

1–2 Handvoll Rucola-Mikrogrün (1 TL Keimsaat 4–12 Std. einweichen, 6–8 Tage keimen lassen; siehe Seite 32 ff.) oder Mikrogrün nach Wahl, Fruchtfleisch von ½–1 Avocado, etwas Zitronensaft (zum Beträufeln)

ca. 10 Minuten

So einfach geht's:

Staudensellerie, Gurke und Radieschen … in mundgerechte Stücke schneiden.

Die Sprossen auf Teller oder in Schüsseln geben. Gemüse nach Wunsch um die Sprossen herum verteilen.

Dressing Alle Zutaten mit einem Schneebesen gut verrühren, mit Pfeffer und Gewürzen abschmecken.

Anrichten Avocado-Rosenblüte mittig auf den Salat setzen, Mikrogrün und die würzigen Crunchies über den Salat streuen. Das Dressing darüberträufeln.

Avocado-Rosenblüten Das Fleisch der halbierten Avocado längs in dünne Scheiben schneiden, diese mit etwas Zitronensaft beträufeln. Die kleinste Avocadoscheibe eng aufrollen. Die nächstgrößere Scheibe darum herumwickeln, sodass eine Rosenblüte entsteht.

Für 1 Blüte verwendest du etwa ein Viertel von 1 Avocado. Stelle auf diese Weise 2 bis 4 Blüten her.

Die Blüten mittig auf den Salat setzen und das Ganze – am besten lächelnd – genießen. ☺

Tipps:

Zusätzlich kannst du das gewürfelte Fruchtfleisch von 1 Avocado mit 1 bis 2 Esslöffeln Zitronensaft beträufeln und unter den Salat heben.

Wähle die Sprossensorten und anderen Zutaten nach Jahreszeit, Lust und Laune aus. Die wundervoll einfache Basis bleibt stets gleich.

Beim Dressing kannst du ebenfalls nach Gusto variieren.

Sonnengruss-Salat

mit Sonnenblumenmikrogrün & Sunshine-Dressing

Ein superfrischer und knackiger Salat für eine Extraportion Sonnenenergie, denn Sonnenblumenmikrogrün strotzt nur so vor grüner Lichtkraft in Form von Chlorophyll und Biophotonen. Diese Salatmischung sättigt und beflügelt zugleich.

Für 2 Portionen

4 Handvoll Sonnenblumenmikrogrün (ca. 100 g ungeschälte Sonnenblumenkerne 8–12 Stunden einweichen, 7–12 Tage keimen lassen; siehe Seite 32 ff.)
1–2 Handvoll Sprossenmischung **Glücksklee-Mix** (ca. 1 TL Keimsaat 8 bis 12 Stunden einweichen, 5–6 Tage keimen lassen; siehe Seite 40, 30 ff.) *oder* Sprossen nach Wahl
1 Handvoll geschälte Sonnenblumenkerne (4–12 Stunden einweichen)
¼ gelbe Paprikaschote
¼ Salatgurke
Fruchtfleisch von 1 Avocado
etwas Zitronensaft (zum Beträufeln)
4–10 schwarze Oliven ohne Kerne
2 Zweiglein frischer Thymian

Sunshine-Dressing

2–4 EL Tahin
2–3 EL frischer Zitronensaft *oder* Apfelessig *oder* Ume Su
ca. 100 ml Wasser
½–1 TL Senf
1 EL Olivenöl
1 TL Kokosblütenzucker
1–2 Prisen Suppenwürze-Pulver
1 Prise Kurkuma-Pulver
½ TL Probio-Kulturen (alternativ siehe Infokasten Seite 76)
etwas frischer Thymian

Zutaten deiner Wahl

1 Tropfen ätherisches Zitronenöl
1 Prise *Kala Namak*-Salz

Deko

essbare Blüten nach Wahl, einige Avocadoscheiben (mit Zitronensaft beträufeln), ein paar in Streifen geschnittene schwarze Oliven

ca. 15 Minuten

So einfach geht's:

Mikrogrün auf 2 Schüsselchen verteilen und die Sprossen in der Mitte platzieren.

Paprikaschote ohne Kerne und Avocadofruchtfleisch in feine Streifen schneiden, Avocado mit Zitronensaft beträufeln. Gurke klein würfeln. Die Oliven in feine Ringe oder Streifen schneiden oder ganz verwenden.

Diese Zutaten auf die Sprossen geben.

Dressing Mit einem Schneebesen Tahin, Zitronensaft und Wasser zu einer homogenen Masse verrühren. Die restlichen Zutaten nach und nach unterrühren.

Anrichten Das fertige Dressing über den Salat träufeln. Die Thymian-Blättchen von den Stängeln zupfen und mit den aktivierten Sonnenblumenkernen über den Salat streuen, nach Wunsch dekorieren.

Tipp:

Zu diesem Salat passen die stärkenden und sättigenden **Sundance-Rolls** (Rezept Seite 222).

Deko-Tipp:

Aus Paprikaschoten, Gurkenscheiben, Karotten und anderem Gemüse deiner Wahl kannst du mit kleinen Ausstechern (Blümchen, Herzen, Sternchen …) im Handumdrehen eine ❤-liche oder 🌼-ige Deko für deinen Salat zaubern.

Exotische Sprossen-Rolls

mit frischen Sprossen & Vitalpilzen

Ein Powerfood, das du ganz nach Gusto und Zeit variieren kannst. Diese Rolls sind Express-Speise und essbares Kunstwerk zugleich, Gaumenfreude und HighVibe-Faktor inbegriffen.

Für 2 bis 4 Portionen (8 Rolls)

ca. 150 ml Wasser
8 runde Reispapierblätter

Füllung

4–6 Handvoll Sprossenmischung **Glücksklee-Mix** *oder* **Sprossit-Mix** (1–1½ TL Keimsaat 8–12 Std. einweichen, 5–6 Tage keimen lassen; siehe Seite 40 f., 30 ff.) *oder* Sprossen nach Wahl
30–50 ml Kokosnuss-Aminos (Bezugsquellen siehe *www.highvibefood.de)*
1 Prise Suppenwürze-Pulver
1–2 Prisen gemahlener Kümmel
50 g Shiitake-Pilze
½ Salatgurke
Fruchtfleisch von 1 Avocado
etwas Zitronensaft (zum Beträufeln)
je ¼–½ gelbe und rote Paprikaschote
½ –1 Bund frischer Basilikum
frisch gemahlener schwarzer Pfeffer *oder* Wilder Madagaskarpfeffer
½ TL Sesam- *oder* Olivenöl

Sauce

60–100 ml Kokosnuss-Aminos, die **Kokos-Curry-Creme** (Rezept Seite 223) *oder* eine andere Sauce deiner Wahl

ca. 20 Minuten   Gemüsehobel

So einfach geht's:

Füllung Kokosnuss-Aminos mit Suppenwürze und Kümmel vermengen und die in feine Streifen geschnittenen Pilze etwa 15 Minuten darin ziehen lassen.

In der Zwischenzeit Gurken in dünne Scheiben hobeln, Avocadofruchtfleisch in feine Streifen schneiden (diese mit Zitronensaft beträufeln), Paprika ohne Kerne ebenfalls in feine Streifen schneiden. Basilikumblätter von den Zweiglein zupfen.

Fertigstellen Das etwa 60 °C heiße Wasser in einen tiefen Teller geben, ein Reispapierblatt hineintauchen, anschließend auf einen Teller legen und etwa ein Achtel der Zutaten für die Füllung in einer Linie mittig auf das Reispapier geben (oben und unten Platz lassen zum Verschließen). Das Ganze nach Geschmack mit Pfeffer bestreuen und das Reisblatt dann vorsichtig eng zusammenrollen und (auch an den Enden) verschließen (ggf. noch etwas Wasser nehmen). Die Sprossen-Rolls auf einen mit etwas Öl beträufelten Teller legen, damit sie nicht daran festkleben.

Auf diese Weise weitere 7 Rolls herstellen.

Sauce Kokosnuss-Aminos bzw. die Sauce in kleine Schüsseln füllen und zusammen mit den Sprossen-Rolls und Deko deiner Wahl servieren.

Raw-Variante: Statt Reispapier (das nicht rohköstlich ist!) kannst du die **Ultimativen Veggie-Wraps** (Rezept Seite 118) verwenden.

Gourmet-Tipps:

Du kannst auch aktivierte Kerne, rohköstlichen Käse, lacto-fermentierten Tofu, Mikrogrün-Mischungen (Seite 39 ff.) … für die Füllung der Rollen verwenden und andere bzw. weitere Dips, Saucen oder **HighVibe-Bärlauch-Pesto** (Rezepte Seite 220) dazureichen.

Deko-Tipp:

Aktivierte (und dehydrierte) schwarze Sesamsamen (siehe Seite 26 ff., 112 ff.), essbare Blüten, die du vor den restlichen Zutaten auf das Reispapier legst, und frische Kräuter machen sich hier prima und sind ein Mehrwert für deine Vitalität und dein Wohlbefinden.

2. Flow & Glow

Das Immunsystem und die Verdauung stärken, von innen heraus strahlen

„Das Leben ist wie ein Tanz. Finde deinen Rhythmus."
Autor unbekannt

Wir sind eingebettet in Lebensrhythmen, und je mehr wir in Harmonie mit den natürlichen Kreisläufen und unserem körpereigenen (Bio-)Rhythmus leben, desto besser kommen wir in Fluss, in unsere (Immun-)Kraft und strahlen von innen heraus.

Unsere Verdauung hat ebenfalls einen Rhythmus: die Peristaltik. Unterstütze ihn, indem du deine Essenszeiten, deine Ernährungs- und Lebensweise so gestaltest, dass sie sich in Einklang mit deiner „inneren Uhr" befinden. Iss z. B. nicht spät abends, damit sich dein Körper nachts gut regenerieren und du am nächsten Tag gut gelaunt und konzentrationsfähig bist. Dein „Darmhirn" hat großen Einfluss auf Denken, Fühlen und Handeln. -

Unsere Darmflora: 10 Billionen „Mitbewohner" sorgen für optimale (Darm-)Gesundheit

Im Darm eines gesunden Erwachsenen mittleren Alters leben insgesamt 10 bis 100 Billionen Mikroorganismen mit 500 bis 1000 verschiedenen Arten – sie wiegen insgesamt 1 bis 2 Kilogramm. 90 Prozent davon befinden sich an der Dickdarmwand, eine geringere Menge im Enddarm. Ist die Darmflora ausreichend mit „guten", probiotischen Bakterien besiedelt, so verdrängen sie krankmachende Erreger (wie Clostridien und *E. coli*). Die wichtigsten Aufgaben der Darmbakterien sind:

- Nahrung zu verdauen;
- Vitamine (wie Biotin, Folsäure, Riboflavin, Vitamin B_{12} und K) zu produzieren;
- Giftstoffe abzubauen
- und die Immunabwehr anzukurbeln

Zu viel Stress, Medikamente wie Antibiotika, Umweltgifte, schlechte Ernährung, eine ungute Kombination von Lebensmitteln (siehe Seite 187 f.) etc. beeinflussen die Darmgesundheit negativ und können zu diversen Störungen (Stoffwechselstörungen, Allergien, Verdauungsproblemen ...) und Erkrankungen führen. Lass uns durch unsere Ernährung und Lebensweise ein Milieu schaffen, in dem sich unsere probiotischen Mitbewohner so richtig wohlfühlen. Und in erster Linie heißt das: Spare nicht an Ballaststoffen!

Präbiotika: Präbiotika (altgriechisch *prä*, „vor", und *bio*, „Leben") sind Ballaststoffe (unverdauliche Kohlenhydrate) die das Wachstum und die Aktivität der darmfreundlichen Bakterien unterstützen. Zu finden sind sie in Wurzelgemüse (wie Topinambur, Süßkartoffel, Maca-Wurzel, Yacon-Wurzel), Sprossen (vor allem von Hülsenfrüchten, Getreide und Pseudogetreide), Früchten (wie Papaya, Ananas, Banane, Apfel), Gemüse (etwa Artischocke, Chicorée, Zwiebel), Wildkräutern und Flohsamenschalen ...

Enthält ein Nahrungsmittel mehr als 5 Gramm Ballaststoffe pro 100 Gramm, so gilt es als ballaststoffreich.

Probiotika: Probiotika (altgriechisch *pro*, „für", und *bios*, „Leben") sind Mikroorganismen, die der Darmflora dienen und eine gesundheitsfördernde Wirkung haben. In diesem Buch nennen wir sie „Probio-Kulturen" (siehe „Dein Fermentier-Guide", Seite 74 ff.). Diese Kulturen kannst du zum Fermentieren verwenden oder als Nahrungsergänzungsmittel z. B. in Form von Kapseln einnehmen.

Wir wollen eine Vielfalt an probiotischen Bakterien in unserer Darmflora. Empfehlenswert sind daher probiotische (wild fermentierte oder mit Starterkultur fermentierte) Lebensmittel und dabei viel Abwechslung.

Mehr als 90 Prozent des Glückshormons Serotonin werden im Darm produziert und mehr als 70 Prozent der Immunzellen befinden sich im Darm, in dem 80 Prozent aller Abwehrreaktionen stattfinden.[42] In diesem Kapitel findest du Rezepte für deine Darmgesundheit – für ein angenehmes Bauchgefühl, eine starke Mitte, optimale Abwehrkraft und eine gute Ausstrahlung.

HighVibe-Foods für mehr Ausstrahlung und einen gesunden Energiefluss

Die folgenden hochschwingenden Lebensmittel unterstützen deine Verdauung, füttern die gesundheitsförderlichen Bakterien im Darm und wirken sich auch auf dein Denken, Fühlen und Handeln positiv aus.

Die besten „Flow & Glow"-Foods sind …

1. **Wasser** und „Zellwasser" (siehe Seite 72 f.) bringen uns „in Flow", fördern die Verdauung und halten uns gesund. Wasser hilft uns, Nährstoffe in die Zelle zu bringen und Stoffwechselabfälle abzutransportieren. (Siehe „Dein Wasser-Guide", Seite 69 ff.)
2. **Fermentierte Lebensmittel:** Von milchsauervergorenem Gemüse wie Sauerkraut (Rezept Seite 82 f.) oder Kimchi (**AngelikA's Express-Kimchi**, Rezept Seite 88 f.) über fermentierte Getränke wie Rejuvelac (Rezept Seite 78 f.) bis hin zu pflanzlichen Joghurts und „Ch'Ease" (pflanzlichem Käse) – all das schenkt unserem Körper jede Menge probiotische Bakterien (Lakto-, Bifidobakterien …), die sich auf der Darmwand ansiedeln und dort die Darmflora „aufpeppen". Fermentierte Lebensmittel sind „vorverdaut", enzym-, biophotonen- und präbiotikareich, lang haltbar und geschmacksintensiv. Einen großen Vorteil für unsere Verdauung bringt auch das Anreichern von bereits gekochten Nahrungsmitteln mit belebenden Probio-Kulturen. (Siehe unter „Dein Fermentier-Guide", Seite 74 ff.)
3. **Algen** sind reich an Nähr-, Vitalstoffen (vor allem Mineralstoffen), sekundären Pflanzenstoffen, Biophotonen, enthalten jede Menge Chlorophyll und lassen uns von innen heraus strahlen. Empfehlenswert sind die Mikroalgen Chlorella, marines Phytoplankton sowie Spirulina und die Makroalgen Dulse, Nori, Ulva und Wakame. (Siehe „Dein Algen-Guide", Seite 196 ff.)
4. **Weitere „Flow & Glow"-Foods:**
   - **Wildkräuter und Gewürze:** Anis, Brennnessel, Fenchel, Kamille, Kümmel, Löwenzahn, Pfefferminze, Salbei und Thymian (siehe „Dein Wildkräuter-Guide", Seite 190 ff.);
   - **Sprossen & Co.:** aktivierte Lein-/Chiasamen, Sprossen und Mikrogrün sowie Getreidegräser/Wilde Süßgräser;

- **frisches Gemüse:** Wurzelgemüse (Topinambur, Knollensellerie, Radieschen, Fenchel, Ingwer, Kurkuma ...), Stangensellerie, *Aloe vera* etc.
- sowie **frisches Obst:** Ananas, Papaya, Apfel und (wilde) essbare Beeren.

In den meisten Rezepten dieses Kapitels (siehe Seite 78 ff.) werden fermentierte Lebensmittel verwendet, denn sie schenken deinem Körper und deiner Seele Rhythmus und Ausstrahlung.

Empfehlungen für das Equipment in deiner HighVibe-Küche

Hier findest du die wichtigsten Tipps und Empfehlungen in Bezug auf Equipment und Nahrungszubereitung in deiner HighVibe-Küche.

Empfehlenswerte Verarbeitungsmethoden sind Dehydrieren, Fermentieren, Keimen, leichtes Erhitzen (Dämpfen, schonend kochen, bis maximal 180 °C backen – gekochte Speisen mit probiotischen Kulturen anreichern; siehe Infokasten Seite 16).

Verwende keine Fritteuse, keine Mikrowelle, keine Induktionsherde und vermeide zu langes Kochen von Speisen und Backen bei Temperaturen von mehr als 180 °C. Sie machen aus hochschwingenden Lebensmitteln MediumVibe- bis LowVibe-Foods (siehe Infokasten Seite 15).

Utensilien & Geräte, die du ohne Bedenken verwenden kannst, sind: Besteck aus Holz, Bambus oder Glas (notfalls aus Edelstahl); BPA-freie Küchengeräte; Glas- und Porzellan- bzw. Keramikbehälter; Handentsafter (für Grassaft-Shots); Hochleistungsmixer; Keramikmesser; Kochtöpfe aus Edelstahl, Glas oder mit Emaille; Küchentücher aus Bio-Baumwolle ... und Slow Juicer („kauender" Entsafter, nicht zentrifugal).

Verwende niemals Alufolie; Besteck aus billigem Metall, Utensilien aus Aluminium oder BPA-haltigem Plastik sowie Teflon-Pfannen.

Praxis-Tipps:

- **Nimm dir Zeit.** Es braucht Zeit, bis du z. B. das Sprossenziehen in dein Leben integriert hast. Irgendwann läuft es dann wie von allein .... Wichtig ist, dass du dir Raum nimmst für diese HighVibe-Erfahrung. Es ist ein ganzheitlicher und wundervoller Prozess des Wachstums und der Entwicklung.
- **Richte deinen Fokus auf Fülle.** Konzentriere dich auf die Fülle an Möglichkeiten, die dir hochschwingende Lebensmittel eröffnen, und darauf, wie sie dein Leben beflügeln.
- **Schaffe eine gesunde Basis.** Es geht nicht darum, alles zu 100 Prozent und ganz richtig umzusetzen; sorge vielmehr für eine gesunde Grundlage für das, was dich und deine Lieben nährt. Natürlich ist auch mal weniger hochschwingende Nahrung okay, denn: Wenn die Basis stimmt, ist alles gut.
- **Find your Style.** Die Wildkräuter und Gemüsesorten, die ich in meinen Rezepten verwende, sind überall leicht zu finden. Passe die Rezepte einfach an deinen Geschmack, dein Budget und die Verfügbarkeit an.
- **Keep it simple.** Die besten HighVibe-Foods kommen meist frisch aus der Natur: eine Walderdbeere, frische Wildkräuter auf einer Wanderung und auf Reisen eine Kokosnuss frisch vom Baum. Es kann so einfach sein ...
- **Tue es mit Liebe.** Das ist das Allerwichtigste. Und bewusstes Wahrnehmen und Genießen kommen gleich danach.

Dein Wasser-Guide

Die Erdoberfläche ist zu etwa zwei Dritteln von Wasser bedeckt. Wasser ist auch für uns das wichtigste Lebenselement: Jede Zelle unseres Körpers braucht Wasser, um zu funktionieren. *„Wasser ist die Materie und Matrix des Lebens, Mutter und Medium. Ohne Wasser gibt es kein Leben"*, so drückte es der Mediziner und Biochemiker Albert Szent-Györgyi (1893–1986) aus.[43] Der erwachsene menschliche Körper besteht zu 50 bis 65 Prozent aus Wasser, der von Kindern und jungen, gesunden Menschen sogar bis zu 75 Prozent. Der Körper eines 70 Kilogramm schweren Mannes besteht aus etwas mehr als 42 Litern Wasser: 28 Liter davon befinden sich in den Zellen, etwa 10,5 Liter im Raum um die Zellen herum und 3,5 Liter im Blut. Wasser macht also fast zwei Drittel des Volumens des menschlichen Körpers aus. Und 99 Prozent der im Körper vorkommenden Moleküle sind Wassermoleküle.[44]

Um den Wasserhaushalt aufrechtzuerhalten – und zum Schutz vor Dehydratation, der Entstehung von Nierensteinen und Vorbeugung anderer medizinischer Probleme – sollten gesunde Erwachsene mindestens 2 Liter Flüssigkeit täglich trinken, denn Wasser ist die Grundlage aller Lebensprozesse: Stoffwechsel, Zellerneuerung, Entgiftung usw. Zu viel zu trinken ist dabei besser als zu wenig Flüssigkeit aufzunehmen, denn der Körper kann Wasser leichter ausscheiden als speichern. Wasser hilft bei der Nährstoffaufnahme, boostet das Energielevel, hebt die Stimmung u. a. m.[45] Bereits der Verlust von 2 Prozent Körperwasser wirkt sich negativ auf die geistige und körperliche Leistungsfähigkeit aus.

Hinweis: Dass sich Wasser aus Heilquellen besonders positiv auf unseren Organismus auswirken kann, ist bekannt. Heilquellen gibt es weltweit – sicher auch in deiner Nähe, recherchiere selbst …[46]

Wie gut ist unser Wasser?

Der Verbraucher kann heutzutage zwischen etwa 350 Mineralwässern, 65 Heilwässern sowie mehreren Quell- und Tafelwässern aus insgesamt 1000 deutschen Quellen und Tiefbrunnen wählen. Prof. Dr. Jörg Oehlmann, Leiter des Instituts für Ökologie, Evolution und Diversität an der Goethe Universität in Frankfurt am Main, untersuchte mit seinem Team 18 verschiedene **Mineralwasser**-Marken in Plastikflaschen. Die Wässer enthielten 24 520 (!) verschiedene Chemikalien. Das Augenmerk lag hier auf den besonders bedenklichen „Endokrinen Disruptoren" (EDCs), die Wachstum und Fortpflanzung negativ beeinflussen können. Einige davon können Tumoren erzeugen, Stoffwechsel-, Entwicklungsstörungen, Geburtsdefekte, Herzgefäßerkrankungen verursachen und sogar Diabetes Typ I und II begünstigen.[47]

Mit unserem **Leitungswasser** sieht es allerdings nicht besser aus: Oft liegt auch hier, je nach Herkunft des Wassers, eine Belastung mit Giften wie Chlor, Fluor, Schwermetallen vor. Landwirtschaft und Industrie belasten unser **Lebensmittel Nummer eins** zunehmend, wobei Hormon- und Medikamentenrückstände aus der fleischproduzierenden Landwirtschaft in den Trinkwasserverordnungen noch gar nicht berücksichtigt werden.

Unser Leitungswasser wird außerdem mit hohem Druck durch meist kilometerlange Rohre gepresst. So gibt es keine natürlichen Fließmöglichkeiten und insbesondere keine Verwirbelung und die ursprüngliche energetische Qualität des Wassers geht fast vollständig verloren. Wenn Wasser so fließt, wie es seinem Wesen entspricht, bewegt es sich energetisch in Spiralen und Wirbeln und erzeugt so die Struktur, durch die es als Träger lebensvermittelnder Informationen wirken kann.[48]

Was macht gesundes Wasser aus? – Eine Betrachtung aus ganzheitlicher Sicht

Beste Wasserqualität ist mehr als bloße Reinheit. Auch die „Reife" von Wasser spielt hier eine Rolle: Wasser ist erst dann „reif", wenn es aus eigener Kraft einer natürlichen Quelle entspringt (nicht dann, wenn es durch Pumpen viel zu früh an die Oberfläche gebracht wird). Der Name „**Mineralwasser**" besagt, dass dieses Wasser beim Fließen durch die Gesteine (insbesondere Karbonat- und Salzgesteine) einen Teil ihrer Bestandteile in löslicher Form (als Kat-/Anionen) aufnimmt. Es enthält demzufolge mehr anorganische Bestandteile als Regen-, See- oder Leitungswasser. Dadurch kann es leichter strukturiert werden und die Information der Erde aufnehmen. Der Großteil des Wassers, das wir Menschen heutzutage trinken, ist leider „unreifes" Wasser. Doch auch hier können Filtern, Aufbereiten und Vitalisieren Wunder wirken.

Praxis-Tipps:

- **Ein gutes Wasseraufbereitungsgerät mit** hochwertigem **Aktivkohlefilter**, der Verunreinigungen aus dem Wasser entfernt, eignet sich zum Wasseraufbereiten in den meisten Regionen Europas (wo kein Fluorid im Trinkwasser ist). Sie sind preisgünstig und umweltschonend (Bezugsquellen siehe *www.highvibefood.de*).
- Zusätzlich gibt es verschiedene **Filter**methoden: Bei sehr verschmutztem (und mit Fluorid belastetem) Wasser oder solchem, das nicht aus natürlichen Quellen, sondern aus Wiederaufbereitungsanlagen kommt, empfiehlt sich eine Umkehrosmoseanlage oder ein Destilliergerät – hier sollte das Wasser allerdings anschließend remineralisiert werden.
- Die **Vitalisierung** des Wassers ist ebenfalls wichtig. Sowohl in den Zellen unseres Körpers als auch außerhalb (etwa in den Venen,

Arterien, in der Lymphe, im Magen-Darm-Trakt) ist Wasser zu finden. Ein qualitativ hochwertiges Wasser muss beide Bereiche optimal versorgen. Vitalisiertes Wasser hat eine natürliche Strukturierung der Moleküle, die stabilere Hydratationshüllen bilden und dem Wasser mehr Ordnung und Struktur verleihen.[49] Dass sich diese Art Wasser auf ein biologisches System äußerst positiv auswirkt, können wir z. B. an Sprossen, Mikrogrün und Pflanzen sehen, die mit vitalisiertem Wasser gegossen werden: Wenn wir sie verzehren, können wir den Unterschied am eigenen Leib erfahren.

Um das Zellinnere zu erreichen, d. h. die Zellmembran zu durchdringen, muss das Wasser eine ganz spezifische Beschaffenheit haben. Diese entsteht durch ganzheitliche Wasseraufbereitung (und vor allem durch -revitalisierung). Die Untersuchungen des Bioresonanzforschers Paul Schmidt (1922–1994) ergaben, dass die Frequenz der Zellmembran bei etwa 22,5 Hertz liegt, was der körpereigenen Stoffwechselfrequenz entspricht. Diese Frequenz ist laut Schmidt Voraussetzung dafür, dass das Wasser Nährstoffe in die Zelle hinein- und Abfallstoffe aus der Zelle heraustransportieren kann.[50]

Masaru Emoto (1943–2014) beschäftigte sich in den 1990er-Jahren mit dem Thema „**Wasser als Informations- und Ordnungsträger**". Er konnte die unterschiedliche energetische Qualität des Wassers sichtbar machen, indem er Wasser z. B. mit unterschiedlicher Musik beschallte oder die Behälter mit Wörtern wie „Liebe", „Dankbarkeit", „Ehrlichkeit", „Hoffnung" und Sätzen wie „Ich kann das nicht", „Ich schaffe es nicht" bzw. „Ich kann das" und „Ich schaffe das" … beschriftete, das Wasser anschließend gefrieren ließ und dann die Kristalle fotografierte. Er stellte fest: „Gutes Wasser" bildet sechseckige Kristalle und mit Mikrowelle bestrahltes Wasser verliert jegliche Struktur, es reagiert mit Chaos. In seinem Buch *Die Botschaft des Wassers* kannst du dich genauer informieren. Emotos Versuche werden in wissenschaftlichen Kreisen vehement kritisiert, dennoch kann man festhalten, dass sich äußere Reize, Worte, Gedanken, Emotionen auf die Qualität von Wasser auswirken können.

Prof. Dr. Gerald Pollack (*1940) von der *University of Washington* hat eines der größten Rätsel des Wassers erforscht: Neben den drei Aggregatzuständen fest, flüssig und gasförmig hat Wasser noch einen weiteren, einen **vierten Aggregatzustand**: sogenanntes **EZ-Wasser** (von *Exclusion Zone*, „Ausschlusszone", weil Wasser hier frei ist von anderen Substanzen), das sich an der Grenzfläche zwischen flüssigem Wasser und einer hydrophilen (wasseranziehenden) Oberfläche bildet. In einer dünnen Schicht soll EZ-Wasser frei von jeglicher Verunreinigung sein.

EZ-Wasser wird auch als „lebendes", „strukturiertes" oder „hexagonales Wasser" bezeichnet.

Besonders viel davon gibt es in den Zellen aller lebenden Organismen. Pollacks Wissenschaftlerteam gelang es, Methoden zu entdecken, um die *Exclusion Zone* (EZ) zu vergrößern und zu halten. Durch Sonneneinstrahlung bzw. durch Infrarotlicht wurde das Wasser energetisiert – die EZ wurde auf diese Weise um das Dreifache vergrößert. (Siehe auch Professor Pollaks Buch *Wasser – viel mehr als* H_2O.)

EZ-Wasser in unserer Nahrung: Frische Früchte und wasserhaltiges Gemüse enthalten etwa 80 bis 90 Prozent Wasser. Man kann sagen, dass das natürlicherweise enthaltene strukturierte Wasser einer Frucht das beste Mittel ist, um unser System zu reinigen und um EZ-Wasser, Enzyme, Mineralstoffe und andere Nähr- und Vitalstoffe in unsere Zellen zu transportieren.[51] Vor allem frisches **Kokosnusswasser**, frisch gezapftes **Birken- und Ahornwasser**, frisch gepresste **Säfte** (z. B. von Sprossen, Gemüse, Wildkräutern) sind hier wertvolle Lieferanten. Faszinierend ist, dass sich EZ-Wasser auch um eingeweichten schleimbildenden Samen wie Chiasamen bildet, wie in Professor Pollacks Labor nachgewiesen wurde.[52]

HighVibe-Tipp: Genieße **BerryBliss Chia-Pudding** (Rezept Seite 162 f.). Bei Basilikumsamen (**HighVibe-Limonade**, Rezept Seite 206 f.; **„La vie est belle"-Tarte Provençal**, Rezept Seite 142 f.; **Würziger BasilBliss-Pudding**, Rezept Seite 208 f.) und anderen schleimbildenden Samen entsteht beim Einweichen ebenfalls EZ-Wasser. Kannst du spüren, wie viel Energie dir EZ-Wasser-reiche Speisen und Getränke schenken? Übrigens: Die Menge an EZ-Wasser in deinem Körper kannst du auch durch Sonnenbaden und mit Infrarotlicht (Sauna oder Lampe) erhöhen.

Was macht 5G mit unserem Wasser?

In der Natur sind viele lebenswichtige Geschehen in Pflanze und Tier bioelektrische Geschehen, die durch die elektromagnetische Energie des Sonnenlichts in Gang gesetzt werden und nur möglich sind, weil Moleküle perfekt zusammenarbeiten. Pflanze, Tier und Mensch reagieren also auf die natürlich vorkommenden elektrischen und elektromagnetischen Signale der Erde, der Sonne und der natürlichen Hintergrundstrahlung – hierbei handelt es sich um schwachen Gleichstrom, ganz im Gegensatz zu auf Wechselstrom basierenden technischen Errungenschaften und der Mobilfunkstrahlung (vor allem 5G!), die eine hohe Strahlungsintensität haben.

Wasser und all unsere Lebensmittel werden (wie wir selbst) von technisch erzeugten elektromagnetischen Feldern (EMF) negativ beeinflusst. Das Hauptproblem stellt hier die enorm hohe Dosierung von EMF dar (die bis 30 Gigahertz erhöht werden soll), da die Strahlung mehrere Millionen Mal über der natürlich vorkommenden kosmischen Strahlung liegt. Zudem gibt es Effekte (mehr dazu unter *www.highvibefood.de*), die die Intensität der EMF weiter erhöhen.

Energetisierter Edelschungit: Effektiver Schutz vor elektomagnetischen Feldern

Die atomare Ordnung von Edelschungit ist perfekt geeignet, um Wasser zu strukturieren. Durch ein spezielles Energetisierungsverfahren neutralisiert der Edelschungit technisch erzeugte elektromagnetische Felder (EMF) nicht nur, er wandelt diese vielmehr so um, dass sie sich positiv auf unsere Lebensenergie auswirken. Die Lebensenergie von Wasser und Lebensmitteln wird erhöht, wenn sie (im Kühlschrank) mit Platten aus energetisiertem Edelschungit gelagert werden (wodurch Letztere länger frisch bleiben). Verschiedene aktuelle Studien haben die Wirksamkeit der *Beyond Matter*-Edelschungit-Produkte bestätigt: Das energetisierte Gestein übt nachweislich einen harmonisierenden, positiven Effekt aus.

Bereits im Jahre 2015 konnte ein serbisches Forscherteam nachweisen, dass die Fullerene des Schungits, die im Wasser gelöst werden, Schäden beheben, die durch radioaktive Strahlung in Zellen entstehen.[53] Der energetisierte Stein ist als Anhänger, in Form von Nuggets (zur Wasserenergetierung), Chips (für technische Geräte wie Handy, Tablet, PC, Router), als Einlegesohlen für Schuhe, Lebensmittelplatten, als Pyramide oder Kugel (zur Energetisierung von Räumen) erhältlich (Bezugsquellen siehe *www.highvibefood.de*).

Übung: Be Water – Sich mit Wasser verbinden

Mache diese Übung im Meer, in einem See oder tieferen Bach, im Swimmingpool, in der Badewanne oder einfach in Gedanken. Lass dich von jemandem begleiten, der auf deine Sicherheit achtet, sodass du voll und ganz loslassen kannst.

Lege dich auf den Rücken und lass dich auf der Wasseroberfläche treiben. Atme tief ein und aus … und entspanne dich. Verbinde dich mit dem Wasser. … Spüre das Wasser. … Du bist Wasser. … Lasse Ängste und Blockaden in Körper und Geist los. … Lasse deinen Atem kommen und gehen … und deine Bewegungen auch. Vielleicht magst du ganz ins Wasser eintauchen, dich drehen … Tanze deinen eigenen Tanz. … Öffne dein Herz … und verbinde dich bewusst mit dem Fluss des Lebens, mit Leichtigkeit, Liebe, Lebensfreude und Urvertrauen. … Das Leben meint es gut mit dir. …

Setze einen „Anker": Integriere dieses Gefühl in deinen Alltag, indem du es jetzt deutlich wahrnimmst, ganz verinnerlichst und im Geiste mit Alltagssituationen, in denen du mit Wasser in Berührung kommst, verbindest. Wann immer du nun Wasser trinkst, darin schwimmst, badest oder duscht, kehrt dieses Gefühl der Verbundenheit und des „freien Fließens" ganz natürlich zu dir zurück.

Schreibe deine Erfahrungen in deinem HighVibe-Tagebuch nieder.

Dein Fermentier-Guide

Probiotische Lebensmittel stecken voller darmfreundlicher Bakterien, die unser Mikrobiom positiv unterstützen und somit „im Namen unserer Gesundheit unterwegs sind". Sie sind zudem leicht verdaulich und reich an Enzymen und Biophotonen.

Jetzt geht's ans Eingemachte, im wahrsten Sinne des Wortes! Im Folgenden erfährst du, wie du Lebensmittel ganz einfach zu Hause durch ausgewählte Fermentationsmethoden haltbar machst. Dabei kommt es zu einer biochemischen Umwandlung von Inhaltsstoffen der Gemüsesorten durch Bakterien und Enzyme (Gärung), die dazu beiträgt, dass sich die Aromen in den Lebensmitteln entfalten. Die Nahrung wird auf diese Weise außerdem

- mit darmfreundlichen „rechtsdrehenden" Bakterien angereichert, die Verdauung und Immunsystem unterstützen und den Körper mit jeder Menge Biophotonen versorgen;
- auf natürliche und „lebendige" Weise länger haltbar gemacht;
- optimiert, was die Bioverfügbarkeit ihrer Inhaltsstoffe (Vitamine, Mineral- und Vitalstoffe, Spurenelemente und sekundären Pflanzenstoffe) anbelangt, und enzymreicher gemacht;
- leichter verdaulich gemacht (der Gehalt an Antinährstoffen verringert sich meist mit der Fermentierzeit)
- und vor allem zu einem leckeren, prickelnden Geschmackserlebnis.

Wir schauen uns an, wie du verschiedene rohköstliche und selbst gekochte Speisen durch probiotische Kulturen sowohl nährstoffmäßig als auch energetisch aufwerten kannst. Außerdem erfährst du, was für den erfolgreichen Start in die Welt des Fermentierens essenziell wichtig ist, und du bekommst eine Schritt-für-Schritt-Anleitung, praktische Tipps &Tricks und jede Menge leckerer, wohltuender Grundrezepte mit auf den Weg.

Fermentieren kannst du generell fast alle Lebensmittel. Da es in diesem Buch um HighVibe-Foods geht, konzentrieren wir uns vor allem auf folgende Lebensmittel:

- fermentiertes Gemüse (dazu gehören Sauerkraut, Kimchi, lacto-fermentierte Drinks und Sprossensäfte);
- fermentiertes Getreide, Pseudogetreide und fermentierte Hülsenfrüchte (aus denen **Rejuvelac**, [Rezept Seite 78 f.], Rohkost-Brote, Cracker ... kreiert werden);
- fermentierte Nüsse, Kerne ... (etwa für probiotische Nuss-Mylk, pflanzlichen Joghurt, pflanzlichen Käse wie **Angi's Macadamia Ch'Ease** [Rezept siehe Seite 85] pflanzlichen Sauerrahm/Quark [siehe Seite 84, 226]);
- **Kokos-Joghurt, Kokos Cottage Ch'Ease** (Rezepte Seite 87)
- und mit Probio-Kulturen angereicherte Lebens-

und Nahrungsmittel (z. B. Smoothies, Aufstriche, Saucen und gekochte Speisen wie **High-Vibe-Hummus** [Rezept Seite 230], die durch die Zugabe von Probio-Starterkulturen leichter verdaulich gemacht und energetisch aufgewertet werden und einen intensiveren Geschmack entwickeln).

Alles, was du wissen musst: Die Fermentier-Basics

Starterkulturen – Auch diese Reise beginnt mit dem ersten Schritt ...

Fürs Gemüse-Fermentieren – eine „wilde Fermentation" – braucht es keine Starterkultur. Auf Gemüse leben von Natur aus Milchsäurebakterien, die zur Umwandlung organischer Stoffe ausreichen. Und: Auf Sprossen leben besonders viele Milchsäurebakterien. 😊 Es gibt allerdings Lebensmittel, die ohne zugesetzte Mikroorganismen nicht fermentieren. Dazu gehören Kombucha, Kefir und Tempeh.

Obgleich pflanzliche Joghurts, pflanzlicher Käse ... auch ohne Starterkulturen fermentieren können, empfiehlt es sich auch hier, ausgewählte „Probio-Kulturen" (siehe Infokasten Seite 76) zu verwenden. Nach der Ernte wird anschließend ein Teil vom fermentierten Lebensmittel im Kühlschrank luftdicht verschlossen (siehe Infokasten Seite 77) aufbewahrt und fürs nächste Fermentieren verwendet.

Für lacto-fermentierte Gemüse-Drinks gibt es ebenfalls Starterkulturen, die verwendet werden können, aber nicht müssen (Bezugsquellen siehe *www.highvibefood.de*).

Als Probio-Starterkultur kannst du

- vegane probiotische Kulturen (in Pulverform oder als Pulver in Kapseln erhältlich),

Kombucha – Top oder flop?

Dieser sprudelnde, hippe Drink hat Vorteile, das ist nicht von der Hand zu weisen. Leider enthält er selbst nach dem Fermentieren noch Zucker, was vor allem zum Problem werden kann, wenn man das Getränk oft genießt. Außerdem können die enthaltenen Hefepilze einen negativen Effekt auf die Darmflora haben und *Candida*-Befall fördern. Doch sicher ist eines: Kombucha ist gesünder als Softdrinks, und er unterstützt die Verdauung, wenn man viel Kochkost oder tierische Produkte konsumiert.

Je grüner ich mich ernähre, desto weniger mag ich Kombucha. In Phasen, in denen ich mehr Kochkost oder schwerer verdauliches Essen zu mir nehme, wirkt Kombucha dagegen sehr unterstützend.

Sojasauce, Miso und Tempeh – Achtung, Schimmel!

Beim Fermentieren von Sojaprodukten kommen oft Schimmelpilzkulturen wie *Rhizopus sp.* oder *Aspergillus oryzae* zum Einsatz. Diese bilden Mykotoxine, das sind sekundäre Stoffwechselprodukte der Pilze, die in unserem Körper toxisch wirken können.

Wenn du aber nicht auf Sojaprodukte verzichten möchtest, genieße lacto-fermentierten Tofu. Dieser wird mithilfe von Milchsäurebakterien fermentiert, enthält also keine Schimmelpilze. Der fertiggestellte Tofu wird durch darmfreundliche Bakterien sozusagen „wiederbelebt", und Antinährstoffe, wie Phytinsäure und Lektine, die auch in gekochten Sojaprodukten noch in großen Mengen enthalten sind, werden beim Fermentieren reduziert.

- selbst gemachtes **Rejuvelac** (Rezept Seite 78 f.) oder Brottrunk aus dem Bioladen,
- **Probio-Braunhirsepulver** (Rezept Seite 80) oder gekauft (Bezugsquellen siehe *www.highvibefood.de*),
- **Kokos-Joghurt** (Rezept Seite 87; Bezugsquellen siehe *www.highvibefood.de*)
- oder **Fermentierten Gemüse-Drink** (Rezept Seite 227), **Sauerkraut** (Rezept Seite 82 f.) bzw. Sauerkrautsaft, idealerweise ohne oder mit wenig Salz angesetzt (ideal für würzige Speisen) verwenden.

Temperatur & Fermentationszeit: Die Dauer des Fermentationsprozesses hängt von Fermentationsgut, Temperatur und der Menge an verwendeten Probio-Kulturen ab. Je wärmer es ist und je mehr von der Kultur du verwendest, desto schneller vermehren sich die probiotischen Kulturen und desto schneller schreitet der Fermentationsprozess voran. Die ideale Temperatur liegt zwischen 25 und 40 °C, auf keinen Fall aber sollte sie über 42 °C liegen.

Je nach Rezept variiert die Fermentationszeit. **Fertig ist das Lebensmittel, wenn es dir am besten schmeckt: Manche mögen's vom Geschmack her eher sauer, andere eher mild.** Somit sind die angegebenen Zeiten immer nur ungefähr zu verstehen. Vor allem pflanzlicher Joghurt, Cream Ch'Eases etc. solltest du nicht allzu zu lang fermentieren lassen, da sonst der Geschmack zu intensiv wird.

Der Fermentationsprozess geht im Kühlschrank weiter, wenn auch sehr viel langsamer. Möchtest du deine Speisen längere Zeit im Kühlschrank aufbewahren, fermentiere sie vorher nur kurz.

Utensilien: Je nachdem, ob die Fermentation mit oder ohne Sauerstoff stattfindet, wird unterschiedliches Equipment verwendet.

Für das **Fermentieren ohne Sauerstoff** (*anaerob*), etwa bei lacto-fermentiertem Gemüse (Sauerkraut, Kimchi etc.) empfehle ich Einmachgläser mit Bügelverschluss und Gummiringen aus Naturkautschuk oder spezielle Fermentations-Sets sowie Glas- oder Keramikscheiben um die Zutaten

---

Probio-Kultur: Das erfrischende HighVibe-Plus

Pflanzliches Joghurt, probiotische Kokosnussmilch, Ch'Ease ... ist mit Probio-Kulturen leicht zu fermentieren. Mit diesen ausgewählten Bakterienstämmen reduzierst du die Wahrscheinlichkeit, dass sich unerwünschte Bakterien oder Schimmelpilze bilden. Du kannst auch bereits gekochte Speisen (wie **HighVibe-Hummus**, Rezept Seite 230 f.) oder Aufstriche und Dehydriertes mit probiotischen Kulturen anreichern und auf diese Weise energetisch aufwerten. Dabei entspricht **1 Teelöffel Probio-Kulturen in Pulverform** dem Inhalt von etwa 2 Kapseln Probio-Kulturen (Inhalt, ohne Kapselhülle) *oder* **1 Teelöffel Probio-Braunhirsepulver** (Rezept Seite 80).

Bei manchen Rezepten kannst du auch 1 bis 2 Esslöffel **Rejuvelac** (Rezept Seite 78 f.) *oder* 1 bis 3 Esslöffel **Fermentierten Gemüse-Drink** (Rezept Seite 227) verwenden.

Für fermentierte Kokosdrinks und -speisen nimmst du ½ Teelöffel Probio-Kulturen.

Wichtig: 1 Esslöffel entspricht 3 Teelöffeln.

---

im Glas zu beschweren, sodass sie vollständig mit Flüssigkeit bedeckt sind.

Es gibt leider auch heute noch Fermentationsbehälter mit Aluminiumverschluss – davon rate ich ab, da gesundheitsschädliches Aluminium niemals in Berührung mit oder in die Nähe von Lebensmitteln kommen sollte (siehe auch Infokasten Seite 68).

Beim **Fermentieren mit Sauerstoff** (*aerob*), wie bei pflanzlichen Joghurts, Käse und Kefir, werden eine Schüssel, ein Glas oder kleine Joghurtbehälter, ein Küchentuch zum Abdecken und ein Gummiband benötigt.

Außerdem ist es wichtig, dass du

- den Kontakt mit Metallen und Kunststoff vermeidest;
- Utensilien aus Glas (siehe Infokasten rechts) oder Keramik als Fermentationsbehälter verwendest
- und das Gefäß nicht mehr als drei Viertel füllst, denn das Volumen des Fermentierguts kann sich beim Gären vergrößern (z. B. bei Joghurt).

„Ernten", aufbereiten & aufbewahren: Die fertigen probiotischen Lebensmittel können im Kühlschrank in Glasgefäßen mehrere Tage bis sogar Monate aufbewahrt werden. Lacto-fermentiertes Gemüse lässt sich auch bei Zimmertemperatur im verschlossenen Bügelglas monatelang aufbewahren, pflanzlicher Joghurt oder Ch'Ease hingegen nur einige Tage bis wenige Wochen. *Achtung!* Da beim Gären Kohlendioxid entsteht, sollten die Behälter entweder ***nicht* ganz luftdicht verschlossen** sein **oder**, wenn luftdicht verschlossen, sollten sie **hin und wieder geöffnet werden, damit das entstehende Gas entweichen** kann. Am besten werden die Produkte im Kühlschrank aufbewahrt, da bei niedrigen Temperaturen der Gärprozess verlangsamt wird. Hygiene ist bei der Lagerung das A und O. Nach der „Ernte" kannst du einen Teil der probiotischen Kulturen aufbewahren und als Starterkultur für die nächste Fermentierung wiederverwenden.

Fermentieren, einfach gemacht, in Glasbügelgläsern!

Ich verwende zum Fermentieren Drahtbügelgläser, denn hier können Gase, die beim Gären entstehen, leicht entweichen, und von außen gelangen keine Verunreinigungen in das Glas. Das Bügelglas muss während der Fermentation bis zur Ernte allerdings verschlossen bleiben. Die Gärgase verdrängen den Sauerstoff im Glas, die Gummidichtung lässt Gärgase entweichen und verhindert gleichzeitig das Eindringen von Sauerstoff.

In diesen Behältern kannst du deine fermentierten oder mit Probio-Kulturen angereicherten Speisen auch im Kühlschrank aufbewahren. Zum Aufbewahren von fermentierten Drinks eignen sich **Glasflaschen mit Bügelverschluss** perfekt.

Probio-Kulturen mögen es dunkel. Fermentierende Lebensmittel sollten also *niemals im direkten Sonnenlicht* stehen. Am besten deckst du den Fermentationsbehälter mit einem Küchentuch ab oder du stellst ihn an einen dunklen Ort.

Braunhirse-Rejuvelac

(Grundrezept)

Dieser Getreidetrunk ist ein „lebendiges“ probiotisches Getränk, das Enzyme, Vitamine, Mineralstoffe, Spurenelemente, Phytonährstoffe und darmfreundliche, „rechtsdrehende“ Milchsäurebakterien und Biophotonen enthält. Rejuvelac kann auch zur Herstellung von pflanzlichem Joghurt, Ch'Ease und probiotischer Pflanzen-„Milch“ (Mylk) verwendet werden. Ein Plus für Darmflora, Verdauung, Immunsystem und dein Energie-Level!

Für ¾ bis 1 Liter Rejuvelac

200 g Braunhirse (6–10 Std. einweichen, 2–3 Tage keimen lassen; siehe Seite 30 ff.)

¾–1 l Wasser

ca. 10 Minuten

Sprossenglas, Glas-/Keramikbehälter, Einmachglas (siehe Infokasten Seite 77), Küchentuch, Gummiband, Küchensieb

Gutes mit langer Tradition: Fermentierte Drinks in alten Zeiten

Fermentierte Getreide-Drinks waren schon zu Zeiten der Essener (vor 70 n. Chr.) und Inkas (13. bis 16. Jahrhundert) bekannt und hatte viele Namen, z. B. „Inka-Trunk“ in Südamerika, wo er aus Quinoa oder 50 Prozent Quinoa und 50 Prozent Amarant hergestellt wurde. Die Essener haben Ur-Weizen verwendet.

Getreidetrunk kannst du aus unterschiedlichstem keimfähigem Getreide (Weizen, Roggen, Gerste, Hafer ...) oder Pseudogetreide (Quinoa, Buchweizen ...) selbst herstellen. Ich verwende und empfehle heimische Braunhirse oder Quinoa als Basis, da diese zu den wertvollsten Pseudogetreidesorten zählen und zudem glutenfrei sind.

Bitte nicht verwechseln: Rejuvelac und **Brottrunk** sind *nicht* dasselbe. Brottrunk wird aus Brot und Wasser fermentiert und nicht aus rohköstlichen, lebendigen Getreide- bzw. Pseudogetreidesprossen, wie Rejuvelac – das durch Anne Wigmore, der Rohkostpionierin und Mitbegründerin des *Hippocates Health Institut*, bekannt gemacht wurde.

So einfach geht's:

Gekeimte Braunhirsekeime gründlich spülen (ohne desinfizierendes Wasserbad), in einen Glas- oder Keramikbehälter geben und das Ganze mit Wasser auffüllen. Das Gefäß mit einem Küchentuch bedecken, Letzteres mit einem Gummiband am Behälter befestigen und das Ganze zum Fermentieren an einem dunklen Ort ruhen lassen.

Das Ganze nach etwa 2 Tagen durch ein Sieb abgießen, die Flüssigkeit in einem Glasgefäß auffangen. Vor der Ernte kannst du eine kleine Flüssigkeitsprobe entnehmen und den pH-Wert mit einem Teststreifen prüfen. Dieser sollte bei 4,6 oder etwas darunter liegen.

Hinweis: Rejuvelac riecht streng und schmeckt anfangs gewöhnungsbedürftig. Bei Schimmel (grünen, blauen oder schwarzen Flecken) sollte das Getränk entsorgt werden. Die Flasche anschließend gründlich reinigen und desinfizieren.

Tipps:

Je mehr Wasser du nimmst, desto milder wird der Drink.

Das fertige Rejuvelac ist im Kühlschrank in einer Glasflasche mit Bügelverschluss (siehe Infokasten Seite 77) 2 bis 3 Tage haltbar.

Zweitfermentation: Die bereits verwendeten gekeimten Getreidesprossen können noch ein weiteres Mal zum Fermentieren genommen werden. Der Geschmack wird dann jedoch weniger intensiv. Nach dem 2. Mal sollten sie entsorgt werden.

Upcycling-Tipp:

Die gekeimte Braunhirse kannst du nach der 1. Fermentation zu urgesundem **Probio-Braunhirsepulver** (Rezept Seite 80) verarbeiten.

Probio-Braunhirsepulver

(Grundrezept)

Pure Magie, die voller essenzieller Nährstoffe, aktiver Enzyme, darmfreundlicher Milchsäurebakterien und Lebenskraft steckt. Dieses fermentierte Braunhirsesprossenpulver ist die ideale Starterkultur für pflanzliche Joghurts, Käsesorten u. v. m.

Für etwa 150 Gramm

Braunhirsesprossen, die bei der Rejuvelac-Herstellung (nach der ersten Ernte; Rezept Seite 78 f.) übrig geblieben sind

ca. 5 Minuten (Hochleistungs-)Mixer, Dörrautomat

So einfach geht's:

Die Sprossen etwa 12 Stunden lang im Dörrautomaten bei maximal 42 °C oder bei 50 °C im Backofen (Heiß-/Umluft; siehe Infokasten Seite 113) trocknen. Zwischendurch immer mal wieder wenden.

Die getrockneten Sprossen anschließend in einem Mixer zu Pulver vermahlen und dieses in einem luftdicht verschlossenen Violettglas (siehe Infokasten Seite 27) aufbewahren.

Fermentierte Getränke: Entgiftung, Entschlackung & Zellenergie-Booster zugleich

Lacto-fermentierte Drinks gelten seit den 1960er-Jahren dank der Arbeit von Dr. med. Johannes Kuhl (1903–1968) als wirkungsvolles Lebensmittel in der Krebsprävention und -bekämpfung. Besonders bekannt gemacht hat sie Dr. John Switzer (*1957) mit seiner Wildkräuter-Vitalkost-Kur, die er in mehr als 20 Jahren entwickelte und in seiner ayurvedischen Panchakarma-Kur zur Entgiftung und Entschlackung einsetzt. In seinen Rezepten fügt er dem Probio-Drink außerdem Blütenpollen hinzu.

Tipp:

Du kannst frisch gekeimte Braunhirsesprossen auch mit 250 bis 400 Milliliter Wasser cremig pürieren, das Ganze 1 Tag fermentieren lassen, dann etwa 3 Millimeter dick auf einer Dörrfolie oder Backpapier ausstreichen. Nun lässt du die Masse 8 bis 12 Stunden bei 42 °C im Dörrautomaten oder bei 50 °C im Backofen (siehe Infokasten Seite 113) trocknen, nach 4 Stunden zerteilst du sie in kleinere Stücke und wendest diese zum Weiterdehydrieren. Die trockenen Stücke anschließend im Mixer zu Pulver verarbeiten. Et voilà, fertig ist dein Probio-Braunhirsepulver!

Probio-Mascarpone-Creme

(Grundrezept)

Reichhaltig und dennoch frisch ist dieser Mascarpone-Traum. Er schenkt süßen Genuss bei leichtem Bauchgefühl! Einfach köstlich! 🙂

Für etwa 650 Milliliter

100 g Cashewkerne (2–4 Std. einweichen)
25 g Mandeln (12–24 Std. einweichen)
½ TL Flohsamenschalen (in 8 TL Wasser ½–2 Std. einweichen)
3 entkernte Medjool-Datteln
2 EL Kokosöl
2–3 EL Kokosblütenzucker
1 Prise Ursalz
1 Msp. Bourbon-Vanillepulver
300–400 ml Wasser *oder* Kokoswasser
½–1 TL Probio-Kulturen

Zutaten deiner Wahl

1 TL Irish Moss (6–12 Std. einweichen)
1–2 Tropfen ätherisches Zitronenöl

ca. 5 Minuten

Hochleistungsmixer, Küchentuch, Gummiband

So einfach geht's:

Die Datteln grob in Stücke schneiden. Mit den restlichen Zutaten (außer Probio-Kulturen) cremig pürieren.

Die Probio-Kulturen unterrühren. Die Masse in eine Schüssel füllen und, mit einem Küchentuch bedeckt, 4 bis 12 Stunden bei Zimmertemperatur an einem lichtgeschützten Ort fermentieren lassen.

Die Probio-Mascarpone 1 bis 2 Stunden zum Abkühlen und Festwerden in den Kühlschrank stellen.

Variante: Für **BlissJoghurt** lässt du Kokosöl und Irish Moss weg und mixt stattdessen etwa 200 Milliliter mehr Wasser und insgesamt 1 gehäuften Teelöffel Flohsamenschalen hinzu. Das Ganze lässt du 6 bis 18 Stunden fermentieren ... und hast dann ein tolles pflanzliches Joghurt für die ganze Familie. Dank der Flohsamenschalen enthält es mehr Ballaststoffe und hat eine luftige Konsistenz.

Tipps:

Willst du diese Creme ohne Irish Moss herstellen, dann verwendest du insgesamt 1 gestrichenen Teelöffel Flohsamenschalen, die du in etwa 6 Esslöffeln Wasser einweichst.

Die Mascarpone-Creme ist im Kühlschrank in einem luftdicht verschlossenen Glas 5 bis 8 Tage haltbar.

Eine für rohköstliche Tortenfüllungen, Parfaits (wie **Himmlisches Himbeer-Parfait**, Rezept Seite 166 f.) und für Desserts perfekt geeignete, süße Frischkäse-Creme.

Sauerkraut

(Grundrezept)

Sauerkraut ist einfach und schnell gemacht, kostengünstig – ein Geschenk der Natur. Es steckt voller darmfreundlicher Bakterien, belebt und stärkt die Verdauung und das Immunsystem.

Für ein 2-Liter-Einmachglas (etwa 1½ Kilogramm)

1½ kg Weißkohl
15–20 g Steinsalz
1–2 Lorbeerblätter

Zutaten deiner Wahl

1 EL Wacholderbeeren
½–1 EL Kümmel

ca. 20 Minuten

Gemüsehobel, 2-Liter-Einmachglas oder mehrere kleinere Einmachgläser (siehe Infokasten Seite 77), Fermentationsgewicht, Küchentuch

Ein Happening: Die Sauerkraut-Party – weil es gemeinsam mehr Spaß macht!

Besonders viel Spaß macht die Zubereitung von Sauerkraut, wenn du dir bewusst Zeit dafür nimmst. Wie wäre es mit einer Fermentier-Party – zusammen mit der Familie und/oder Freunden. Gemeinsam könnt ihr große Mengen verarbeiten.

Mit eurer Lieblingsmusik oder wenn ihr selbst singt, geht es noch viel besser. Stellt euch vor, welche *Vibes* ihr in das Sauerkraut hineinknetet. Jedes Mal, wenn du fortan dein Sauerkraut isst, kannst du dich daran erinnern ...

In kleinen Einmachgläsern, verziert mit Schleife und Glückskärtchen – und deinen speziellen *Vibes* –, ist das selbst gemachte Sauerkraut ein tolles Geschenk. Handgemacht von Herzen, das ist immer etwas Besonderes.

So einfach geht's:

Entferne die äußeren Blätter des Weißkohls. Den Kohl fein hobeln (1 Blatt zum Bedecken übrig behalten) und in eine große Glasschüssel geben, das Salz dazugeben und 5 bis 10 Minuten kräftig in das Gemüse einmassieren, sodass es Wasser zieht: je mehr Wasser, desto besser.

Gewürze untermischen und das Ganze nach und nach in das Einmachglas füllen, das Kraut immer wieder mit der Faust festdrücken.

Ein Kohlblatt oben darauflegen und mit einem Fermentationsgewicht beschweren. Das Glas verschließen und auf einen Suppenteller stellen (sodass eventuell austretende Flüssigkeit aufgefangen wird).

Das Kraut an einem dunklen Ort 3 bis 14 Tage, mit einem Tuch bedecken und mehrere Wochen oder sogar Monate (ja nach Raumtemperatur und Geschmack) gären lassen.

Tipps:

Falls du mehr oder weniger Kraut verarbeiten möchtest, gilt: Verwende 1 bis 1½ Prozent Salz im Verhältnis zum Gewicht des Weißkohls.

Sauerkraut ist im Kühlschrank im luftdicht verschlossenen Einmachglas (siehe Infokasten Seite 77) mehrere Wochen haltbar.

Sauerkraut passt perfekt zu **Angi's schnellem Sprossensalat** (Rezept Seite 58 f.) u. v. a. und wird pur am besten vor Mahlzeiten genossen. Auf diese Weise nehmen wir vorab jede Menge aktive Enzyme, darmfreundliche Bakterien, Ballaststoffe, Biophotonen und wertvolle Nährstoffe zu uns und sind auf zellulärer Ebene gesättigt.

RAW Bliss Ch'Ease Quark

(Grundrezept)

Ein schnell zubereiteter Allrounder, der in Geschmack und Konsistenz an Quark oder Sauerrahm erinnert. Ich verwende ihn für Salate, Saucen, Brote und Müslis, genieße ihn einfach pur oder mit frischen Kräutern, ätherischen Ölen und anderen Zutaten verfeinert.

Für 1 großes Glas (etwa 500 Milliliter)

250 g Cashewkerne (3–4 Stunden einweichen)
2 EL Kokosmus
300 ml Wasser
1 TL Probio-Kulturen (alternativ siehe Infokasten Seite 76)

ca. 5 Minuten

(Hochleistungs-)Mixer, Schüssel/Einmachglas, Küchentuch, Gummiband (wahlweise)

So einfach geht's:

Aktivierte Cashewkerne (ohne Einweichwasser) mit Kokosmus und Wasser im Mixer cremig pürieren. Die Probio-Kulturen hinzugeben, das Ganze noch einmal etwa 3 Sekunden mixen.

Die Masse in ein Glas- oder Keramikgefäß füllen, mit einem Tuch bedecken, dieses mit dem Gummiband am Behälter befestigen, und das Ganze an einem dunklen, warmen Platz 12 bis 24 Stunden fermentieren lassen.

Variante: Vor dem Gärvorgang mit 1 bis 2 Teelöffeln Zitronensaft vermischt oder einfach länger fermentiert, wird der Quark zu **veganem Sauerrahm**.

Hinweis: Das Kokosmus gibt dem Ganzen gekühlt eine wundervoll cremige Konsistenz, sodass der Bliss Ch'Ease Quark auf der Zunge zergeht und nicht zusammenfällt.

Tipps:

Je nachdem, welche Konsistenz du wünschst, verwendest du etwas mehr oder weniger Wasser als angegeben.

Je wärmer es ist, desto schneller fermentiert die Masse. Im Dörrautomaten ist der Frischkäse schon nach etwa 6 Stunden fertig. Mit zunehmender Fermentierung entstehen durch das entweichende Gas kleine Luftlöcher. Fertig ist dein Bliss Ch' Ease Quark, wenn er dir am besten schmeckt.

Der Quark ist im Kühlschrank in einem luftdicht verschlossenen Glas 7 Tage oder länger haltbar.

Angi's Macadamia Ch'Ease

(Grundrezept)

Superschnell und einfach zubereitet, ein perfektes Verhältnis von Omega-3- und Omega-6-Fettsäuren mit HighVibes *und wichtigen Nährstoffen: ein perfekter pflanzlicher Käse, der pur und mit Kräutern und Gewürzen prima schmeckt. Mein absoluter Lieblingskäse!*

Für 1 Portion (etwa 300 Gramm)

200 g Macadamianüsse (4–6 Std. einweichen)
ca. 100 ml Wasser
1–2 TL Probio-Kulturen (alternativ siehe Infokasten Seite 76)

ca. 15 Minuten

Küchenmaschine/(Hochleistungs-)Mixer mit Stößel, Glas- oder Keramikbehälter, Küchenpapier, Küchentuch/Käsetuch, Gummiband

So einfach geht's:

Aktivierte Nüsse (ohne Einweichwasser) mit Wasser cremig pürieren. Anschließend die Probio-Kulturen hinzufügen, das Ganze noch einmal 3 bis 5 Sekunden mixen.

Das Ganze in eine Schüssel oder ein Einmachglas füllen, mit einem Tuch bedecken, dieses mit dem Gummiband am Behälter befestigen, und das Gefäß 10 bis 18 (oder bei geringerer Temperatur 24) Stunden fermentieren lassen.

Tipps:

Mit einem Stößel kannst du die Masse im Hochleistungsmixer besser umrühren. Du kannst das Ganze aber auch im *blendtec Twister Jar* (Bezugsquellen siehe *www.highvibefood.de*) pürieren.

Die Masse beim Fermentieren nicht über 40 °C erhitzen.

Wenn du **Macadamia Ch'Ease Balls** zubereiten willst, sollte der Ch'Ease eine festere Konsistenz haben – verwende deshalb so wenig Wasser wie möglich und nur so viel wie nötig, um das Ganze pürieren zu können. Forme anschließend kleine Bällchen aus der Masse.

Möchtest du den **Ch'Ease** als **Streichkäse** genießen? Dann verwendest du etwas mehr Wasser (etwa 150 Milliliter). Bedenke, dass die Masse beim Fermentieren noch etwas fester wird.

Der fertige Ch'Ease ist im Kühlschrank in einem luftdicht verschlossenen Glas 1 bis 2 Wochen haltbar (abhängig davon, wie lange er vorher fermentiert wurde).

RAW Kokos-Mylk

(Grundrezept)

Diese frische pflanzliche Mylk kannst du einfach und schnell selbst zubereiten, sie ist eine tolle Alternative zu gekauften Produkten.

Für etwa 350 Milliliter

1 braune Kokosnuss
ca. 150 ml Wasser

Zutat deiner Wahl

1 entkernte Medjool-Dattel
oder 1 EL Kokosblütenzucker

ca. 10 Minuten — (Hochleistungs-)Mixer, Nussmilchbeutel/Passiertuch

So einfach geht's:

Kokoswasser und Fruchtfleisch der Kokosnuss mit dem Wasser cremig pürieren.

Das Ganze über einer Schüssel in den Nussmilchbeutel oder das Passiertuch hineingießen, die Flüssigkeit abtropfen lassen und die Masse anschließend im Beutel oder Tuch gut ausdrücken.

Hinweis: Verwende hier keine Thai- oder Trinkkokosnuss, sondern eine ganz normale braune Kokosnuss.

Tipps:

Die dünne, braune Haut um das Kokosfleisch herum kann mitverwendet werden oder mit einem Sparschäler entfernt werden.

Die Mylk ist im Kühlschrank in einer Glasflasche (siehe Infokasten Seite 77) 1 bis 3 Tage haltbar.

Mylk am besten nur in kleinen Mengen genießen.

HighVibe-Tipp:

Für probiotische Mylk rührst du etwa 1 Teelöffel **Probio-Braunhirsepulver** (Rezept Seite 80; alternativ siehe Infokasten Seite 76) in die fertige Mylk ein. In einer Glasflasche im Kühlschrank fermentiert das Getränk langsam und ist 2 bis 5 Tage haltbar.

Express-Tipp:

Du kannst deine Kokos-Mylk auch aus getrockneten Kokosraspeln herstellen. Püriere 200 Gramm Kokosraspeln mit 500 bis 750 Millilitern Wasser im Mixer cremig.

RAW Kokos-Joghurt & Kokos Cottage Ch'Ease

(Grundrezept)

Der beschwingende Joghurt und der Ch'Ease sind pur und in süßen sowie würzigen Varianten ein Genuss – auch als Zutat für Smoothies, Lassis, Saucen, Salate, Suppen und Snacks. Ihre Konsistenz ist wundervoll cremig und macht wohlig satt.

Für 1 großes Glas (300–450 Milliliter)

1 junge Thai-Kokosnuss
30–50 ml **Kokos-Joghurt** (Rezept Seite 87) oder ½-1 TL Probiotische Kulturen (alternativ siehe Infokasten Seite 76)

ca. 10 Minuten

Glas-/Keramikbehälter, Küchentuch, Gummiband

So einfach geht's:

Kokoswasser und Fruchtfleisch der Kokosnuss (zum Öffnen der Kokosnuss siehe Infokasten Seite 48) mit Kokoswasser-Kefir oder Kokos-Joghurt cremig pürieren.

Das Ganze in ein Gefäß füllen, dieses mit einem Tuch bedecken, das wiederum mit einem Gummiband am Behälter befestigen, und die Flüssigkeit anschließend 8 bis 12 (oder sogar 24) Stunden fermentieren lassen.

Beim Fermentieren setzt sich (wie Molke bei der traditionellen Käse- oder Quarkproduktion) Flüssigkeit ab. Für **Kokos Cottage Ch'Ease** die feste Masse oben vorsichtig abschöpfen und 2 bis 3 Stunden in den Kühlschrank stellen, damit die Konsistenz fester wird. Die **Kokos-Molke** kann getrunken, weiterverarbeitet oder für das nächste Fermentieren verwendet werden. Für den **Kokos-Joghurt** einfach beide „Schichten" verrühren.

Tipps:

Enthält die Kokosnuss nicht genug Fruchtfleisch, fügst du einfach etwas mehr Fruchtfleisch von einer zweiten Kokosnuss hinzu oder du verwendest Kokosmus.

Nimmst du gekaufte Kokosmilch, so bedenke: Sie ist kein Lebens-Mittel mehr. Durch die probiotischen Kulturen wird sie allerdings wieder zum Leben erweckt.

Joghurt und Cottage Ch'Ease sind im Kühlschrank in einem luftdicht verschlossenen Glas (für Joghurt siehe auch Seite 77) etwa 1 Woche haltbar.

Pimp it up! Du möchtest mehr Süße? Mit 1 bis 3 Medjool-Datteln oder 1 bis 3 Teelöffel Kokosblütenzucker und 1 bis 2 Messerspitzen Bourbon-Vanillepulver erhältst du einen himmlisch süßen Kokos-Joghurt. Mit ½ bis 1 Teelöffel gemahlenen Flohsamenschalen kannst du dein Joghurt binden.

Angelika's Express-Kimchi

mit Chinakohl & verschiedenem anderem Gemüse

Eine schnelle und einfache Variante des weltweit beliebten Kimchi-Rezepts – rein pflanzlich und voller sorgsam ausgewählter Zutaten, wie Sprossen, fermentiertem schwarzen Knoblauch Ajo Negro *und Kelp-Pulver*

Für 2-Liter-Einmachglas (etwa 1½ Kilogramm)

Gemüse
1 großer Chinakohl (ca. 900 g)
4–6 EL Steinsalz
1 gelbe Paprikaschote (ca. 200 g)
1 ungeschälte Karotte
2–3 Frühlingszwiebeln
ca. 5 cm ungeschälter Ingwer

Zutaten deiner Wahl
1 Handvoll Radieschensprossen (8–12 Std. einweichen, 4–5 Tage keimen lassen; siehe Seite 30 ff.)
3–5 Radieschen

Sauce
2 Knoblauchzehen
¼–1 TL Kelp-Pulver
4 EL Kokosnuss-Aminos
2 EL Kokosblütenzucker
¼–1 TL Cayennepfeffer
¼ –1½ TL Chiliflocken *oder* 2–3 TL Gochugaru-Pulver (Koreanischer Chili)
1–2 TL Sesamsamen
½–1 TL Suppenwürze-Pulver
2 *Ajo Negro*-Knoblauchzehen (wahlweise)

ca. 25 Minuten

Kimchi-Fermentierbehälter/2-Liter-Einmachglas (siehe Infokasten Seite 77), Fermentationsgewicht

So einfach geht's:

Gemüse Vom Chinakohl den Strunk entfernen und den Kohl der Länge nach vierteln. Jedes Viertel in 2½ bis 5 Zentimeter dicke Stücke scheiden und diese in eine große Glasschüssel geben. Das Salz drüberstreuen und fest in den Kohl einkneten, sodass er Wasser zieht.

Die Paprikaschote ohne Kerne in 2½ Zentimeter große Würfel, die Karotte der Länge nach achteln und in ca. 2½ bis 5 Zentimeter lange Stifte schneiden. Die Frühlingszwiebeln in 2½ Zentimeter lange Stücke, die Radieschen in feine Scheiben schneiden und den Ingwer fein würfeln. Alles mit dem Chinakohl vermengen. Das Ganze etwa 15 Minuten stehen lassen, dann nochmals gut durchkneten.

Sauce Den Knoblauch fein reiben, *Ajo Negro* fein schneiden. Alle Zutaten mit dem Schneebesen zu einer Sauce verrühren, zur Chinakohl-Gemüse-Mischung geben und einmassieren.

Fertigstellen Die Gemüsemischung nach und nach in den Fermentierbehälter bzw. in das Einmachglas geben und immer wieder mit der Faust gut festdrücken. Den Rand des Behälters säubern, das Ganze mit einem Kohlblatt bedecken und mit dem Fermentationsgewicht beschweren. Das Gefäß verschließen und auf einen Teller stellen.

Nach 3 bis 7 Tagen bei Zimmertemperatur ist das Kimchi verzehrfertig.

Tipps:

Verwende beim ersten Mal lieber weniger Chili, damit dein Kimchi nicht zu scharf schmeckt.

Statt Kelp-Pulver kannst du auch 1 bis 2 etwa 5 Zentimeter breite Kombu-Algen-Streifen 2 bis 4 Stunden in warmem Wasser einweichen und anschließend vor dem Fermentieren unter die Chinakohl-Gemüse-Mischung geben. Neutralere Algenflocken wie Dulse schmecken nicht ganz so intensiv.

Im verschlossenen Glas (siehe Infokasten Seite 77) kannst du das Kimchi im Kühlschrank 4 bis 8 Wochen oder sogar länger aufbewahren.

Kimchi ist ein Allrounder und passt perfekt zu vielen Gerichten, etwa Salaten, **Surfer Rolls** (Rezept Seite 96 f.), auf **HighVibe-Knäckebrot** (Rezept Seite 119) u. v. m.

RAW Tropical Breakfast-Boat

mit Kokos-Joghurt & frischen Früchten

Ein erfrischendes und inspirierendes Frühstück – voller Enzyme, darmfreundlicher Bakterien und Biophotonen. Bringt Leichtigkeit, Lebensfreude und ein wunderbares Gefühl der Freiheit in deinen Tag!

Für 2 Portionen

1 große Papaya
ca. ½ cm Vanilleschote (auskratzen)
250–500 ml **Kokos-Joghurt** (Rezept Seite 87)
1 reife Banane
½ reife Mango (wahlweise)
frische Pfefferminzblätter

ca. 10 Minuten

So einfach geht's:

Die große Papaya der Länge nach mittig durchschneiden und die Kerne mit einem Löffel herauskratzen. Ein wenig Fruchtfleisch aus beiden Hälften herauslöffeln (kann für die Deko verwendet werden), sodass genügend Platz für das Kokos-Joghurt ist.

Die Unterseite der Papayahälften mit einem Messer vorsichtig flach abschneiden, sodass sie einen stabilen Stand haben.

Die Vanille in den Kokos-Joghurt einrühren und das Ganze in die Papaya füllen.

Banane und Mangofruchtfleisch klein schneiden und auf den Joghurt legen.

Das Tropical Breakfast-Boat nach deinem Wunsch (siehe Foto und unten) dekorieren und genießen.

Tipp:

Statt der großen kannst du auch 2 kleine Papayas verwenden. Diese schneidest du etwas über der Mitte der Länge nach durch …

Upcycling-Tipp:

Die ausgekratzte Vanilleschote kannst du trocknen und aufbewahren – sie ist perfekt z. B. für Tees (wie **Angi's Seelenschmeichler-Tee**, Rezept Seite 161) und die **HighVibe-Limonade** (Rezept Seite 206 f.).

Deko-Tipp:

Steche aus Früchten mit verschiedenen Ausstechformen, z. B. Herzen, Sternen, Blüten oder Fischen, aus, stecke einige davon auf Zahnstocher, die du in den Rand der Papaya steckst. Als Ruder dienen Vanilleschoten. (Sie werden anschließend weiterverwendet.)

Mango-Lassi Special

mit Kokos-Joghurt & Bourbon-Vanille

Dieses sonnengeküsste Mango-Lassi ist ein Geschmackserlebnis mit besonderer Wirkung auf Darmflora und Widerstandskräfte. Es steckt voller beschwingender Bakterien und Biophotonen und schenkt dir ein frohes Gemüt.

Für 2 Portionen (etwa 600 Milliliter)

Fruchtfeisch von 1 reifen Mango (die Hälfte für die Deko)
350 ml probiotischer **Kokos-Joghurt** (Rezept Seite 87)
1 Msp. Bourbon-Vanillepulver *oder* ca. ½ cm Vanilleschote (auskratzen)
6–8 Eiswürfel *oder* 8–10 EL Wasser (wahlweise)

Deko

Mangowürfel, frische Pfefferminzblätter

ca. 10 Minuten (Hochleistungs-)Mixer

So einfach geht's:

Eine Hälfte des Mangofruchtfleischs grob in Stücke schneiden und mit Kokos-Joghurt, Vanille und Eiswürfeln im Mixer cremig pürieren. Die Masse in Gläser füllen.

Die andere Hälfte des Mangofruchtfleischs fein würfeln und mit der Pfefferminze als Deko verwenden.

Hinweise: Der Kokos-Joghurt sollte nicht zu intensiv fermentiert sein. Je reifer und damit aromatischer die Mango ist, desto besser schmeckt das Lassi.

Kokos-Karotten-Curry-Suppe

RAW

mit Kokos-Joghurt, Koriandermikrogrün & ätherischen Ölen

Eine supercremige und reichhaltige Suppe, die sättigst und deine Mitte stärkt – voller frischer und beschwingender Zutaten: Ätherische Öle, Gewürze, probiotische Kulturen und jede Menge Biophotonen sorgen für GoodVibes.

Für 4 Portionen (etwa 1 Liter)

1 Portion **Kokos-Joghurt** (Rezept Seite 87) *oder* Kokoswasser und -fruchtfleisch von 1 jungen Thai-Kokosnuss
4–5 mittelgroße ungeschälte Karotten
½–1 cm frischer Ingwer
1–2 cm frische Kurkuma
Saft von ½–1 Limette *oder* Zitrone
½–1 EL gelbes Thai-Curry
1–2 EL Garam Masala *oder* Curry-Pulver
1 TL Suppenwürze-Pulver
¼ –½ TL frisch gemahlener Wilder Madagaskarpfeffer
4–8 Eiswürfel *oder* 50–100 ml Wasser
1 Tropfen ätherisches Zitronengrasöl

Zutaten deiner Wahl

1 Tropfen ätherisches Limettenöl
¼–½ Zwiebel
1 Knoblauchzehe
1 EL Kokosblütenzucker *oder* 1–2 entkernte Medjool-Datteln
1–2 EL Kokosmus
1 Prise Cayennepfeffer
1 Prise *Kala Namak*-Salz

Deko

100 ml **Kokos-Joghurt**, 1 Handvoll frisches Koriandermikrogrün (1 EL Koriandersamen keimen lassen; siehe Seite 32 ff.) *oder* 1 Bund Koriandergrün, Kokosraspeln (wahlweise)

ca. 15 Minuten   Hochleistungsmixer

So einfach geht's:

Wird Kokos-Joghurt verwendet, so etwa 100 Milliliter davon vorab beiseitestellen. Wird eine frische Kokosnuss verwendet (zum Öffnen der frischen Kokosnuss siehe Infokasten Seite 48), Kokoswasser und -fruchtfleisch cremig pürieren und 100 Milliliter davon für die Deko zur Seite stellen.

Karotten und Zwiebel grob in Stücke schneiden. Den Knoblauch fein reiben. Alle Zutaten (außer ätherischen Ölen und Gewürzen) cremig pürieren. Die ätherischen Öle dazugeben. Die Suppe nochmals kurz mixen und kalt oder warm genießen. Soll die Suppe wärmer sein (maximal 42 °C), einfach etwas länger mixen.

Anrichten Die Curry-Suppe in Schüsseln geben, den restlichen Kokos-Joghurt daraufgeben, mit gehacktem Koriandermikrogrün oder Koriandergrün und Topping nach Wahl dekorieren und das Ganze genießen.

Tipps:

Statt frischer Kokosnuss kannst du auch etwa ½ Liter **Kokos-Mylk** (Rezept Seite 86) mit etwa 2 Esslöffeln Kokosmus verwenden.

Hast du keine frische Kurkuma zur Hand, nimm ½ bis 2 Teelöffel Kurkuma-Pulver.

Etwa 100 Gramm Cashewkerne (2 bis 4 Stunden einweichen), mit 350 bis 500 Millilitern Wasser püriert, ersetzen die Kokosnuss perfekt.

Gourmet-Tipp:

1 bis 3 Teelöffel Algenflocken-Mix oder nur eine Sorte Algenflocken (Nori, Dulse, Meeressalat oder Wakame) passen ebenfalls hervorragend zu dieser Suppe. Diese kannst du als Deko verwenden, mitpürieren oder einfach unterrühren.

RAW Surfer Rolls

mit Kimchi, Sprossen & Exotischer Sauce

Ein einfaches, schnelles und dabei wunderbar stylisches Gericht für mehr Flow. Es steckt voller darmfreundlicher Kulturen, Enzyme und Lebensenergie und macht sich perfekt als Vorspeise oder Party-Food.

Für 8 kleine Rolls

2 große Noriblätter

Füllung

2–4 Blätter (Kopf-)Salat
Fruchtfleisch von 1 Avocado
etwas Zitronensaft (zum Beträufeln)
½ gelbe Paprikaschote
2 Handvoll Sprossen nach Wahl (siehe Seite 30 ff.)
8–10 TL **AngelikA's Express-Kimchi** (Rezept Seite 88 f.)

Exotische Sauce

Saft von ½–1 Limette *oder* Zitrone
100–120 ml Kokosnuss-Aminos
4 TL Sesam (4–6 Std. einweichen, ggf. dehydrieren; siehe Seite 26 ff., 112 ff.)
frisch gemahlener schwarzer Pfeffer

Zutaten deiner Wahl

1 Tropfen ätherisches Zitronengrasöl
2–3 EL Sesamöl
½ Bund Koriandergrün, fein gehackt

ca. 20 Minuten

So einfach geht's:

Füllung Die Salatblätter in kleine Stücke zupfen, das Fruchtfleisch der Avocado in dünne Streifen schneiden (diese mit Zitronensaft beträufeln), die Paprikaschote ohne Kerne in dünne Streifen schneiden.

Fertigstellen Die Noriblätter in 4 gleich große Quadrate schneiden. Diese in der Mitte diagonal in einer Linie mit einem Achtel der Salatblätter, Sprossen, Avocado- und Paprikastreifen sowie Kimchi belegen. Das Ganze anschließend zu kleinen Tütchen rollen. Das Sushiblatt am Rand mit etwas Wasser oder Kokosnuss-Aminos anfeuchten und verschließen.

Sauce Die Zutaten mit einem Schneebesen verrühren und das Ganze mit Pfeffer würzen. Die Sauce in kleine Schüsselchen füllen und zusammen mit den Rolls auf einem oder mehreren Tellern anrichten, nach Wunsch dekoriert servieren.

Tipps:

Mikrogrün, wie das von Koriander-, Amarantsamen und Sonnenblumenkernen, passt ebenfalls hervorragend zu den Surfer Rolls – sowohl als Deko als auch als Zutat.

Natürlich kannst du die Noriblätter auch ganz belassen, parallel zum Rand mittig in einer Linie belegen und klassisch wie eine Sushirolle zusammenrollen. Jede Rolle danach in 6 bis 8 Stücke schneiden.

Salata Santorini

mit Sprossen & Kokos-Cottage Ch'Ease

Erfrischend, leicht, knackig und voller Lebensfrische: Der perfekte Salat für heiße Sommertage und Grillabende. Frisches Gemüse, energiegeladene Sprossen und selbst gemachter Ch'Ease sorgen für ein ganz besonderes HighVibe-Geschmackserlebnis.

Für 1 große Schüssel (2 Portionen)

2 Handvoll Alfalfasprossen (etwa ½ TL Samen 8–12 Std. einweichen, 6 Tage keimen lassen; siehe Seite 30 ff.) *oder* Sprossen nach Wahl
1 Salatgurke
10–14 Cocktailtomaten (rot und/ *oder* gelb)
1 rote Paprikaschote
½ gelbe Paprikaschote
1 kleine, violette Zwiebel
8–10 Kalamata-Oliven
½–1 Bund Petersilie
1–2 EL Kapern (in Olivenöl eingelegt)
10–14 TL **Kokos-Cottage Ch'Ease** *oder* **Bliss Ch'Ease Quark** (Rezepte Seite 87, 84)
¼ grüne Paprikaschote (wahlweise)

Dressing
5–10 EL Olivenöl
Saft von 1 Zitrone
1–2 TL frischer *oder* ¼ TL getrockneter Oregano
1 Prise Suppenwürze-Pulver

ca. 20 Minuten | Gemüsehobel

So einfach geht's:

Drei Viertel der ungeschälten Salatgurke in ½ bis 1 Zentimeter dicke Scheiben schneiden und diese vierteln. Cocktail-Tomaten halbieren, schneiden, Paprikaschoten ohne Kerne in feine Streifen und Zwiebel in dünne Ringe schneiden.

Diese Zutaten in die Salatschüssel geben, vermengen.

Sprossen in die Mitte auf den Salat setzen. Oliven, Kapern, Petersilie darüberstreuen und Ch'Ease oder Quark mit einem Löffel darauf platzieren.

Dressing Alle Zutaten mit einem Schneebesen verrühren. Die Sauce über den Salat träufeln, alles vorsichtig vermischen.

Gourmet-Tipp:

Selbst gemachte rohköstliche Cracker (etwa das **HighVibe-Knäckebrot**, Rezept Seite 119) schmecken vorzüglich zu diesem Salat.

Deko-Tipp:

Das verbliebene Viertel der Salatgurke schälen und mit einem Gemüsehobel oder Keramikmesser in etwa 1 Millimeter dicke Scheiben schneiden. Daraus 2 Rosenblüten gestalten (siehe Foto und Anleitung für Avocado-Rosenblüte, Seite 58 f.).

Meerjungfrauen-Canapés

mit Macadamia Ch'Ease, Algen-Tatar & Zuckererbsenmikrogrün

So einfach und schnell gemacht und dabei kreativ, edel, nährend und wohltuend zugleich: ein Fingerfood vom Feinsten – für mehr Glow, Flow & strahlende Augenblicke. Perfekt als Vorspeise oder Snack.

Für 15 bis 20 Häppchen

20 grüne Erbsen (8–12 Std. einweichen, 10–12 Tage zu Mikrogrün keimen lassen; siehe Seite 32 ff.)
1–1½ Salatgurken

15–20 TL **Angi's Algen-Tatar** (Rezept Seite 217)
15–20 TL **Angi's Macadamia Ch'Ease** (Rezept Seite 85)

Deko
2–3 EL rosa Pfeffer, 1 EL Kokosnuss-Aminos (wahlweise)

ca. 15 Minuten · Gemüsehobel

So einfach geht's:

Salatgurken in 1 bis 1½ Zentimeter dicke Scheiben schneiden. Mit einem Teelöffel die Mitte der Gurkenscheiben ein wenig aushöhlen und dort den Algen-Tatar hineinfüllen.

Aus dem Macadamia Ch'Ease kleine Kugeln formen und diese auf dem Algen-Tatar platzieren. Jeweils 1 Zuckererbsenmikrogrün in die Ch'Ease-Kügelchen stecken.

Anrichten Den Snack mit rosafarbenen Pfefferkörnern bestreuen, wahlweise mit Kokosnuss-Aminos beträufeln und genießen.

Deko-Tipp:

Für noch mehr Farbeffekt und Sprossenpower kannst du den Snack mit Mikrogrün deiner Wahl garnieren, beispielsweise mit Amarant- oder Radieschenmikrogrün (siehe Seite 32 ff.).

3. Ground & Grow

Sich erden, verwurzeln, aufbauen

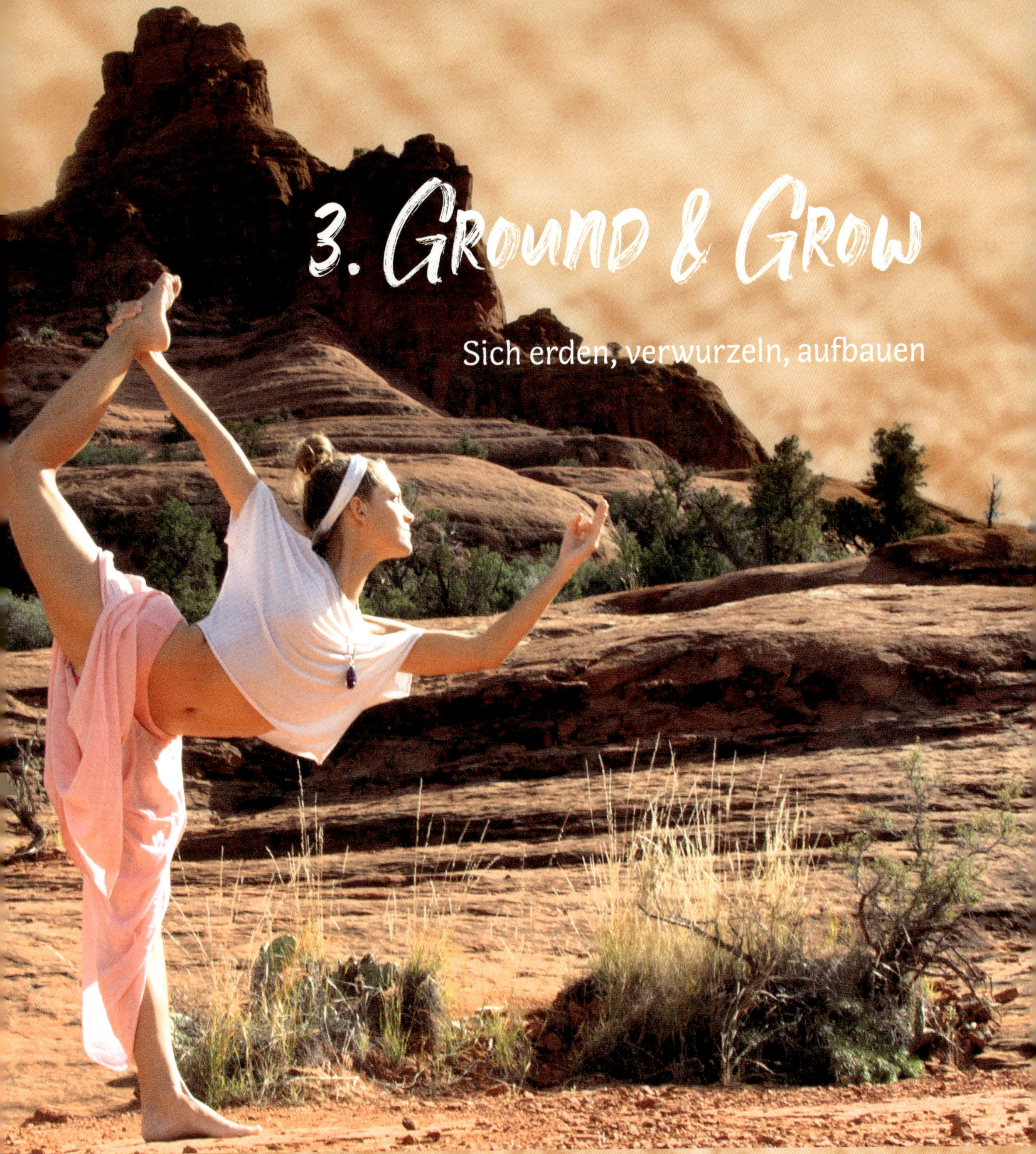

> **„Ein Baum mit starken Wurzeln lacht über den Sturm."**
> ***Autor unbekannt***

Willst du voll in deiner Kraft stehen, ist es wichtig, dass du dich über deine Wurzeln mit Mutter Erde verbindest. Natürliche, ursprüngliche, nährstoff- und lebensenergiereiche Lebensmittel, die auf gesunden Böden und möglichst natürlich (wild oder in Bioqualität) wachsen, sind die Basis für eine „artgerechte", gesunde, „ordnende" und aufbauende Ernährung.

Die Erde ist der Nährboden für Leben – in all seiner Fülle, Vielfalt und Farbenpracht. Besonders faszinierend dabei ist, was sich in der Erde abspielt. So sind Bäume im Wald unterirdisch durch hauchfeine Pilzfäden (das Myzel; siehe Seite 104) miteinander verbunden. Sie tauschen Nährstoffe aus und kommunizieren durch chemische Botenstoffe miteinander (das sogenannte *Wood Wide Web*[54]). Es gibt Myzel, das sich über mehrere Hundert Quadratmeter ausbreitet und Bäume und Pflanzen so miteinander verbindet.

Zudem steckt die Erde voller Mikroorganismen und Lebewesen, die ausschlaggebend für das biologische Gleichgewicht sind. In 1 Teelöffel Erde sind neben 200 Metern Pilzfäden etwa 1 Milliarde Bakterien, ganz zu schweigen von den Einzellern, Algen u.a.m. zu finden. Die Mikroorganismen bauen organische Substanzen ab und stellen so lebensnotwendige Nährstoffe und Kohlendioxid für Pflanzen bereit, stabilisieren die Bodenstruktur, verbessern die Kapazität des Bodens, Wasser zu speichern, und fördern so das Pflanzenwachstum. Auch die im Boden lebenden klein(st)en Lebewesen wollen nicht vergessen sein: Fadenwürmer, Milben, Larven, Springschwänze, Spinnen, Regenwürmer, Asseln, Insekten, Tausendfüßler, Schnecken, Wühlmäuse, Maulwürfe ... tragen ebenfalls zur Bodengesundheit bei. Sie wühlen im Boden herum und verändern so stetig seine Struktur. Außerdem hinterlassen sie Ausscheidungen, die wiederum den Mikroorganismen als Nahrung dienen. Und dabei gilt: Je größer diese Vielfalt, desto besser für den Boden und damit auch für Mensch und Tier! **Nur ein gesunder, naturbelassener Nährboden bringt gesunde Pflanzen und damit Tiere und Menschen hervor.**

In diesem Kapitel stelle ich dir hochschwingende Lebensmittel vor, die eine besonders erdende, aufbauende und (be-)stärkende Wirkung haben. Wir entdecken gemeinsam die Wunderwelt der Pilze und Lebensmittel, die uns mehr „Substanz" geben, wie Wurzelgemüse, ausgewählte Früchte, Pilze und dehydrierte Köstlichkeiten.

Erdende und aufbauende HighVibe-Foods

Die folgenden Lebensmittelgruppen sind ballaststoffreich, haben „Substanz"; sie sind darmgesund, proteinreich, also sehr nahrhaft und angenehm sättigend, und geben dir Kraft.

Earthing: Heilendes Erden

Dich wieder mit der Erde zu verbinden, direkten Hautkontakt mit ihr zu haben, das hat positive Auswirkungen auf deine Gesundheit, deine Stimmung und dein Wohlbefinden. Clinton Ober (*1944), der Vater/Initiator der weltweiten Earthing-Bewegung, hat sich mit den Zusammenhängen von Zivilisationskrankheiten, stillen Entzündungen und fehlender Erdung beschäftigt. Seit 1998 erforscht er die positiven Auswirkungen von Earthing auf Gesundheit, Wohlbefinden und Bewusstsein, über die du dich in zahlreichen Studien, Dokumentarfilmen und Büchern informieren kannst.

Die Erde ist negativ geladen; berühren wir sie mit bloßer Haut entweder beim Barfußgehen, beim Stehen, Sitzen oder Liegen, so nimmt unser Körper heilsame Elektronen auf, die stark antioxidativ und damit gegen freie Radikale und Entzündungen im Körper wirken. Erden senkt das Stresslevel im Körper und leitet statische Aufladungen, die zu gesundheitlichen Störungen führen können, ab; synchronisiert uns wieder mit den natürlichen Rhythmen der Erde und unserem Biorhythmus und schafft die ideale Basis für unsere bioelektrische Gesundheit.[55] Es gibt inzwischen unzählige Erfahrungsberichte und auch Studien zum Thema „Earthing“[56].

Probiere es am besten selbst aus, und beobachte, welchen Effekt Erden auf dein Wohlbefinden, deine Stimmung, deinen Geisteszustand und dein Bewusstsein hat (siehe Übungen rechts und Seite 111).

Eine Studie der *University of California* aus dem Jahr 2013 ergab, dass Erden das Risiko für Herz-Kreislauf-Erkrankungen drastisch senken kann. Die elektrische Ladung der roten Blutkörperchen und die Blutgerinnung der Probanden wurden nach nur 2 Stunden Erden untersucht, und es zeigte sich eine klare Verbesserung der Viskosität (Zähflüssigkeit) sowie eine geringere Tendenz zur Verklumpung des Bluts.[57]

Prof. Dr. Müller, Prof. Dr. Stöggl und ihr Team führten im Jahr 2018 eine wissenschaftliche Studie mit Spitzensportlern an der Universität in Salzburg durch. Diese zeigte, dass sich die Probanden, die auf geerdeten Bettlaken schliefen, deutlich schneller regenerierten und weniger Muskelschäden und Entzündungen aufwiesen, als Probanden, die nicht geerdet schliefen.[58]

Übung: Die Verbindung zur Erde spüren

Geh zu deinem Lieblingsplatz in der Natur. Stelle dich mit nackten Füßen auf den Boden. ... Das kann Waldboden, der Strand, eine Wiese ... sein. Bleib 1 bis 2 Stunden in Kontakt mit der Erde ... du kannst dabei barfuß gehen, dich auf den Boden setzen oder legen.

Was spürst du? ... Vielleicht kannst du auch ein Pulsieren oder Kribbeln an den Fußsohlen wahrnehmen? ... Beobachte deine Empfindungen – auch ein paar Stunden später – auf jeder Ebene (Körper, Geist und Seele). Fühlst du dich entspannter, gelassener, erholt?

Schreibe deine Erfahrungen in deinem HighVibe-Tagebuch nieder. Wiederhole diese Übung gern immer wieder. Vielleicht wird sie Teil deiner täglichen Routine – nur ein paar Minuten pro Tag reichen oft schon aus.

Die besten „Ground & Grow“-Foods sind ...

1. **Speise- und Vitalpilze:** Vor allem wild wachsende Pilze (siehe „Dein Pilz-Guide“, Seite 108 ff.) sind für uns von größtem Interesse. Sie verbinden Pflanzen im Waldboden miteinander (durch das sogenannte ***Wood Wide Web***, siehe linke Seite) und viele von ihnen enthalten biologisch wirksame Stoffe, die in unserem Körper heilende Wirkungen haben. Der russische Wissenschaftler Dr. Israel Brekhman (1921–1994) definierte *Adaptogen* 1968 als jede Substanz, die sowohl auf kranke als auch auf gesunde Individuen wirke, indem sie jede Dysfunktion

korrigiere, ohne unerwünschte Nebenwirkungen zu generieren.[59] Interessant sind Pilze auch als Eiweißquelle mit einem Proteingehalt von bis zu 40 Gramm (in 100 Gramm Trockenmasse) und einer sehr hohen biologischen Wertigkeit der essenziellen Aminosäuren. Die gesundheitsförderndsten Vital- und Speisepilze sind Austernpilz, Chaga, Löwenmähne, Maitake, Parasol, Pfifferling, Reishi, Shiitake, Steinpilz, Trüffel (siehe „Dein Pilz-Guide“, Seite 108 ff.).

2. **Wurzelgemüse** wächst direkt in der Erde und liefert jede Menge Ballaststoffe, die ein willkommenes „Futter“ für Darmbakterien sind (siehe Infokasten Seite 66). Wurzeln haben einen erdenden Effekt und wirken sättigend. Die ballaststoffreichsten Wurzelgemüse sind Ginseng, Ingwer, Karotte, Knollensellerie (Ursorte), Krennwurzel, Kurkuma, Maca-Wurzel, Rote Bete, Süßkartoffel, Topinambur, Wurzelpetersilie und Yacon-Wurzel. Es gibt außerdem viele wild wachsende Wurzelarten, die wir in der High-Vibe-Küche vielseitig verwenden können, etwa die Wurzeln von Beinwell, Disteln, Engelwurz, Knoblauchsrauke, Malve, Meerrettich, Nachtkerze, Rohrkolben sowie Schwarzwurzel.
3. **Keimlinge und Sprossen:** Besonders aktivierte Nüsse, Kerne, Samen (wie Hasel-, Macadamia-, Pekan-, Walnüsse; Kürbis-, Mandel-, Sonnenblumenkerne; Hanf-, Sesamsamen; Kakaobohnen) sowie Keimlinge und Sprossen von Hülsenfrüchten (z. B. Erbsen, helle und schwarze Kichererbsen, Linsen, Süßlupinen), Getreide (wie Einkorn, Emmer, Hafer, Kamut) und Pseudogetreide (Buchweizen) liefern uns jede Menge „Erdung“ sowie bestens bioverfügbaren Mikro- und sättigende Makronährstoffe in Kombination mit aktiven Enzymen und einer Fülle an Lebensenergie. (Siehe „Dein Keim-Guide“, Seite 24 ff.).
4. **Wildpflanzen:** Wilde Samen (wie Brennnesselsamen) und Nussfrüchte (etwa Edelkastanien, Hasel-, Pinienkerne, Sibirische Zedernüsse, Zirbelkiefer [*Pinus cembra*], Walnüsse) stecken voller Kraft. Sie enthalten das gesamte Erbgut der Pflanze und nach der traditionellen chinesischen Medizin (TCM) ist darin jede Menge „Jing“-Energie (Lebenskraft) zu finden. Wild wachsende Pflanzen sind deutlich widerstandsfähiger als Kulturpflanzen und ihr Saatgut ist wertvoller für unsere Ernährung (siehe „Dein Wildkräuter-Guide“, Seite 190 ff.). Wilde Wurzeln (wie Pfeilwurz [*Maranta arundinacea*], Topinambur, Wiesenpastinake [Wurzel], Wilde Karotte, Wilder Kren …) sind wunderbare „Ground & Grow“-Foods.
5. **Früchte:** Avocados, Durian, Kakaobohnen, Kürbisse und schwarze (reife) Oliven sind

sättigendes Powerfood. Die Kokosnuss steht ebenfalls auf unserer Favoritenliste, denn ihr Fleisch liefert hochwertige, mittelkettige Fettsäuren, die zur Energiegewinnung optimal sind. *Karob,* die Frucht des Johannisbrotbaums, ist auch sehr nahrhaft, und ihr Pulver kann als Kakao-Ersatz verzehrt werden.

6. **Dehydrierte Lebensmittel:** Mehr „Substanz" und damit Sättigungseffekt liefern bei maximal 42 °C getrocknete Lebensmittel. Bei diesen sehr lang haltbaren Köstlichkeiten bleiben die aktiven Enzyme, Nähr-, Vital- und sekundären Pflanzenstoffe erhalten. Trocknen können wir Früchte, Gemüse, Keimlinge, Kerne, Kräuter, aktivierte Nüsse ... (siehe „Dein Dehydrier-Guide", Seite 112 ff.). Zudem gibt es getrocknete Speisen, etwa rohköstliche Cracker wie **HighVibe-Knäckebrot** (Rezept Seite 119), **Grünkohl-Space-Chips** (Rezept Seite 124 f.), **Angie's würzige Crunchies** (Seite 228 f.), **HighVibe-Bliss Müsli** (Seite 117), Rohkostbrote, Salat-Toppings, Streusel etc.

In diesem Kapitel erwarten dich herzhafte, (be-)stärkende, sättigende und schmackhafte Power-Rezepte. Verbinde dich mit der unerschöpflichen Energie der Natur und komme in deine Kraft!

Protein – Ein wichtiger Baustoff unseres Körpers

Die Bausteine von Eiweiß sind 21 verschiedene Aminosäuren; 8 davon sind essenziell, können von unserem Körper also nicht selbst hergestellt und müssen daher über die Ernährung aufgenommen werden. Aus Angst vor einer Unterversorgung nehmen manche Menschen mehr eiweißhaltige tierische Nahrungsmittel zu sich, als gut für sie ist. Prof. Dr. Lothar Wendt (1907–1989) entdeckte, dass Eiweißspeicherkrankheiten wie Arthrose, Gicht, Rheuma, Gefäßkrankheiten, Bluthochdruck u. a. m. durch einen zu hohen Konsum von tierischem Eiweiß, Zucker, raffinierten Mehlen etc. entstehen.[60]

Viel wichtiger als die Menge an Protein, die wir zu uns nehmen, ist seine Qualität und Bioverfügbarkeit. Vor allem **Sprossen, Keimlinge, Mikrogrün und Gräser** sind ideale Quellen für Aminosäuren. Beim **Keimen** werden die Proteine des Samens in Aminosäuren umgewandelt, die unser Körper leicht verdaut und aufnimmt. **Fermentierte Lebensmittel, (Vital-)Pilze und viele Wildpflanzen** sind ebenfalls hervorragende Eiweißquellen. Sie stärken und sättigen uns, ohne müde zu machen.

Brennnesselsamen sind eine hervorragende heimische Proteinquelle (7,4 Gramm pro 100 Gramm frische Samen: 30,4 Prozent pflanzliches Protein in Trockenmasse) – gratis, direkt aus der Natur. Durch Trocknen (siehe „Dein Dehydrier-Guide", Seite 112 ff.) kannst du sie haltbar machen und hast immer bestes, proteinreiches Superfood zur Hand. Die Samen enthalten alle essenziellen Aminosäuren und eine Fülle an Mineralstoffen, Spurenelementen, wertvollen Mikronährstoffen und hormonähnlichen Substanzen, wie Sitosterin, das den Muskelaufbau und die Milchbildung bei stillenden Müttern fördern soll und vieles mehr.

Hanfsamen enthalten 25 bis 31 Prozent leicht verdauliches Protein (mit allen essenziellen Aminosäuren), Omega-3-Fettsäuren (im idealen Verhältnis zu Omega-6-Fettsäuren) und viele weitere Vitalstoffe. Geschälte Hanfsamen kannst du für Smoothies, Müslis, Salate, Snacks, Proteinbars ... verwenden; ungeschälte weichst du über Nacht ein und kannst anschließend beispielsweise köstliche **HighVibe-Hanfsamen-Mylk** (Rezept Seite 226) daraus zaubern.

Dein Pilz-Guide

Bier, Penizillin, Sojasoße ... verdanken wir Pilzen, aber diese faszinierenden Organismen ermöglichen es Pflanzen auch, über eine Art soziales Netzwerk Informationen und Nährstoffe auszutauschen. Dabei sind Pilze zwar sesshaft wie Pflanzen, zu denen sie lange gerechnet wurden, können jedoch keine Fotosynthese betreiben und müssen sich wie Tiere von organischen Substanzen ernähren, die sie in gelöster Form aus ihrer Umgebung aufnehmen. Nach heutiger Kenntnis sind Pilze näher mit den Tieren als mit den Pflanzen verwandt! Sie bestehen meist aus einem unterirdischen, weitverzweigten Myzel feinfädriger Zellen (dem eigentlichen Pilz), aus dem ihre Fruchtkörper wachsen (die wir als „Speisepilze" verzehren, wenn sie essbar sind).

Seit Jahrtausenden zählen **Großpilze** (die gut sichtbar sind) zu den wichtigsten Heil- und Lebensmitteln der Menschheit. Bereits in alten Schriften der traditionellen chinesischen Medizin (TCM) und des Ayurveda wird der Einsatz von Pilzen zur Behandlung und Vorbeugung von Krankheiten beschrieben. In der Volksmedizin Koreas, Japans und Chinas gehört die therapeutische Anwendung solcher **Medizinalpilze** ebenfalls zu ärztlichen Behandlungsmethoden, und der Großteil von klinischen Studien zum Thema kommt aus diesen Ländern. Auch in der russischen und der europäischen Volksmedizin hatten Pilze von jeher ihren Platz. Erst in den späten 1990er-Jahren ersann der ungarisch-deutsche Mykologe Jan Ivan Lelley (*1938) den Begriff „Mykotherapie" – eine Therapieform, in der Großpilze für die Behandlung und Prävention von Krankheiten eingesetzt werden.

Das Pilzmyzel stellt, wie bereits erwähnt, die „Leitung" für das ***Wood Wide Web*** (siehe auch Seite 104), die Pilzfruchtkörper enthalten hochwirksame biologisch wirksame Pflanzenstoffe und haben eine äußerst erdende Wirkung. Vielen Vitalpilzen werden in der Volksmedizin unterschiedlichster Traditionen enorme Heilwirkungen zugeschrieben, die nach und nach auch wissenschaftlich bestätigt werden.[61] Pilze sind also ein HighVibe-Food, das den Organismus darin unterstützt, seine innere Ordnung wiederherzustellen, und unglaublich viel Energie hat (siehe Seite 8 ff.).

Hier widmen wir uns Speisepilzen, die insgesamt etwa 10 Prozent der Pilze ausmachen und unsere HighVibe-Speisen deutlich aufwerten. Meist sind es Vital- oder Heilpilze, doch nicht alle Vital- und Heilpilze sind durch ihre z. T. korkartige Konsistenz und ihren bitteren Geschmack als Speisepilze geeignet. (Sie werden als Nahrungsergänzungen eingenommen.) Pilze sind kohlenhydrat- und energiearm, allerdings reich an Protein, Ballaststoffen, Mineralstoffen; roh enthalten sie viel Vitamin D, B_2, Niacin, Folsäure, Biotin und Pantothensäure.

Alles, was du wissen musst: Die Pilz-Basics

Verwendung & Rezeptideen: Das „Fleisch des Waldes“ bringt eine einzigartige Konsistenz und einen pilzigen, teilweise auch Umami-Geschmack in unsere Speisen. Pilze sind aufgrund ihres hohen Proteingehalts stark sättigend, im Allgemeinen gut verträglich und haben eine erdende Wirkung. Für eine gute Verdaulichkeit und optimale Bioverfügbarkeit der Nährstoffe werden **frische Pilze** am besten erhitzt. Du kannst sie anbraten, backen oder kochen und für eine Vielzahl von Speisen, wie etwa Gemüsepfannen und -pasta, Nudel- und Reisgerichte, Saucen und Suppen, verwenden (**Exotische Sprossen-Rolls**, Rezept Seite 62 f.; **Power-Crêpes mit Gemüse-Pilz-Füllung**, Rezept Seite 138 f.; **Grüne Waldsuppe**, Rezept Seite 136 f.; **Pachamama BlissCake**, Rezept Seite 170 f.; **Würziger BasilBliss-Pudding mit Shiitake-Topping**, Rezept Seite 208 f.).

Wenn du selbst in die Pilze gehst, informierst du dich am besten vorab, wann die jeweiligen Pilze geerntet und wie sie am besten zubereitet werden. Manche Pilze können roh giftig oder unbekömmlich sein und müssen erhitzt werden, andere dürfen beispielsweise nicht mit Alkohol genossen werden.

Speisepilze und Vitalpilze erhältst du frisch geerntet, getrocknet, zerkleinert, als Granulat, Pulver, Extrakt, als Kombination aus Pulver und Extrakt und Tinktur.

Extrakte können nicht nur als Nahrungsergänzungsmittel eingenommen werden, sie geben zudem rohköstlichen Speisen, wie Saucen, Smoothies, Superfood-Desserts (siehe **Pachamama-BlissCake**, Seite 170 f.), Energy-Balls, einen wunderbar aromatischen HighVibe-Pepp.

Melanin: Die Superkraft im Pilz

Faszinierend ist vor allem die Fähigkeit melaninreicher Pilze, radioaktive Strahlung als Energie zu nutzen. Wissenschaftler des *Albert Einstein College of Medicine* konnten in einer Tierstudie zeigen, dass die Einnahme von Melanin-reichen Pilzen (in diesem Fall von braunem Judasohr; *Auricularia auricula-judae)* vor tödlicher ionisierender/radioaktiver Strahlung schützen kann.[62]

Melanin kann zudem vor schädlicher ultravioletter Strahlung (natürlicher Sonnenschutz), vor toxischer Chelat-Bildung (Entgiftung) schützen, das endokrine System sowie die Gene schützen und Sonnenlicht direkt in für den Körper frei verfügbare Energie umwandeln.[63, 64] Besonders reich an Melanin sind dunkle Pilze wie Chaga, Trüffel (vor allem schwarzer Wintertrüffel), braunes Judasohr und Hallimasch-Pilze *(Armillaria)*.[65]

Tipps & Tricks:

- Wenn du Pilze sammeln gehst, solltest du dich **gut auskennen** mit den verschiedenen Arten. Es gibt allzu oft giftige ähnlich aussehende Arten! Mit einer Gruppe unter Leitung eines Fachkundigen „in die Pilze“ zu gehen lohnt sich ... Und es lohnt sich auch, bei der Art der

Die Top-HighVibe-Pilze sind:

- Birkenporling (*Fomitopsis betulina;* jung essbar)
- Chaga (*Inonotus obliquus;* Schiefer Schillerporling)
- Echter Pfifferling (Eierschwammerl, *Cantharellus cibarius*)
- Hallimasch (*Armillaria*)
- Igelstachelbart (*Hericium erinaceus;* unterstützt die Gehirnfunktion und lässt Nervenbahnen nachwachsen)
- Judasohr (*Auricularia auricula-judae*)
- Maitake (Klapperschwamm, *Grifola frondose*)
- Mandelpilz (Sonnenpilz, *Agaricus blazei Murrill*)
- Raupenpilz (*Ophiocordyceps sinensis*)
- Reishi (Glänzender Lackporling, *Ganoderma lucidum*)
- Shiitake (*Lentinula edodes*)
- Steinpilz (*Boletus*)
- Trüffel (*Tuber*)
- Wiesenchampignon (*Agaricus campestris*)

Natürlich gibt es eine große Fülle an wilden Speisepilzen, die vielleicht weniger Heilwirkungen besitzen, dafür eine wunderbar erdende Wirkung haben und einfach köstlich schmecken.

Getrocknete Pilze: Eine aromatische Zugabe für HighVibe-Speisen

Du kannst frische **Pilze** zum Haltbarmachen **dehydrieren**. Dafür Pilze putzen, unschöne Stellen großzügig wegschneiden und die Pilze in etwa 5 Millimeter dicke Scheiben schneiden. Nach dem Trocknen (siehe „Dein Dehydrier-Guide", Seite 112 ff.) sind sie im luftdicht verschlossenen, ultravioletten Glas mindestens 1 Jahr haltbar.

Behälter aus Miron-Violettglas* bieten einen optimalen Lichtschutz, was die Lagerfähigkeit des Inhalts ohne Qualitätsverlust deutlich verlängert (Bezugsquellen siehe *www.highvibefood.de*).

Getrocknete Pilze sind aromatischer als frische. 25 Gramm getrocknete Pilze entsprechen beim Zubereiten etwa 250 Gramm frischen Pilzen. Vor dem **Zubereiten** 15 bis 30 Minuten in warmem Wasser einweichen und anschließend mit dem Einweichwasser in das Gericht geben oder ohne Wasser anschmoren.

Zubereitung tiefer in die Wunderwelt der Pilze einzutauchen.

- Achte auf **beste Qualität:** Pilze aus Wildsammlung in geschützter Natur sind perfekt, Pilze aus China ein No-Go. Kaufe nur Pilze aus heimischen Gefilden (Bezugsquellen siehe *www.highvibefood.de*).

Vor der Zubereitung putzt du die Pilze: Zuchtpilze kannst du vorsichtig mit Küchenpapier säubern. Wildpilze sollten gründlich mit einem weichen Pinsel oder einer Pilzbürste gereinigt und, nur wenn unbedingt nötig, kurz abgewaschen und anschließend gut trocken getupft werden.

Vitalpilze solltest du richtig dosieren: Beginne mit kleinen Mengen. Lasse dich im Zweifelsfall fachkundig beraten.

Du kannst dein Pilzgericht nach dem Zubereiten noch einmal aufwärmen. Das ist nach aktuellen Erkenntnissen ganz und gar unproblematisch. Allerdings sollten die Pilze frisch zubereitet und nach dem Abkühlen bei höchstens 4 °C (und nur 1 Tag lang) im Kühlschrank aufbewahrt worden sein.

* 1851 beschrieb der Lehrer, Musiker und Mystiker Jakob Lorber, dass Behälter aus Violettglas Photonen aus Sonnenlicht für die darin aufbewahrten Lebensmittel absorbieren und erhalten. Seit 1995 produziert die holländische Firma *Miron* solche Gläser, die schädliche Strahlen des sichtbaren Lichts nicht eindringen lassen und durchlässig sind für ganz spezifische Wellenlängen (Frequenzen) des Lichts: 25 bis 45 Prozent für Wellenlängen zwischen 380 und 420 Nanometern (Violett- und UVA-Frequenz) und etwa 60 Prozent für Licht zwischen 730 und 1050 Nanometern (Infrarot-Frequenz). Diese Teile des Lichtspektrums scheinen organische Moleküle energetisch aufzuladen und die Haltbarkeit von Lebensmitteln zu erhöhen. (Siehe auch Infokasten Seite 27)

Waldbaden – Ein zutiefst heilendes Naturerlebnis

Shinrin-Yoku bedeutet so viel wie „die Waldatmosphäre aufnehmen" und ist in Japan bereits seit 1982 eine anerkannte Therapieform, die inzwischen weltweit Anhänger findet.[66] Wie gut es uns tut, Zeit im Wald zu verbringen – seine ordnende, heilende und ausgleichende Wirkung auf unser gesamtes System –, spüren wir bei einem ausgedehnten Waldspaziergang, der das Immunsystem stärkt, Stress reduziert, die Herzgesundheit fördert, die Stimmung aufhellt ...[67] Die Waldluft ist durchflutet von Terpenen[68] und enthält bis zu fünfmal so viele negativ geladene Sauerstoff-Ionen verglichen mit Luft an anderen Orten[69] – beides hat mannigfaltige positive Auswirkungen auf unsere Gesundheit.

Erlebe in der folgenden Übung die Natur und dich selbst mit allen Sinnen, verbinde dich mit dem Leben(digen) in einem Zustand des „Einfach-Seins":

Übung: Ein Waldbad genießen

Gehe in den Wald an deinen Lieblingsplatz. Ziehe deine Schuhe aus. ... Spüre die Erde unter deinen Füßen. ... Nimm deinen Körper wahr. ... Atme tief ein und aus ... und erfahre die Reinheit und die Frische der Luft. ... Welche Düfte kannst du wahrnehmen? ... Welche Geräusche? ... Ist es der Wind? ... Sind es Tiere? ... Welches Gefühl hast du auf deiner Haut? ... Ist es frisch, warm, kühl ...? ... Nimm die Farben, dann die Beschaffenheit der Oberflächen wahr. ... Berühre das weiche Moos sanft mit deinen Händen ... dann die Baumrinde ... den Waldboden. ... Umarme Bäume, lehne dich an sie an ... und spüre ihre Energie. ... Nimm Dinge in die Hand, die auf dem Waldboden liegen, ertaste sie.

Wenn dir danach ist, dich zu bewegen, bewege dich. ... Wenn du dich auf den Waldboden legen magst, dann tu das. ... Folge deiner Intuition und d(ein)er wahren Natur.

Schreibe deine Erfahrungen in deinem HighVibe-Tagebuch nieder.

Dein Dehydrier-Guide

Rohköstlich Getrocknetes enthält aktive Enzyme. Die Lebensmittel wurden hier nicht denaturiert, wie das beim Erhitzen bei hohen Temperaturen der Fall wäre. Alle Vital- und Nährstoffe (sowie probiotische Kulturen, sollten sie hinzugefügt worden sein) bleiben erhalten. Dehydrieren ist die sinnvollste Technik, um köstliche hochschwingende Speisen mit Konsistenz zuzubereiten.

HighVibe-Foods sind wahre Enzym-Superstars. Enzyme steuern die biochemische Reaktionen im Körper und sind als Eiweißstoffe äußerst hitzeempfindlich, d. h., sie werden ab einer Temperatur von 42 °C zerstört. Im Folgenden erfährst du, wie du Lebensmittel enzymschonenden dörren bzw. dehydrieren kannst, damit die gesundheitsfördernden Enzyme erhalten bleiben. Diesen Konservierungsprozess nutzten bereits unsere Urahnen zur Aufbereitung und Haltbarmachung von Lebensmitteln.

Durch Dörren kannst du eine Vielfalt an Speisen mit einzigartigen, „konzentrierten" Geschmacksnuancen kreieren, die Gebackenem ähneln. Wird das Lebensmittel entfeuchtet, erhält es eine festere „Konsistenz" und mehr Aroma, es wirkt sättigender und hat einen „erdenden" Effekt: Und das ist es, was bei einer vitalstoffreichen, vorwiegend rohköstlichen Ernährung oft fehlt.

Dehydrieren kannst du ...

- frische Kräuter, Wildkräuter und Blüten;
- frisches zerkleinertes Obst und Gemüse;
- aktivierte Nüsse/Kerne, Keimlinge, Sprossen, Mikrogrün
- sowie Blattgemüse, Pilze ...

Im Dörrautomaten kannst du Gewürzmischungen, Toppings, süße oder herzhafte Knabbereien (wie aktivierte Nüsse/Kerne mit Gewürzen), Snacks (z. B. **Grünkohl Space Chips**, Rezept Seite 124 f.), rohköstliche Cracker & Knäckebrot, **Angi's würzige Crunchies** (Rezept Seite 228 f.), **Wraps** (Rezepte Seite 118, 140 f.), Müsli/Müsliriegel, Tortenböden, Desserts, Fruchtleder u. v. m. zubereiten.

Geräte & Utensilien: Zum „enzymfreundlichen Backen" verwendest du am besten einen Dörrautomaten. Er ist stromsparend und bringt perfekte Trocknungsergebnisse. Im Idealfall ist er aus reinem Edelstahl, sollten einige Teile aus Kunststoff sein, achte darauf, dass diese BPA-frei sind. Es gibt auch Geräte mit zusätzlicher Infrarot-Funktion, mit denen ein noch schnelleres und gleichmäßigeres Trocknen erzielt wird. Für die Zubereitung von rohköstlichen Crackern, Cookies, Wraps ... im Dörrautomaten brauchst du eine Dörrfolie.

Zum einfachen Trocknen von Kräutern, Blüten, Gemüse oder Früchten kannst du dir auch sogenannte Darre- oder Solardörrautomaten ganz einfach selbst herstellen (Bezugsquellen siehe *www.highvibefood.de*). Kräuter und Blüten können auch einfach auf einem Blatt Papier oder auf einem Holzbrett an der Luft (aber am besten *nicht* in der direkten Sonne!) getrocknet werden.

So einfach geht's:

1. **Vorbereiten:** Nüsse, Kerne, Samen und getrocknete Früchte einweichen (siehe Seite 26 ff.); aktiviertes Saatgut ggf. zu Keimlingen, Sprossen und Mikrogrün keimen lassen.
2. **Zubereiten:** Lebensmittel oder Speisen auf Dörrfolien oder direkt auf den Tabletts verteilen und im Dörrautomaten bei etwa 42 °C trocknen. Dörrgut nach einigen Stunden wenden, damit es gleichmäßig trocknet. Bei Crackern, Keksen, Müsli usw. mit der Gabel Löcher in den Teig stechen. Je nach gewünschter Konsistenz und gewünschtem Trocknungsgrad beträgt die Dehydrierzeit 4 bis 24 Stunden. Prüfe also immer mal wieder, ob das Dörrgut ausreichend entfeuchtet ist.
3. **Aufbewahren:** Das getrocknete Dörrgut am besten kühl und luftdicht verschlossen aufbewahren. Speisen, die noch ein wenig „feucht" sind, wie rohköstliche Gemüselaibchen und Burger-Patties, können im Kühlschrank 4 Tage lang aufbewahrt werden.

Tipps & Tricks:

- Beim Würzen solltest du bedenken, dass das Volumen des Dörrguts beim Trocknen stark abnimmt und der Geschmack dadurch intensiver wird. Sei also zurückhaltend, vor allem wenn es um Salz oder Schärfe geht.

Einfacher, kostengünstiger und für den Anfang ausreichend: Trocknen im Backofen

Du kannst natürlich auch deinen Backofen zum Dörren verwenden. Vor allem für das erste Ausprobieren, falls du Lebensmittel nur sehr selten auf diese Weise haltbar machst oder wenn du dir keine weitere Küchenmaschine zulegen möchtest, geht das auch. Im Ofen dörrst du mit der Heiß- oder Umluft-Funktion auf niedrigster Stufe (meist sind das 50 °C) und gibst die Zutaten auf das mit Backpapier belegte Backblech. Das Backpapier sollte frei von Giftstoffen sein (Bezugsquellen siehe *www.highvibefood.de*). Der Ofen bleibt einen Spaltbreit offen (klemme z. B. einfach einen Holzlöffel zwischen Ofen und Tür), damit die Feuchtigkeit entweichen kann und die Temperatur nicht zu sehr ansteigt. Wende das Dörrgut alle 3 bis 6 Stunden, damit es gleichmäßig trocknet und nicht fermentiert. Je nach Ofen kann das Dehydrieren etwas länger dauern als im Dörrautomaten.

Wirklich nur bei so niedriger Temperatur trocknen?

Sehr feuchte Kreationen kannst du kurze Zeit bei höheren Temperaturen dörren. Die Enzyme werden nicht sofort zerstört. Wichtig ist jedoch, dass du die Temperatur nach spätestens 20 Minuten auf 42 °C (bzw. im Backofen, am besten mit Heißluft-Funktion auf 50 °C) zurückstellst. Anne Wigmore war der Ansicht, dass eine Temperatur von 55 bis 60 °C beim Dörren gut funktioniert, sie empfiehlt jedoch, bei 42 °C zu dörren, um nicht das Risiko einzugehen, dass zu viele Enzyme (Eiweißstoffe) zerstört werden, und dem schließe ich mich an.

Die Dörrzeit hängt stets von der Feuchtigkeit des Dörrguts ab. In meinen Rezepten gebe ich Zeiten an, allerdings solltest du immer selbst prüfen, wann deine Speise ausreichend trocken ist.

- Zum Binden der Speisen eignen sich Lein-, Chiasamen und Buchweizenkeimlinge. Sie machen diese *crunchy,* also knusprig. Flohsamenschalen binden ebenfalls, sind jedoch eher für Wraps und alle Speisen gedacht, die biegsam sein sollen.

HighVibe-Tipps:

- Keimfähige Gewürze, wie Fenchel, Koriander, (Kreuz- oder Schwarz-)Kümmel – also alle Samen –, kannst du vor dem Trocknen aktivieren oder sogar als Keimlinge oder Sprossen verwenden. Schon kurzes Einweichen bringt Vorteile in puncto „Lebenskraft" und „Geschmack".
- Beim Zubereiten von Crackern, Wraps, Müslis ... kannst du Probio-Kulturen hinzufügen. Sie werten deine rohköstlichen Speisen mit darmfreundlichen Bakterien und Biophotonen auf und machen sie bekömmlicher, leichter verdaulicher und leckerer.
- Ätherische Öle sind für Gedörrtes (siehe „Dein Guide der ätherischen Öle", Seite 158 ff.) ebenfalls perfekt geeignet. Sie erhöhen die Schwingung deiner Kreationen und schenken ihnen einen wundervollen Geschmack. Bekommst du beispielsweise gerade kein frisches Zitronengras, kannst du ätherisches Zitronengrasöl verwenden.

Nüsse, Kerne und Samen aktivieren & dehydrieren (neutral, süß, würzig)

Weiche die Samen ein (zu den Einweichzeiten siehe Tabelle Seite 35 ff.) und trockne sie anschließend pur, mit einer Gewürzmischung oder mit frischen (Wild-)Kräutern deiner Wahl. Bereite größere Mengen auf Vorrat zu, sodass du stets aktivierte und getrocknete Samen als Snack oder HighVibe-Topping für Salate ... zur Hand hast. Sei kreativ und mutig!

Süß zubereitete Varianten (beliebig kombinierbar) sind etwa

- **Karamellisierte HighVibe-Nüsse & -Kerne** (Rezept Seite 116);
- Walnüsse mit Lebkuchengewürz
- und Kürbiskerne mit Zimt.

Würzig zubereiten kannst du beispielsweise

- Sonnenblumenkerne mit Grill-/Räuchergewürz und frischen Kräutern;
- Walnüsse mit Trüffelöl, Kümmel, Suppenwürze-Pulver, Kokosblütenzucker und etwas Apfelessig
- und Macadamianüsse mit Kreuzkümmel, Curry, Koriandergrün.

Karamellisierte HighVibe-Nüsse & -Kerne
(Grundrezept)

Diese süßen, rohrzuckerfreien und enzymreichen Snacks sind köstlich, sättigend – für Genuss mit gutem Gewissen. ☺ Perfekt als Reiseproviant, als Topping für Salate und Desserts, Hauptgerichte, im Müsli ... Einfach nur klasse!

Für etwa 550 Gramm

500 g rohköstliche Nüsse *oder* Kerne nach Wahl (1 Sorte *oder* gemischt; z. B. Pekan-, Wal-, Haselnüsse *oder* Kürbis-, Sonnenblumen-, Sesam-, Mandelkerne; einweichen und dehydrieren, siehe Seite 26 ff., 112 ff., Tabelle Seite 35 ff.)
5 EL (etwa 50 g) Kokosblütenzucker
1–2 Msp. Bourbon-Vanillepulver *oder* ¼–½ Vanilleschote (auskratzen)
Gewürze nach Wahl (z. B. Zimt, Lebkuchengewürz, Tonkabohnenpulver)

ca. 10 Minuten   Dörrautomat

So einfach geht's:

Nüsse und Kerne nach dem Einweichen gründlich spülen, bis das Wasser klar ist, anschließend gut abtropfen lassen: Nüsse und Kerne sollten noch ein wenig feucht sein.

Kokosblütenzucker, Vanille und Gewürze einmassieren.

Das Dörrgut auf einem mit Dörrfolie oder Backpapier belegten Tablett verteilen und das Ganze 12 bis 24 Stunden im Dörrautomaten bei 42 °C oder bei 50 °C im Backofen (Heiß-/Umluft; siehe Infokasten Seite 113) trocknen lassen. Das Ganze nach 4 bis 8 Stunden wenden, sodass es schneller trocknet.

Umami-Variante: Für **Würzige HighVibe-Nüsse & -Kerne** verwendest du zum Aromatisieren vor dem Trocknen statt der süßen Zutaten ½ bis 3 Teelöffel Suppenwürze oder 1 bis 2 Prisen Salz, ¼ bis 1 Teelöffel frisch gemahlenen schwarzen Pfeffer sowie ½ bis 3 Esslöffel Gewürze oder Gewürzmischung nach Wahl (z. B. Kreuzkümmel, Kümmel, Grillgewürzmischung, Kräuter der Provence). Außerdem kannst du noch ½ bis 1 Esslöffel Gewürzsenf oder Dijon-Senf, ¼ bis 3 Esslöffel Ahornsirup, 1 bis 2 Esslöffel Olivenöl, 1 bis 2 Esslöffel Apfelessig, 1 bis 5 Handvoll fein gehackte (Wild-)Kräuter oder Mikrogrün (z. B. von Basilikum, Koriander, Rucola; siehe Tabelle Seite 35 ff.), 1 bis 2 fein geriebene Knoblauchzehen und/oder 1 bis 2 Esslöffel Hefeflocken hinzufügen – ganz nach Lust und Laune. ☺

Dieser perfekte Powersnack ist sensationell auf Wandertouren, Reisen, beim Chillen auf der Couch und ergibt ein leckeres, peppiges, eiweißreiches Topping für Speisen.

Tipp:

Prüfe, ob die Nüsse und Kerne ausreichend dehydriert sind, indem du eine/n von jeder Sorte in der Mitte durchschneidest.

Express-Tipp:

Willst du 10 Stunden Dehydrierzeit oder sogar mehr sparen, zerkleinerst du die aktivierten, „gewürzten" Zutaten vor dem Trocknen in einer Küchenmaschine oder einem Mixer stückig. Je feiner, desto schneller trocknen sie.

HighVibe-BlissMüsli

(Grundrezept)

Frisch gekeimt und dehydriert – das BlissMüsli stärkt und beschwingt auf jeder Ebene, schenkt dir Energie für den ganzen Tag.

Für 1 Tablett (etwa 500 Gramm)

- 250 g Buchweizen (4–8 Std. einweichen, 12–24 Std. keimen lassen; siehe Seite 30 ff.)
- 100–150 g Walnüsse (8–24 Std. einweichen)
- 75 g Mandeln (mit *oder* ohne Haut 8–24 Std. einweichen)
- 50–75 g Lein- und/ *oder* Chiasamen (in 150–200 ml Wasser 2–6 Std. einweichen)

Zutaten deiner Wahl

- 75–150 g Rosinen *oder* 5–7 entkernte Medjool-Datteln (½ Std. einweichen)
- 2–4 EL Kokosblütenzucker
- 1 EL **Probio-Braunhirsepulver** (Rezept Seite 80)
- 1–3 Tropfen ätherische Öle (Zitrone, Orange, Zimt ...)
- 1–3 EL Superfood (wahlweise; Lucuma-, Yacon-Wurzel-, Maca-Wurzelpulver)
- 1–3 TL Gewürze (Lebkuchengewürz, Bourbon-Vanillepulver ...)

ca. 25 Minuten Mixer/Küchenmaschine (wahlweise), Dörrautomat

So einfach geht's:

Datteln in Scheiben schneiden. Die Gundzutaten (außer Lein- oder Chiasamen) gründlich spülen und gut abtropfen lassen. Alle Zutaten gut vermengen, ggf. mit der Hand zerdrücken oder im Mixer bzw. in der Küchenmaschine grob zerkleinern. Mit Gewürzen, Kokosblütenzucker und ätherischen Ölen abschmecken und das Ganze auf einem mit Dörrfolie oder Backpapier belegten Tablett verteilen.

Das Ganze 18 bis 24 Stunden im Dörrautomaten bei 42 °C oder bei 50 °C im Backofen (Heiß-/Umluft; siehe Infokasten Seite 113) trocknen lassen. Das Müsli nach 6 bis 8 Stunden wenden und 10 bis 12 Stunden weiterdehydrieren.

Das trockene, abgekühlte Müsli ist, luftdicht verschlossen, trocken, lichtgeschützt und kühl gelagert, mehrere Monate oder sogar Jahre haltbar.

Varianten: Aus diesem Grundrezept kannst du Müsliriegel, Cracker und Kekse zaubern: Für **Müsliriegel** zerkleinerst du die aufgeführten Zutaten in der Küchenmaschine oder im Mixer zu einer gerade noch stückigen Masse. Diesen Teig streichst du etwa 1½ Zentimeter dick gleichmäßig auf einem mit Dörrfolie belegten Tablett bzw. mit Backpapier belegten Backblech aus, schneidest sie in Riegelformen und dehydrierst diese wie oben angegeben.

Cracker und Kekse stellst du mit etwa 150 Millilitern Wasser her. Alle Zutaten im Mixer cremig pürieren und die Masse anschließend 3 bis 5 Millimeter dick gleichmäßig auf einem mit Dörrfolie belegten Tablett verteilen. Anschließend kannst du den Teig in die gewünschte Crackerform schneiden oder Formen ausstechen. Trocknen wie angegeben.

Hinweis: Ich empfehle dir, gleich die 4-fache Menge dieses tollen ReisepROHviants, Studentenfutters bzw. Brain- und Survivalfoods zuzubereiten – in verschiedenen Geschmacksrichtungen und Varianten –, so hast du dieses leckere HighVibe-Food immer griffbereit.

Ultimative Veggie-Wraps

(Grundrezept)

Diese schnell gemachten Wraps sind unglaublich lecker und ein klasse Proviant für unterwegs, ideal auf Reisen …

Für 16 Wraps (4 Tabletts)

50 g Buchweizen (4–6 Std. einweichen, 12–18 Std. keimen lassen; siehe Seite 30 ff.)
50 g Sonnenblumen- *oder* Sesamkerne (6–12 Std. einweichen; siehe Tabelle Seite 26 ff.)
25 g Lein- *oder* Chiasamen (in 100 ml Wasser 2–6 Std. einweichen)
1–2 TL Brotgewürz (4–6 Std. einweichen)
15 g Flohsamenschalen (in 200 ml Wasser ¼–4 Std. einweichen)
500 g Gemüse (z. B. 1 kleine Zucchini, 1 Paprika, 1 kleine violette Zwiebel, 1 Stange Sellerie)
1 cm frischer Ingwer
2 cm frische Kurkuma
2–6 Handvoll frische Kräuter, Wildkräuter, Sprossen *oder* Mikrogrün (siehe Tabelle Seite 35 ff.) nach Wahl
1–3 TL Suppenwürze-Pulver
2 EL Olivenöl
1 EL Apfelessig
1 TL Kreuzkümmel
400–500 ml Wasser
1 TL Probio-Kulturen (alternativ siehe Infokasten Seite 76)
1 EL Kokosblütenzucker/Ahornsirup (wahlweise)

Zutaten deiner Wahl

Gewürze (z. B. Paprika, Cayennepfeffer) *oder* Gewürzmischungen (z. B. Kräuter der Provence, Grillgewürz)
ätherische Öle (z. B. Thymian, Ingwer, Rosmarin; mit Zahnstochertechnik, siehe Infokasten Seite 158)

ca. 20 Minuten
(Hochleistungs-)Mixer, Dörrautomat

So einfach geht's:

Gemüse grob in Stücke schneiden, Kräuter grob hacken.

Alle Zutaten (außer Probio-Kulturen, ätherischen Ölen und Kräutern) cremig pürieren. Anschließend Probio-Kulturen, (Wild-)Kräuter und ätherische Öle hinzufügen und das Ganze noch einmal kurz mixen. Die Konsistenz sollte fein cremig sein.

Die Masse gleichmäßig etwa 3 bis 5 Millimeter dick auf 4 mit Dörrfolie belegten Tabletts oder mit Backpapier belegten Backblechen ausstreichen. Aus dem Teig auf jedem Tablett 4 gleich große quadratische Wraps schneiden.

Den Wrap-Teig im Dörrautomaten bei 42 °C oder im Backofen bei 50 °C (Heiß-/Umluft; siehe Infokasten Seite 113) etwa 6 bis 15 Stunden trocknen. Nach 4 bis 6 Stunden vorsichtig wenden und weiterdehydrieren, bis die Wraps trocken, aber noch biegsam sind.

Tipps:

Luftdicht verschlossen, trocken, lichtgeschützt und kühl aufbewahrt, sind die Wraps mehrere Monate oder sogar Jahre haltbar.

Du kannst die Wraps auch rund formen und als Tacos verwenden. Dafür brauchst du eventuell 1 bis 2 weitere Tabletts zum Dehydrieren.

HighVibe-Knäckebrot

(Grundrezept)

Ein tolles und einfaches Knäckebrot voller Lebensenergie und Vitalstoffe mit einem Plus an Genuss.

Für etwa 1 Tablett (etwa 350 Gramm)

250 g Buchweizen (4–6 Std. einweichen, 12–24 Std. keimen lassen; siehe Seite 30 ff.)
100 g Macadamia- *oder* Walnüsse (4–6 Std. einweichen)
1 EL Olivenöl (wahlweise)
1–2 EL Brotgewürz (6–8 Std. einweichen)
1 EL **Probio-Braunhirsepulver** (Rezept Seite 80; alternativ siehe Infokasten Seite 76)
100 ml Wasser

ca. 20 Minuten

Mixer/Küchenmaschine/Entsafter, Dörrautomat

So einfach geht's:

Alle Zutaten fein pürieren, sodass die gewünschte Konsistenz entsteht: Für Knäckebrote sollte sie cremig und nur wenig stückig sein, für dünnere **Cracker** flüssiger (vorsichtig noch etwas mehr Wasser hinzufügen).

Den Teig auf einem mit Dörrfolie belegten Tablett oder einem mit Backpapier belegten Backblech gleichmäßig 3 bis 6 Millimeter dick ausstreichen und das Ganze 18 bis 24 Stunden im Dörrautomaten bei 42 °C oder im Backofen bei 50 °C (Heiß-/Umluft; siehe Infokasten Seite 113) dehydrieren.

Das Ganze nach 6 bis 8 Stunden wenden, dann weitertrocknen lassen.

Tipp:

Das trockene, abgekühlte Knäckebrot hält sich luftdicht verschlossen mehrere Monate.

HighVibe-Tipp:

Du kannst diese Knäckebrote beliebig mit (Wild-)Kräutern, aktivierten Nüssen/Kernen, Sprossen oder Mikrogrün, fermentierten Lebensmitteln, wie Sauerkraut oder lacto-fermentiertem Gemüse, mit Vitalpilzen oder ätherischen Ölen verfeinern. Sei kreativ und mutig!

HighVibe-Eiweisspulver

(Grundrezept)

Für etwa 600 Gramm

50 g Amarant (wahlweise; 6–12 Std. einweichen, 2 Tage keimen lassen)
50 g Braunhirse (6–12 Std. einweichen, 2 Tage keimen lassen)
150 g Buchweizen (4–6 Std. einweichen, 12–18 Std. keimen lassen)
100 g Quinoa (4–6 Std. einweichen, 12–18 Std. keimen lassen)
75 g Mandeln *oder* Walnüsse (8–12 Std. einweichen)
25–50 g steirische Kürbiskerne (4–8 Std. einweichen)
25–50 g Sesamsamen (4–8 Std. einweichen, ggf. 1 Tag keimen lassen; siehe Seite 30 ff.)
3 EL Brennnesselsamen (4–6 Std. einweichen)
2 EL Chiasamen (in 10 EL Wasser 4–6 Std. einweichen)
50 g geschälte Hanfsamen (wahlweise)
1 EL Probio-Kulturen (alternativ siehe Infokasten Seite 76)

Zutaten deiner Wahl (fürs Aroma)
Vanille-Geschmack: 2–4 Msp. Bourbon-Vanillepulver *oder* ½–1 Vanilleschote (auskratzen)
Schoko-Geschmack: 15–20 getrocknete Kakaobohnen (8–12 Std. einweichen; schälen) und/*oder* 2–5 EL rohköstliches Kakaopulver *oder* 2–5 EL Karob-Pulver (Johannisbrotkernmehl)
Tonka-Geschmack (vanillig-zimtig): ¼–½ Tonkabohnenpulver
Zimt-Geschmack: 1–2 TL Zimt
Lebkuchen-Geschmack: 1–3 EL Lebkuchengewürz

ca. 30 Minuten

(Hochleistungs-)Mixer/Küchenmaschine, Dörrautomat, Küchentuch

So einfach geht's:

Aktivierte und gekeimte Zutaten (ohne Probio-Kulturen) cremig pürieren. Die Probio-Kulturen sowie die Geschmack gebenden Zutaten einrühren. Das Ganze in einer Schüssel, mit einem Küchentuch bedeckt, 6 bis 12 Stunden fermentieren lassen.

Den Teig etwa 2 Millimeter dick auf 1 bis 2 Dörrfolien oder auf Backpapier ausstreichen. Mit einer Gabel Löcher in den Teig stechen. Das Ganze 12 bis 18 Stunden bei 42 °C im Dörrautomaten oder bei 50 °C im Backofen (Heiß-/Umluft; siehe Infokasten Seite 113) trocknen lassen. Den Teig nach etwa 6 Stunden in kleine Stücke brechen, diese umdrehen und weiterdehydrieren.

Die vollständig getrockneten Teigstücke kurz abkühlen lassen und im Mixer zu Pulver verarbeiten.

Tipps:

Du kannst auch andere Gewürze, wie Chai- oder Goldene-Milch-Gewürz, frischen Ingwer, frische Kurkuma und Wildkräuter ganz nach deinem Geschmack verwenden.

Das Eiweißpulver ist im Kühlschrank in einem luftdicht verschlossenen Glasgefäß (siehe Infokasten Seite 27, 77) 1 Monat oder sogar länger haltbar.

Express-Tipp:

Sammle Brennnesselsamen, lass sie auf einem Backpapier an der Luft trocknen und vermahle sie anschließend zu Pulver. Zeitnah verbrauchen. Dieses Pulver ist unglaublich eiweißhaltig!

Angelika's aktivierte Buchweizen-Crêpes

(Grundrezept)

Diese Crêpes werden mit eingeweichten Buchweizenkörnern hergestellt – so entsteht die gesündeste gekochte Alternative zu herkömmlichen, meist eher ungesunden Crêpes. Auch sie sind einfach und schnell zubereitet und so vielseitig einsetzbar!

Für 6 bis 8 Crêpes

250 g geschälte Buchweizenkörner (1–4 Stunden einweichen)
400–500 ml Wasser
1–2 TL Gewürze (nach Geschmack, wahlweise; z. B. etwas Kümmel, Kreuzkümmel, Brotgewürz)
1 Prise frisch gemahlener schwarzer Pfeffer
1 Prise Ursalz *oder* ½–1 TL Suppenwürze-Pulver (wahlweise)
1–2 EL Kokosöl (zum Anbraten)

ca. 15 Minuten (Hochleistungs-)Mixer

So einfach geht's:

Alle Zutaten cremig pürieren. (Teste die Konsistenz: Je flüssiger der Teig ist, desto dünner werden die Crêpes!)

Das Fett in der Pfanne erhitzen. Wenig Teig in die heiße Pfanne geben. Die Pfanne kreisförmig bewegen, um den Teig gleichmäßig zu verteilen. Die Crêpes dünn ausbacken, dann wenden.

Alle Pfannkuchen auf diese Weise backen.

Tipps:

Farbige Crêpes erhältst du, indem du bei der Zubereitung des Teigs folgende Zutaten mitpürierst. **Gelb** werden die Crêpes mit 1 bis 2 Teelöffeln Kurkuma-Pulver oder ½ bis 1 Zentimeter mitpürierter ungeschälter Kurkumawurzel; **rosa** mit 50 bis 80 Millilitern lacto-fermentiertem Rote-Bete-Saft (dann gleiche Menge weniger Wasser nehmen) *oder* 1 bis 2 Esslöffeln kleinen mitpürierten Rote-Bete-Würfeln; **orange** Farbe schenken 50 bis 80 Milliliter lacto-fermentierter Karotten-Saft oder 1 kleine, in Würfel geschnittene mitpürierte Karotte, und **grün** werden deine Crêpes mit 1 Handvoll Spinatblättern, Petersilie *oder* anderen grünen (Wild)Kräutern deiner Wahl (wie Brennnessel, Giersch), die du einfach mitpürierst.

Himalaja-Mylk

RAW

Frische Nussmilch mit Shilajit

Dieser warme BlissMylk-Drink ist ein „Allheilmittel" mit erdender, stärkender, ausgleichender, kurz: mit rundherum wohltuender – Wirkung auf den gesamten Energiehaushalt.

Für 2 Portionen

300–400 ml frische **Marzipan BlissMylk** (Rezept Seite 160) *oder* frische Nussmylk nach Wahl

2–4 TL Kokosblütenzucker *oder* Ahornsirup

0,1–0,5 g Shilajit (Bezugsquelle siehe *www.highvibefood.de*)

Zutaten deiner Wahl

1 Prise Vanillepulver

einige Prisen frisches Zimtpulver *oder* Lebkuchengewürz

ca. 10 Minuten

Milchaufschäumer (wahlweise)

So einfach geht's:

BlissMylk mit Kokosblütenzucker bzw. Ahornsirup sanft erwärmen und aufschäumen.

Mylk in Gläser füllen, Shilajit und Gewürze in kreisenden Bewegungen mit einem Löffel einrühren, bis sich das Shilajit aufgelöst hat.

Hinweis: Traditionell wird Shilajit in Milch mit Honig getrunken, ich allerdings trinke es gern in frischer BlissMylk mit Süße und etwas Vanille, Zimt oder Lebkuchengewürz.

Shilajit: Das „schwarze Gold der Berge"*

Shilajit, auch Mumijo genannt, das durch das Verwesen von Pflanzen, Flechten und Harzen entstanden ist, ist eines der ältesten Naturheilmittel weltweit. Es wird in den hohen Gebirgen Zentralasiens, aber auch in Russland, Tibet, Chile und Amerika gewonnen, ist schwarzbraun, wasserlöslich und hat eine harzähnliche Konsistenz. Das schwarze Mineralharz enthält lebenswichtige und lebensfördernde Inhaltsstoffe, wie optimal bioverfügbare Mikro- und Makronährstoffe, etwa Fulvin-, Huminsäure, Vitamine, Aminosäuren, Enzyme und Mikroorganismen.

Shilajit wirkt antioxidativ, entzündungshemmend, schmerzlindernd, antifungal, antiviral und immunstimulierend. Es unterstützt die gesunde Zellfunktion, die körperliche und geistige Leistungsfähigkeit, hat verjüngernde, regenerierende, stimmungsaufhellende Effekte. Es stabilisiert außerdem das neuroendokrine System, hilft bei Stress und fördert emotionale Balance.

Bitte kaufe nur getestete, reine Produkte, denn Shilajit kann mit Schwermetallen oder Umweltgiften belastet sein. Erwachsene nehmen 0,1 bis maximal 0,5 Gramm pro Tag ein, nicht mehr!

* Nach *www.researchgate.net/publication/305765448_Shilajitin_Cancer_Treatment_Probable_Mode_of_Action* und *www.ncbi.nlm.nih.gov/pmc/articles/PMC3296184/*

Tipp:

Shilajit hat einen ganz eigenen, leicht rauchigen Geschmack. Beginne mit 0,1 bis 0,2 Gramm und erhöhe die Menge nach und nach auf maximal 0,3 bis 0,5 Gramm.

Grünkohl-SpaceChips

mit Grünkohl, aktivierten Cashewkernen & Gewürzen

Diese knusprigen, reichhaltigen, hochschwingenden Grünkohlchips sättigen und sind dabei leicht verdaulich. Eines meiner allerersten und absoluten Lieblingrezepte, das stärkt, erdet und gleichzeitig beflügelt … und so neue (Bewusstseins-)Räume eröffnet.

Für 30 große Grünkohlchips

30 große Grünkohlblätter

Marinade

200 g Cashewkerne (4 Std. einweichen)
1 EL Leinsamen (in 6 EL Wasser ca. 4 Std. einweichen)
1 TL Kreuzkümmel (4 Std. einweichen)
½ TL Kümmel (4 Std. einweichen)
¼ TL Koriander (4 Std. einweichen)
1 rote Paprikaschote
1 kleine violette Zwiebel
½ cm Ingwerwurzel
1 cm Kurkuma
1 Knoblauchzehe
2 EL Olivenöl
2 EL naturtrüber Apfelessig
1–2 EL Kokosblütenzucker
1–2 EL Paprikapulver
1 TL Suppenwürze-Pulver
1–2 TL Probio-Kulturen (alternativ siehe Infokasten Seite 76)
2–4 TL Senf
5–10 Prisen Wilder Madagaskarpfeffer
1 Prise *Kala Namak*-Salz *oder* Bambussalz
ca. 250 ml Wasser

Zutaten deiner Wahl

2–3 EL Hefeflocken
1 EL Kokosnuss-Aminos
1 TL Trüffelöl

Deko

Paprika-, Kurkuma-, Suppenwürze-Pulver, gemahlener Kreuzkümmel *oder* Kümmel …

ca. 40 Minuten (Hochleistungs-)Mixer, Dörrautomat

So einfach geht's:

Marinade Die Paprikaschote ohne Kerne und die Zwiebel grob in Stücke schneiden und mit den restlichen Zutaten cremig pürieren. Die Marinade in eine große Schüssel gießen und den Grünkohl Blatt für Blatt hineingeben, die Marinade in die Blätter einmassieren. Die Blätter dann nebeneinander auf die mit Dörrfolien belegten Tabletts legen.

Das Ganze mit Gewürzen nach Wahl bestreuen und 16 bis 20 Stunden im Dörrautomaten bei 42 °C oder bei 50 °C im Backofen (Heiß-/Umluft; siehe Infokasten Seite 113) trocknen.

Die Grünkohlchips nach 6 bis 8 Stunden wenden, dann weiterdehydrieren.

Tipps:

Statt Cashewkernen kannst du auch aktivierte Sonnenblumenkerne, Walnüsse, Macadamianüsse ... verwenden.

Statt der Grünkohlblätter kannst du auch Brennnessel- oder Rote-Bete-Blätter nehmen.

Die knusprigen, würzigen Grünkohlblätter kannst du (auch zerkleinert) in einem luftdicht verschlossenen Glas (siehe Infokasten Seite 27, 77) mehrere Monate lang aufbewahren.

Ein wahres Highlight zum Aperitif, als Dekoration für viele Speisen und als Reiseproviant. Ein echter Hingucker sind hier die ganzen Blätter.

Bereitest du die Chips im Backofen zu, empfehle ich dir aus Platzgründen, bei den Zutaten nur die Hälfte der angegebenen Mengen zu verwenden.

Angel Bowl

mit aktivierter Quinoa, Belugalinsensprossen & Zucchini-Nudeln

Sättigende Bowl, die uns nach dem Essen leicht fühlen lässt. Eine wärmende, kräftigende, wohltuende und unfassbar reichhaltige Speise, die Wurzeln wachsen lässt und Flügel verleiht. ☺

Für 4 Bowls

2 Handvoll Belugalinsensprossen (1 EL Belugalinsen 8–12 Std. einweichen, 3–5 Tage keimen lassen; siehe Seite 30 ff.)
250 g Quinoa (4–8 Std. einweichen)
3 EL Suppenwürze-Pulver
ca. 300 ml Wasser
1 Brokkoli (+ 4 Eiswürfel, wahlweise)
2 mittelgroße Zucchini
2 Avocados
etwas Zitronensaft (zum Beträufeln)
4–6 EL Olivenöl (zum Beträufeln)
frisch gemahlener Wilder Madagaskar-pfeffer
4 Prisen Suppenwürze-Pulver (wahlweise; 1 Prise pro Portion)

Zutaten deiner Wahl

100–200 g lacto-fermentierter Tofu (mit Basilikum *oder* Oliven)
1 EL Kokosöl

Deko

frische Basilikumblättchen

ca. 30 Minuten — Gemüsehobel/Spiralschneider

So einfach geht's:

Quinoa in ausreichend Wasser (siehe Packungsangabe) mit 1 Teelöffel Suppenwürze zugedeckt 5 bis 8 Minuten köcheln, danach einige Minuten bedeckt ziehen lassen, bis keine weißen Punkte mehr in der Mitte der Quinoa-Körner zu sehen sind.

Gemüse Brokkoliröschen vom Stamm trennen. Den oberen Teil des Stamms sparsam schälen und in Scheiben schneiden. Das Gemüse in Wasser mit 2 Teelöffel Suppenwürze 3 bis 4 Minuten sprudelnd kochen, dann sofort in eine Schüssel mit kaltem Wasser (wenn gewünscht, mit Eiswürfeln) geben – so wird der Garprozess gestoppt und der Brokkoli bleibt strahlend grün.

Zucchini mit einem Messer der Länge nach in etwa 1 Zentimeter Abstand einschneiden (ohne die Zucchini dabei ganz durchzuschneiden), dann mit dem Gemüsehobel zu Zucchini-Nudeln verarbeiten (oder gleich einen Spiralschneider verwenden). 1 Prise Suppenwürze in die Nudeln einmassieren und diese entweder roh verwenden oder 2 bis 3 Minuten in einer Pfanne bei mittlerer Hitze erwärmen, dabei vorsichtig wenden. Das Volumen reduziert sich dadurch extrem. Belugalinsensprossen 2 bis 3 Minuten auf mittlerer Flamme (gern zusammen mit den Zucchini-Nudeln) erwärmen oder roh verwenden.

Tofu in Würfel schneiden und entweder ungekocht verwenden (so bleiben die probiotischen Kulturen erhalten) oder, wenn gewünscht, kurz in Kokosöl anbraten.

Anrichten Quinoa in Bowls füllen, Broccoli, Zucchini-Nudeln, Belugalinsensprossen und Tofu darauf verteilen. Das Fruchtfleisch der Avocados jeweils in zwei Hälften teilen, und je eine Hälfte mit der Vertiefung (in der der Kern saß) nach oben in der Mitte einer Bowl platzieren, Zitronensaft und Olivenöl hineinträufeln. Das Ganze mit Pfeffer und Suppenwürze bestreuen, die Bowl mit Basilikumblättchen dekorieren und genießen.

Tipp:

Du entscheidest, ob die einzelnen Zutaten gekocht oder roh sein sollen. Bereite diese Bowl nach deinen Geschmack und deinen Bedürfnissen zu. Viel Freude dabei!

Trüffel-Kürbis-Tagliatelle

mit Sacred Wild Sauce & wilden Zedernüssen

Ein sättigendes, stärkendes Gericht mit erdender Wirkung. Perfekt für besondere Anlässe. Diese Tagliatelle sind ein Genuss!

Für 2 Portionen

600 g Butternut- *oder* Hokkaido-Kürbis
ca. 100 ml Wasser
1 TL Suppenwürze-Pulver
ein paar dünne Scheiben frischer Wintertrüffel und 2 EL Olivenöl *oder* ein paar Tropfen Trüffelöl (nach Geschmack)
frisch gemahlener schwarzer Pfeffer *oder* Wilder Madagaskarpfeffer

Sauce

150–200 ml **Sacred Wild Sauce** (Rezept Seite 216) *oder* 1 Portion nur leicht fermentierter **Zedernuss-Sauerrahm** (Rezept Seite 226) *oder* **Secret Wild Sauce** (Rezept Seite 216)

Deko

½–1 Handvoll Zedernüsse *oder* Pinienkerne (2–4 Stunden einweichen, dehydrieren), einige Blättchen frischer Basilikum, 1 Handvoll Basilikummikrogrün (wahlweise; 2–6 Stunden einweichen, 10–15 Tage keimen lassen; siehe Seite 30 ff.)

ca. 20 Minuten

Spiralschneider, Trüffelhobel (wahlweise)

So einfach geht's:

Tagliatelle Den Kürbis schälen, vierteln und die Stücke anschließend mit dem Spiralschneider zu langen Bandnudeln verarbeiten.

Die Gemüsenudeln im Wasser mit Suppenwürze 5 bis 8 Minuten zugedeckt köcheln lassen. Hin und wieder vorsichtig wenden.

Anrichten Die Kürbisnudeln auf Tellern anrichten, kurz abkühlen lassen und mit Sauce und Trüffel-/Olivenöl beträufeln. Die Trüffelscheiben auf den Nudeln verteilen. Nach Geschmack Pfeffer darübermahlen und die Sauce daraufträufeln.

Tipps:

Die Tagliatelle können noch schonender im Dampfgareinsatz zubereitet werden.

Statt Kürbis kannst du auch 2 bis 4 mittelgroße Süßkartoffeln verwenden. Die Zubereitungsweise und -dauer sind die gleichen.

HighVibe-Tipp:

Du möchtest die Tagliatelle lieber rohköstlich genießen? Massiere etwa 1 Prise Suppenwürze-Pulver und 2 bis 3 Esslöffel Kokosnuss-Aminos in die Tagliatelle ein und gib sie anschließend 2 bis 3 Stunden bei 42°C in den Dörrautomaten oder bei 50 °C in den Backofen (Heiß-/Umluft; siehe Infokasten Seite 113). Auf diese Weise werden sie rohköstlich und enzymfreundlich erwärmt. (Hinweise zum Dehydrieren bei höheren Temperaturen siehe Seite 113.)

Walnuss Ch'Ease

mit aktivierten Walnüssen & Trüffel

Dieser herrliche Ch'Ease schenkt Unmengen von Nähr- und Vitalstoffen, probiotischen Kulturen, Enzymen und Biophotonen – und schmeckt dabei fantastisch. Walnüsse enthalten viel Omega-3- in passendem Verhältnis zu Omega-6-Fettsäuren sowie jede Menge Eiweiß.

Für 3 bis 4 Käsestücke (etwa 250 Gramm)

- 200 g Walnüsse (8–12 Std. einweichen)
- 100–150 ml Wasser
- 2–3 TL Probio-Braunhirse (alternativ siehe Infokasten Seite 76)

Zutaten deiner Wahl (fürs Aroma)

- 1 EL Kümmel
- 1–2 EL Kurkuma-Pulver
- 2–3 TL Suppenwürze-Pulver
- ca. 1 TL frisch gemahlener schwarzer Pfeffer *oder* Wilder Madagaskarpfeffer
- 1 EL Kokosblütenzucker
- 2 EL Trüffelöl *oder* Olivenöl
- 1–2 dünne Scheiben frischer Trüffel

Deko

4–8 Walnusshälften (8–12 Std. einweichen), etwa 1 TL Kümmel (wahlweise; ggf. 2–6 Std. einweichen)

ca. 30 Minuten

(Hochleistungs-)Mixer, Dörrautomat, Küchentuch, Speisering aus Edelstahl mit Stempel (Ø 6 cm)

So einfach geht's:

Die Walnüsse mit so wenig Wasser wie möglich cremig pürieren. Probio-Kulturen hinzufügen und das Ganze noch einmal kurz mixen. Die Masse in eine Schüssel füllen, mit einem Küchentuch bedeckt an einem dunklen, warmen Ort 12 bis 20 Stunden fermentieren lassen.

Die fermentierte Käsemasse mit den gewünschten weiteren Zutaten vermengen. Die Speiseringe auf einer Dörrfolie oder auf Backpapier platzieren und den Käseteig 2½ bis 3½ Zentimeter hoch hineingeben, mit dem Stempel vorsichtig festdrücken und dabei den Speisering anheben und behutsam entfernen. Mit einem Zahnstocher kleine Löcher in die Ch'Ease-Masse stechen. Die Walnusshälften in der Mitte der Ch'Ease-Stücke platzieren, das Ganze mit Kümmel bestreuen.

Die Käsestücke 18 bis 24 Stunden im Dörrautomaten bei 42 °C oder im Backofen bei 50 °C (Heiß-/Umluft; siehe Infokasten Seite 113) trocknen lassen; nach 6 bis 8 Stunden wenden.

Tipps:

Natürlich kannst du diesen Ch'Ease auch mit anderen Kernen (z. B. Cashew-, Kürbis-, Sonnenblumenkerne) zubereiten. Perfekt passen als Zutat auch entkernte, klein gehackte, schwarze Oliven.

Achte darauf, dass die Ch'Ease-Masse nicht zu lang fermentiert, wenn du deinen Ch'Ease länger im Kühlschrank aufbewahren möchtest.

Jedes abgekühlte Ch'Ease-Stück, einzeln in umweltfreundlichem, rein pflanzlichem Küchenpapier verpackt, ist im Kühlschrank 2 bis 3 Wochen oder sogar länger haltbar.

Dieser Ch'Ease ist schnell gemacht und passt zu allem – aufs Vesperbrot, als Topping auf den Sprossensalat u. v. m., als Snack zum Aperitif oder wie in Frankreich zum Abschluss des Essens statt Käse.

Sprossen-„Brötchen“

Rohköstliches Knäckebrot mit Sauerkraut & mehr

Einfach, schnell und lecker: eine hochschwingende Mini-Mahlzeit, die es in sich hat. Ein perfekter Snack und toller Proviant für ein Plus an Energie, Vitalität, Kraft & GoodVibes. *Das schnellste und gesündeste* Fast- & Convenient-Food *überhaupt ...* ☺

Für 4 Portionen

4 Rohkostcracker (Rezepte Seite 117, 228) *oder* glutenfreie/es Cracker/Brot nach Wahl *oder* größere Stücke rohköstliches Knäckebrot (Rezept Seite 119)

1–2 Handvoll Sprossen *oder* Sprossenmischung nach Wahl (etwa 1 TL Violette Klee- + Radieschensamen 8–12 Std. einweichen, 5–6 Tage keimen lassen; siehe Seite 39 ff., 30 ff.) und/ *oder* etwas Mikrogrün nach Wahl (siehe Tabelle Seite 32 ff.)

Fruchtfleisch von 1 Avocado
etwas Zitronensaft (zum Beträufeln)
etwas schwarzen Pfeffer *oder* Wilder Madagaskarpfeffer

Zutaten deiner Wahl

Aufstriche (wie **Hummus** (Rezept Seite 230 f.) *oder* Saucen (Rezepte Seite 216, 219)

Gemüse (wie Radieschen, Tomaten, Paprika), in Streifen bzw. dünne Scheiben geschnitten

etwas **Sauerkraut** (Rezept Seite 82 f.) *oder* **Kimchi** (Rezept Seite 88 f.)

je 1 Schuss Olivenöl, Kokosnuss-Aminos und Zitronensaft *oder* Dressing nach Wahl

frische *oder* getrocknete Kräuter nach Wahl (z. B. Schnittlauch, Dill, Basilikum)

weitere Gewürze (z. B. Cayennepfeffer) *oder* Gewürzmischungen (z. B. Grillgewürz)

ca. 5 Minuten

So einfach geht's:

Den Hummus auf die Cracker oder das Knäckebrot streichen.

Das Fruchtfleisch der Avocado in dünne Streifen schneiden, diese mit Zitronensaft beträufeln und auf den Hummus legen. Das Ganze nach Lust und Laune mit Sprossen, Mikrogrün und weiteren Zutaten belegen. Mit Pfeffer, Kräutern und Gewürzen bestreuen und genießen.

Tipp:

Leckere Aufstriche, lacto-fermentierten Tofu oder Tempeh, in feine Scheiben geschnitten, passen ebenfalls bestens auf dieses „Brötchen“.

EnerCHI-Kraftriegel

mit Buchweizenkeimlingen, aktivierten Kernen, Brennnesselsamen & Superfood

Egal ob auf einer Wanderung, im Büro, in der Schule, vor oder nach dem Sport: Diese proteinreichen Power-Riegel schenken Lebenskraft und Energie in Hülle und Fülle. Darauf kannst du bauen, vor allem bei erhöhter körperlicher oder geistiger Leistung.

Für etwa 30 Stangen

150 g geschälter Buchweizen (4–8 Std. einweichen, 12–24 Std. keimen lassen; siehe Seite 30 ff.)
200 g Mandeln (8–24 Std. einweichen; mit *oder* ohne Haut verwenden) und/*oder* Walnüsse (8–12 Std. einweichen)
100 g Sesamsamen (4–6 Std. einweichen)
3 EL Chiasamen (in 15 EL Wasser 2–6 Std. einweichen)
2 EL wilde Brennnesselsamen (2–8 Std. einweichen)
200–250 g Dattelpaste *oder* entkernte Medjool-Datteln (10 Min. in Wasser einweichen)
½ bereits ausgekratzte Vanilleschote
3 EL Yacon-Wurzelpulver
1–3 EL Spirulina-Pulver
1–3 EL Grassaftpulver (Bezugsquellen siehe *www.highvibefood.de*)
1 EL Kurkuma-Pulver
½ EL fein gehackter frischer Ingwer *oder* Ingwerpulver
1 Msp. Cayennepfeffer
1–2 EL **Probio-Braunhirsepulver** (Rezept Seite 80; alternativ siehe Infokasten Seite 76)
1–2 EL Dulseflocken (wahlweise)

Zutaten deiner Wahl

3 EL Macawurzel-Pulver
2–5 Tropfen ätherisches Zitronenöl

ca. 30 Minuten — Mixer/Küchenmaschine, Dörrautomat (wahlweise)

So einfach geht's:

Datteln grob in Stücke schneiden, diese zusammen mit allen anderen Zutaten fein stückig pürieren.

Den Teig etwa 1 Zentimeter dick auf einer Dörrfolie oder Backpapier verteilen und mit einer Gabel kleine Löcher in den Teig stechen, dann in Riegelform schneiden. Das Ganze etwa 24 Stunden im Dörrautomaten bei 42 °C oder im Backofen bei 50 °C (Heiß-/Umluft; siehe Infokasten Seite 113) trocknen lassen, nach etwa 5 Stunden wenden.

Proteinpulver – Das gesunde Plus für Sportler, für Haut und Haar, zum Abnehmen …

Eiweiße versorgen unseren Körper mit essenziell wichtigen Aminosäuren. Dieser benötigt die Nahrungsbausteine, um Muskeln, Knochen, Nägel, Haut und Haare aufzubauen. Proteine sind ebenfalls wichtig, wenn wir den Stoffwechsel anregen, Gewicht verlieren, die Fettverbrennung ankurbeln und Muskeln aufbauen möchten. Zudem schenken sie ein gutes Sättigungsgefühl, und beugen damit Heißhungerattacken vor.

Du benötigst natürlich kein Eiweißpulver, um deinen Organismus ausreichend mit Proteinen zu versorgen, doch das Pulver macht es dir leicht, ausreichend pflanzliches Eiweiß in deine Ernährung zu integrieren und dich wohlig satt zu fühlen.

Konventionelles Proteinpulver enthält oft einen hohen Anteil an künstlichen Zutaten, z. B. Zucker, Süßstoffe, Geschmacksverstärker, Aromen … und ist meist nicht vegan. Hier stelle ich dir ein selbst gemachtes „lebendiges" Power-Pulver vor, das nur natürliche Zutaten enthält und das du geschmacklich ganz nach deinem Gusto verändern kannst. Es enthält alle essenziellen Aminosäuren, jede Menge Pro- und Präbiotika* sowie jede Menge Enzyme.

Tipps:

Den frischen Teig kannst du im Kühlschrank luftdicht verschlossen 10 Tage aufbewahren.

Als Zutat ist auch pflanzliches **HighVibe-Eiweißpulver** (Rezept Seite 120) geeignet. (Es sollte aus gekeimten, fermentierten Bio-Zutaten stammen.)

Statt Sesamsamen kannst du auch Kürbiskerne, Pistazien (Einweichzeiten siehe Tabelle Seite 35 ff.) oder andere Nüsse/Kerne verwenden.

Geschälte, aktivierte Kakaobohnen passen ebenfalls perfekt als Zutat.

Die getrockneten, abgekühlten Riegel kannst du in einem luftdicht verschlossenen Glas 1 Jahr dunkel und eher kühl (am besten im Kühlschrank) aufbewahren.

* *Probiotika* enthalten lebensfähige Mikroorganismen wie Milchsäurebakterien und Hefen. Bei *Präbiotika* handelt es sich um unverdauliche Lebensmittelinhaltsstoffe, die Wachstum und Aktivität der Bakterien im Dickdarm fördern (etwa Ballaststoffe wie Inulin und Oligofruktose). Eine Kombination aus beiden nennt man *Symbiotika*.

Grüne Waldsuppe

mit Belugalinsensprossen, aktivierter Quinoa, Pilzen & Tempeh-Spieß

Diese wohltuende und lecker schmeckende Gemüse-Pilz-Suppe stärkt die Mitte und wärmt. Die leckeren Pilze haben eine erdende Wirkung. Eine gekochte Suppe, die dank der Belugalinsensprossen auch HighVibes *schenkt.*

Für etwa 8 Portionen (2 Liter)

2–4 Handvoll Belugalinsensprossen (2½ EL Belugalinsen 8–12 Std. einweichen, 3–5 Tage keimen lassen; siehe Seite 30 ff.)
1–2 Zwiebeln
1–3 Knoblauchzehen
1 cm frischer Ingwer
2–3 Karotten
2 kleine Zucchini
2 Stangen Staudensellerie
½–1 kleiner Blumenkohl
½–1 kleiner Romanesco
2 Handvoll Zuckererbsenschoten
2–4 Handvoll Trompetenpfifferlinge *oder* Shiitake-Pilze
1–4 TL Kokosöl
1–3 TL (Kreuz-)Kümmel
ca. 1½ l Wasser
1 Lorbeerblatt
1–4 EL Suppenwürze-Pulver
frisch gemahlener schwarzer Pfeffer
1 Bund Petersilie

Quinoa

200 g Quinoa (2–6 Std. einweichen)
200–400 ml Wasser
1 TL Suppenwürze-Pulver
10 Safranfäden (wahlweise)

Gourmet-Spieß

200 g Tempeh *oder* lacto-fermentierter Tofu
3–4 EL Kokosblütenzucker
1 EL Kokosnuss-Aminos *oder* Apfelessig
frisch gemahlener Wilder Madagaskarpfeffer
1–4 TL Kokosöl

ca. 35 Minuten   Holzspieße

So einfach geht's:

Suppe Die Zwiebeln in dünne Ringe, Knoblauch in dünne Scheiben schneiden. Ingwer schälen und fein hacken. Karotten, Zucchini und Sellerie würfeln. Blumenkohl und Romanesco in mundgerechte Röschen zerteilen.

Zuckererbsenschoten halbieren oder ganz verwenden, Pilze vierteln oder in dickere Scheiben schneiden.

Kokosöl in einer Pfanne erhitzen und die Zwiebelringe unter Rühren glasig andünsten. Knoblauch, Ingwer, Pilze, hinzufügen und etwa 3 Minuten mit andünsten, Pilze wieder aus der Pfanne nehmen, in ein Schüsselchen geben und beiseitestellen. Karotten, Kümmel und Zucchini hinzufügen und 3 Minuten mitdünsten. Wasser dazugeben, Blumenkohl, Romanesco, Zuckererbsen, Sellerie und Lorbeerblatt hinzufügen. Das Ganze aufkochen lassen und Suppenwürze hinzugeben und das Ganze zugedeckt 5 Minuten köcheln lassen. Die Suppe von der Herdplatte nehmen und 10 Minuten ziehen lassen, mit Pfeffer abschmecken und die Pilze wieder dazugeben.

Quinoa gut spülen und mit Wasser und Suppenwürze in einem Topf zum Kochen bringen. 5 Minuten kochen, dann 10 Minuten im geschlossenen Topf ziehen lassen, Safran unterrühren und das Ganze noch einmal 5 Minuten ziehen lassen.

Spieße Tempeh oder Tofu in Würfel schneiden. Kokosblütenzucker, Kokosnuss-Aminos oder Apfelessig sowie Pfeffer vermengen, die Würfel hinzugeben und mindestens 5 Minuten darin marinieren, anschließend in einer Pfanne im Kokosöl anbraten.

Anrichten Die Petersilienblättchen von den Stängeln zupfen. Die Suppe in Schüsseln geben, die Petersilienblätter und Sprossen hineinrühren. Quinoa in kleine Schälchen füllen oder direkt in die Suppe geben. Karamellisierte Tempeh- oder Tofuwürfel auf Holzspieße stecken und quer über die Schüssel auf den Rand legen.

Tipps:

Je länger die Quinoa aktiviert oder sogar gekeimt wurde, desto kürzer ist die Kochzeit. (Sie kann bei nur wenigen Minuten liegen.) Du kannst die Spieße auch im Backofen bei 150 bis 180 °C etwa 20 Minuten backen (Heiß-/Umluft; siehe Infokasten Seite 113) oder ungefähr 5 Stunden zum enzymfreundlichen Garen bei 42 °C in den Dörrautomaten geben.

Die Suppe ist abgedeckt im Kühlschrank mehrere Tage haltbar. Die Belugalinsensprossen und die Petersilie kannst du bei den Mahlzeiten dann jeweils frisch dazugeben.

Power-Crêpes mit Gemüse-Pilz-Füllung

Aktivierte Buchweizen-Crêpes mit Linsensprossen & Vitalpilzen

Eine tolle, gesündere und leichte Alternative zu konventionellen Crêpes – und dabei so köstlich deftig! All die frischen Zutaten und probiotischen Kulturen sättigen und bauen auf, ohne nach dem Essen müde zu machen.

Für 2 große Crêpes

2 **AngelikA's aktivierte Buchweizen-Crêpes** (Rezept Seite 121)

Gemüse-Pilz-Füllung

- 2–4 Handvoll Sprossenmischung **Linsensprossen-Trio-Mix** (3–6 EL Keimsaat 12–24 Std. einweichen, 3–5 Tage keimen lassen, siehe Seite 40, 30 ff.)
- 1 rote Zwiebel
- 2–3 Handvoll Pfifferlinge *oder* Shiitake-Pilze *oder* Pilze nach Wahl
- 2 kleine Zucchini
- 1–2 Knoblauchzehen (wahlweise)
- 1 Handvoll Petersilie
- 1–4 TL Kokosöl (zum Andünsten)
- 1 TL Kümmel
- 1–3 TL Suppenwürze-Pulver
- 2–3 TL Senf
- 100 ml **Secret Wild Sauce** (Rezept Seite 116)
- 50–150 ml Wasser (nach Bedarf)
- frisch gemahlener Wilder Madagaskarpfeffer

Zutaten deiner Wahl

- 2 Handvoll Rucola *oder* Rucola-Mikrogrün (siehe Tabelle Seite 35 ff.)
- 2 EL Pinienkerne
- einige entkernte Oliven (wahlweise)

Deko

1 Handvoll Sprossen *oder* Mikrogrün nach Wahl; 1 Handvoll Rucola, Kräuter, Wildkräuter; essbare Blüten (z. B. Borretsch, Kapuzinerkresse); 1 Schuss Olivenöl, frisch gemahlener schwarzer Pfeffer

ca. 30 Minuten   Hochleistungsmixer

So einfach geht's:

Füllung Zwiebel fein würfeln, Pilze in Scheiben und Zucchini in kleine Würfel schneiden. Knoblauchzehen fein reiben, Petersilie fein hacken.

Kokosöl in einer Pfanne erhitzen, Zwiebeln darin glasig andünsten. Knoblauch, Kümmel und Zucchini hinzufügen und bei mittlerer bis hoher Hitze etwa 5 Minuten unter Rühren mitdünsten. Suppenwürze, Senf und Pilze hinzufügen und weitere 5 Minuten dünsten.

Den Herd ausschalten, die Füllung ein wenig abkühlen lassen und Linsensprossen-Mix und Sauce unterrühren. Bei Bedarf etwas Wasser in die Sauce einrühren, um die gewünschte Konsistenz zu erreichen. Mit Pfeffer abschmecken. Zum Schluss die Hälfte der Petersilie unterrühren.

Anrichten Jeweils die Hälfte der Füllung auf den Crêpes verteilen, mit der restlichen Petersilie und allen weiteren Zutaten für die Füllung belegen. Eine Hälfte der Crêpes über die andere klappen und genießen.

Tipps:

Natürlich kannst du für die Füllung auch lacto-fermentierten Tofu oder andere pflanzliche Fleischersatz-Produkte verwenden. **HighVibe-Hummus** (Rezept Seite 230 f.) passt ebenfalls super dazu.

Anstatt die eine Hälfte der Crêpes über die andere zu klappen, kannst du die Füllung auch mittig platzieren und rundherum Sprossen, Mikrogrün, Rucola und alle weiteren Zutaten verteilen.

RAW Yin- & Yang-Wraps

mit Sprossen, frischem Gemüse, aktivierten Kernen & leckerer Sauce

Diese Wraps sind kulinarische Geschmackserlebnisse, sättigen, ohne müde zu machen, und schenken jede Menge Energie und Kraft für den Tag.

Für 2 Wraps

2 **Ultimative Veggie-Wraps** (Rezept Seite 118)

YIN-WRAPS

Füllung

4 Handvoll Sprossenmischung **Angi's ZEN-Mix** (1½ EL Keimgut 8–12 Std. einweichen, 6 Tage keimen lassen; siehe Seite 39, 30 ff.)

½ Handvoll Mandeln (8–24 Std. einweichen; mit *oder* ohne Haut verwenden), in Scheiben geschnitten

Fruchtfleisch von 1 Avocado, in dünne Streifen geschnitten und mit etwas Zitronensaft beträufelt

¼ Fenchelknolle, in dünne Streifen geschnitten

¼ Salatgurke, in dünne Scheiben geschnitten

1–2 Karotten, fein geraspelt

1 Bund frischer Dill, fein gehackt

1–2 TL Suppenwürze-Pulver

frisch gemahlener Wilder Madagaskarpfeffer

Sauce

Angi's Sauce Tatar (Rezept Seite 219) *oder* Sauce nach Wahl

YANG-WRAPS

Füllung

4 Handvoll Sprossenmischung **Sprossit-Mix** (etwa 1½ EL Keimgut 8–12 Std. einweichen, 5–6 Tage keimen lassen; siehe Seite 41, 30 ff.)

1 Handvoll geschälte Sonnenblumenkerne (8–12 Std. einweichen)

Fruchtfleisch von 1 Avocado, in dünne Streifen geschnitten und mit etwas Zitronensaft beträufelt

1 reife Ochsenherztomate, in dünne Scheiben geschnitten, *oder* 6–10 Cocktailtomaten, geviertelt

½ gelbe Paprikaschote, ohne Kerne in dünne Streifen geschnitten

8–10 entkernte Oliven, in feine Scheiben geschnitten

6–10 Kapern, fein gehackt

1 Bund frischer Basilikum, die Blätter von den Stängeln abgezupft

Sauce

Secret Wild Sauce (Rezept Seite 216) *oder* **Sacred Wild Sauce** (Rezept Seite 216), **HighVibe-Pesto** (Rezept Seite 218) *oder* **Zedernuss-ProbioMajo** (Rezept Seite 224)

ca. 15 Minuten Gemüsehobel

So einfach geht's:

Die Wraps zuerst etwas neben der Mitte in einer Linie mit Sprossen und dann mit den anderen Zutaten für die Füllung belegen.

Die Wraps eng zusammenrollen und zum Verschließen mit etwas Wasser oder Zitronensaft anfeuchten, wodurch sie besser zusammenhalten. Wraps in der Mitte quer durchschneiden. Die Sauce jeweils in zwei Schüsselchen füllen, auf den Tellern platzieren und das Gericht beliebig dekorieren.

Tipp:

Statt Wraps kannst du auch als gekochte Variante **AngelikA's aktivierte Buchweizen-Crêpes** (Rezept Seite 121) verwenden.

Deko-Tipps:

Eine extravagante und leckere Deko für die Yin-Wraps ist die Sprossenmischung **Femme Divine Mikrogrün-Mix** (siehe Seite 40).

Zu den Yang-Wraps passt der **Mediterrane Mikrogrün-Mix** (siehe Seite 40) als Deko gut.

Party-Tipp:

Richte die einzelnen Zutaten für diese HighVibe-Crêpes in Buffetform auf dem Tisch an, sodass sich deine Gäste ihre Füllung selbst zusammenstellen können.

„La vie est belle"-Tarte Provençal

mit Buchweizenkeimlingen, aktivierten Basilikumsamen & -mikrogrün

Einen Gang zurückschalten, tief durchatmen und diese sättigenden, aufbauenden und beschwingenden Tartes mit mediterranem Flair, sonnengeküssten Zutaten und den kulinarischen Schätzen Südfrankreichs genießen: Das Leben ist schön! ☺

Für 4 kleine Tartes

Boden

80–100 g geschälter Buchweizen (4–8 Std. einweichen, 12–24 Std. keimen lassen; siehe Seite 30 ff.)
1 kleine Handvoll entkernte schwarze Oliven
2 entkernte Medjool-Datteln
1 TL getrocknete Kräuter der Provence
½–1 TL Probio-Kulturen (alternativ siehe Infokasten Seite 76)
1 Prise Suppenwürze-Pulver *oder* Salz
etwas Olivenöl (zum Bestreichen der Formen)

Creme

150 ml **Sacred Wild Sauce** *oder* **Secret Wild Sauce** (Rezepte Seite 216)
2–4 getrocknete, in Öl eingelegte Tomatenstücke
2 EL Zedernüsse *oder* Pinienkerne (2–8 Std. einweichen, ggf. dehydrieren; siehe Seite 26 ff., 112 ff.)
1–2 EL Basilikumsamen
1–2 EL Olivenöl
1–2 TL Senf
1–2 TL Zitronensaft
frische Kräuter (Thymian, Oregano, Basilikum ...)
frisch gemahlener schwarzer Pfeffer

Topping

1 Handvoll Basilikummikrogrün (wahlweise; 1 EL Samen 2–4 Std. einweichen, 12 Tage keimen lassen; siehe Seite 32 ff.)
4 getrocknete, in Öl eingelegte Tomatenstücke
3–4 EL Zedernüsse *oder* Pinienkerne
etwas Olivenöl und Zitronensaft

Deko

2 kleine Zucchini (1 Prise Kräutersalz *oder* Suppenwürze-Pulver), Fruchtfleisch von ½ Avocado und etwas Zitronensaft (zum Beträufeln) für die Rosenblüte; frisch gemahlener schwarzer Pfeffer, Salz und Suppenwürze-Pulver, 2–3 EL frische Kräuter (Thymian, Oregano, Basilikum ...)

ca. 40 Minuten

Mixer/Küchenmaschine, 4 Törtchenformen mit Hebeboden (Ø 8 Zentimeter)
Gemüsehobel

So einfach geht's:

Creme Die getrockneten Tomaten klein schneiden, Zeder- oder Pinienkerne fein hacken. Alle Zutaten unter die Sacred Wild Sauce rühren, das Ganze mit Pfeffer abschmecken, ungefähr 15 Minuten bei Zimmertemperatur stehen lassen und danach mindestens 15 bis 30 Minuten zum Festwerden in den Kühlschrank stellen.

Boden Alle Zutaten stückig zerkleinern. Die Törtchenformen mit etwas Olivenöl bestreichen, den Teig gleichmäßig darin verteilen und ein wenig festdrücken. 15 Minuten in den Kühlschrank stellen.

Zucchini-Avocado-Rosenblüte Die Zucchini der Länge nach in dünne Scheiben hobeln, etwas Suppenwürze oder Kräu-

Tipps:

Warme Tartes erhältst du, indem du die Tarte-Böden (etwa 15 Minuten bei 42 °C im Dörrautomaten oder im Backofen bei 50 °C (Heiß-/Umluft; siehe Infokasten Seite 113) erwärmst. Das Topping gibst du anschließend darauf.

Liebst du den Boden knusprig? Stell die Formen mit Teig 2 bis 4 Stunden bei 42 °C in den Dörrautomaten oder bei 50 °C in den Backofen (Heiß-/Umluft; siehe Infokasten Seite 113), löse die Böden anschließend vorsichtig aus den Formen und lasse sie noch einmal 12 bis 18 Stunden im Dörrautomaten oder Ofen trocknen, bis die gewünschte Konsistenz erreicht ist.

Diesen Teig kannst du auch als Basis für würzige Cracker und Rohkostbrot verwenden.

Gourmet-Tipp:

(nicht *highvibe*): Gut gereifter Balsamico (cremig), Balsamicocreme oder karamellisierter Tempeh (siehe **Grüne Waldsuppe**, Rezept Seite 136 f.) passen hier perfekt dazu.

tersalz in die Scheiben einmassieren und das Ganze 2 bis 3 Minuten stehen lassen. In der Zwischenzeit das Avocadofruchtfleisch längs in dünne Scheiben schneiden, diese mit etwas Zitronensaft beträufeln. Die kleinste Zucchini-Scheibe eng aufrollen, dann die nächst größere darum herumwickeln, dann werden 1 bis 2 der kleineren Avocadoscheiben (mit der gewölbten Seite nach oben) verwendet und weiter abwechselnd 1 Zucchini- und 1 Avocadoscheibe genommen, sodass eine Rosenblüte entsteht. Für 1 Blüte verwendest du etwa die Hälfte einer kleinen Zucchini und ein Achtel der Avocado. Stelle auf diese Weise 4 Blüten her.

Anrichten Die Tomatenstücke fein schneiden. Die Tortenböden vorsichtig aus den Formen heben, auf den Tellern platzieren und mit der Creme befüllen, je 1 „Blüte" in die Mitte setzen, um sie herum Tomatenstückchen, Pinien- oder Zedernüsse und gehacktes Basilikummikrogrün streuen. Nach Belieben mit Pfeffer, Salz oder Suppenwürze und fein gehackten Kräutern bestreuen, mit Olivenöl und Zitronensaft beträufeln.

4. Sweet Life

Sich genährt, geliebt & wohlfühlen

> **„Kannst du dich erinnern, wer du warst, bevor die Welt dir erzählt hat, wer du sein sollst?“**
> ***Danielle LaPorte***

Wir alle wollen uns geliebt, verbunden und genährt fühlen, das Leben genießen ..., und dazu gehören natürlich auch wohltuende, leckere Lebensmittel, die wir mit all unseren Sinnen genießen und die uns auf jeder Ebene nähren. In diesem Kapitel werfen wir auch einen Blick auf das, was uns über das Essen hinaus auf anderen Ebenen „nährt“, was uns erfüllt und unserer Seele guttut. Du erfährst zudem das Wichtigste zum Thema „HighVibe-Lifestyle“.

Essen hält Leib und Seele zusammen

Unsere ersten Lebensjahre sind prägend für unser späteres Essverhalten und dafür, wie wir Emotionen verarbeiten. Als Fötus sind wir versorgt mit allem, was wir brauchen. Wir sind verbunden. Werden wir nach der Geburt gestillt, liegen dabei sicher in den Armen unserer Mutter, spüren ihre Wärme und Liebe, so erfahren wir Geborgenheit, Urvertrauen und Verbundenheit. Unser Körper wird von dem Mutter-Kind-Hormon Oxytocin (auch „Kuschelhormon“ genannt) durchströmt, und wir fühlen uns körperlich, emotional und seelisch genährt.

Wenn Essen emotionalen Hunger stillen soll ...

Soll uns Essen in der Kindheit beruhigen, belohnen, trösten, aufputschen oder ablenken? Dann wird unser Verlangen nach Essen fortan nicht unbedingt von echtem, sondern von emotionalem Hunger beeinflusst. „Innere Leere“ wird mit Essen oder anderen Suchtmitteln „gefüllt“. Ein Klassiker ist hier die Schokolade als „Seelentröster“. Zudem gibt es Bakterien in unserem Darm, die beeinflussen, zu welchem Essen wir greifen. Industrielle Nahrungsmittel, Süßigkeiten und Zucker können uns abhängig machen. Bart Hoebel (1935–2011), Professor für Psychologie an der *Princeton University*, konnte zeigen, dass solche Nahrung unser Gehirn ähnlich wie Heroin und Kokain beeinflusst.[70] – Was wir essen, beeinflusst also, wie wir uns fühlen, und wie wir uns fühlen beeinflusst wiederum, was wir essen wollen.

Vielleicht hast du dir Ernährungsgewohnheiten angeeignet, die zwar normal, für dich aber nicht gesund sind. Es kann natürlich auch so sein, dass deine derzeitige Arbeits- oder Lebensweise es dir nicht ermöglicht, dann zu essen, wenn es gut für dich wäre.

Die Süße des Lebens erfahren

Um herauszufinden, worin für dich die Süße des Lebens liegt, kann es hilfreich sein, die folgenden Bereiche zu beleuchten:

Dankbar sein – „Bless your Food“: In welcher Stimmung und Schwingung bereitest du dein Essen zu und nimmst es zu dir? Wir wollen *GoodVibes* only. Und so hilft es, dich vor dem Essen zu besinnen und einzustimmen, dich vom Alltagsgeschehen bewusst abzuwenden und das Essen in Dankbarkeit zu genießen. Segne deine Speisen, das ist nichts Religiöses. Ich sage oder denke mir oft einfach nur „Danke“ oder singe „Yammmiiii“ oder „Ohm“ oder bin einfach, in Stille in meiner Herzenergie. Es ist einfach wunderbar, in Frieden, Liebe und Dankbarkeit zu sein und zu essen. Du bist, was und wie du isst – wähle also weise.

Bewusst essen: Es ist gut, in Ruhe zu essen. Sind wir gestresst, ist der *Sympaticus* aktiviert – der Teil des vegetativen Nervensystems, der unseren Körper auf die Kampf-oder-Flucht-Reaktion vorbereitet. Und so können wir unsere Speisen kaum entspannt genießen und verdauen. Wahre Wunder wirkt ein Entspannungs- und Verdauungsmodus, in dem der *Parasympathicus* aktiv ist. Und nicht vergessen: Gut gekaut ist halb verdaut. ☺

Dein Umfeld ist wichtig: Unsere Umgebung und die Menschen, mit denen wir essen, haben einen Einfluss darauf, wie wir uns fühlen, wie wir verdauen und wie der Körper die Nährstoffe aufnimmt. Aus dem Tierreich ist bekannt, dass gemeinsam zu essen zur Ausschüttung des „Kuschelhormons“ Oxytocin führt.[71] Sprechen sollten wir bei Tisch über positive und angenehme Themen. Je mehr Natur uns dabei umgibt, desto besser: Pflanzen helfen uns, uns so richtig wohlzufühlen. Sowohl die Farbe Grün als auch die natürlichen Formen von Blättern und Blüten und das Mikroklima, das die Pflanzen schaffen, haben eine positive Wirkung auf uns. Picknicke oder iss, wenn das Wetter es erlaubt, im Garten, auf deiner Terrasse oder deinem Balkon. Dekoriere deine Speisen mit essbaren Blüten, Früchten, Wildkräutern und Blättern (frisch vom Baum; siehe „Dein Wildkräuter-Guide“, Seite 190 ff.): Auch das verbindet dich mit allem Lebendigen.

HighVibe-Foods für süße Augenblicke im Leben

Es gibt eine ganze Reihe von wohltuenden Lebensmitteln, die Süße in unser Leben bringen – und das auf einer gesunden HighVibe-Ebene. Genieße mit

Übung: Im eigenen Rhythmus essen

Nimm dir sieben Tage lang die Freiheit, so zu essen, wie es deinem persönlichen Rhythmus entspricht. Egal ob du intermittierend fastest (siehe Seite 186) oder drei regelmäßige Mahlzeiten zu dir nimmst, es gibt kein „richtig“ oder „falsch“. Trinke ausreichend Flüssigkeit (siehe „Dein Wasser-Guide“, Seite 69 ff.), und iss nur, wenn du ein natürliches Hungergefühl hast. Iss in Ruhe und konzentriere dich voll und ganz auf deine Mahlzeit. Achte darauf, wie es dir rundum geht: Wie gut und tief schläfst du? Wie frisch und munter wachst du auf? …

Schreibe deine Gefühle, deine Beobachtungen, deine Erkenntnisse in dein HighVibe-Tagebuch. Gibt es etwas, das du an deinem Lebensrhythmus verändern möchtest?

Dich selbst nähren – Ein liebevoller Blick auf deine Bedürfnisse

Wie wunderbar, dass es Lebensmittel (wie Schokolade) gibt, die sich erwiesenermaßen positiv auf unsere Stimmung auswirken. Doch wenn wir z. B. verstimmt, niedergeschlagen oder traurig sind und versuchen, uns durch Essen wieder besser zu fühlen, ohne die Ursache für unser Unwohlsein zu verändern, ist das problematisch. Hier ein paar Hinweise, die dich unterstützen, dich selbst zu nähren:

- Achte vor dem Essen darauf, warum du essen möchtest, was du wirklich brauchst. Beobachte, wie du dich vor, während und nach dem Essen fühlst und welche Gedanken dir durch den Kopf gehen. Was würde das zugrunde liegende Bedürfnis wirklich stillen? Fühlst du dich beispielsweise müde, dann gönn dir eine Pause. Fühlst du dich allein, dann meditiere oder triff dich mit Freunden. Bist du unruhig, dann treibe Sport. Suchst du eine Lösung für ein Problem, dann geh in der Natur spazieren, lese, zeichne oder meditiere. Bist du gestresst, nimm ein Vollbad oder gönne dir eine Yoga-Session.
- Wirf einen liebevollen Blick auf die wahren Ursachen, bekämpfe nicht die Symptome. Und: Nimm den Druck raus. Es geht um deinen inneren Frieden, um Freiheit und Fülle. Und wenn du isst, tue es bewusst und genieße jeden Bissen. Versüße dir dein Leben mit dem, was dich wirklich nährt. Gönn dir Wohlfühlmomente. Tu, was dich wirklich erfüllt und glücklich macht. Genieße dein Leben.
- Erfahre, wie befreiend und nährend ist es, einfach du selbst zu sein ... so, wie du als kleines Kind warst. Erinnere dich daran, wer du wirklich bist. Höre auf dein Herz und folge deiner Intuition. Lebe deine Kreativität: Kreiere, schreibe, singe, tanze, male ... Sei in Verbindung mit dem Leben selbst – das ist der „süßeste Nektar" überhaupt.

all deinen Sinnen und lass dich dabei auf jeder Ebene nähren ... für einen Genuss ohne Reue. Und so stelle ich dir im Folgenden meine süßen Favoriten unter den hochschwingenden Lebensmitteln vor:

Die besten SweetLife-Foods sind ...

1. **Essbare Blüten**, ihre Formen, Farben und Düfte, wirken unterschiedlich (siehe „Dein Guide der essbaren Blüten", Seite 154 ff.).
2. **Ätherische Öle** enthalten das ganze Potenzial der Pflanze in konzentrierter Form und wirken so auf Körper, Geist und Seele. Wenn wir Lebensmittel mit ihnen aromatisieren, beschenken uns die Öle mit wohltuenden Düften, Geschmack und Energie. Achte hier stets auf Qualität und richtige Anwendung (siehe „Dein Guide der ätherischen Öle", Seite 158 ff.). In der HighVibe-Küche kannst du Getränke, Saucen, Cremes, Dips, Desserts, Speiseöle ... mit ätherischen Ölen aromatisieren und energetisch aufwerten.
3. **Reif geerntete, saisonale, frische Früchte** sind hochschwingende Lebensmittel. Sie enthalten „lebendiges" Wasser, aktive Enzyme, wertvolle Nähr- und Vitalstoffe und jede Menge Lebensenergie. Wilde Früchte und alte Sorten sind kultivierten vorzuziehen. Lass die Finger von hybriden Sorten, wie Weintrauben ohne Kerne, und überzüchteten Sorten. HighVibe-Früchte sind Kokosnuss, wildwachsende Beeren (Aroniabeeren, Berberitzen, Blaubeeren, Erdbeeren, Heidelbeeren, Himbeeren, Preiselbeeren, Stachelbeeren ...), alte Obstsorten (Apfel, Birne, Granatapfel ...), Feigen, Kaki, Kaktus-

feige, Kiwi, tropische Früchte (Ananas, Durian, Litschi, Mango, Mangostane [*Garcinia mangostana*], Papaya ...).

Iss Früchte auf leeren Magen, damit sie nicht im Darm gären (mehr zum Thema „Food-Kombinationen“ siehe Seite 187 f.).

4. **Süße Gewürze:** Dem Samen vom **Tonkabohne**nbaum (*Dipteryx odorata*) werden schützende, glücksbringende und aphrodisierende Wirkungen nachgesagt. Sein Aroma ist blumig-süß, einzigartig und erinnert an eine Mischung aus Vanille und Bittermandel. Reibe ein wenig von der Bohne mit einer Muskatreibe in Süßspeisen und Desserts (**Pachamama BlissCake**, Rezept Seite 170 f.; **Karamellisierte HighVibe-Nüsse & -Kerne**, Rezept Seite 116).

   Die Bohne enthält Cumarin, einen sekundären Pflanzenstoff, der in höheren Konzentrationen gesundheitsschädlich sein kann. Da beim Fermentieren der Cumarin-Gehalt sinkt, sind in Europa nur fermentierte Bohnen erhältlich. Kleine Mengen Tonka wirken entzündungshemmend, beruhigend und krampflösend.

   Vanille ist eines der beliebtesten und himmlischsten Gewürze. Die Schoten von Orchideen der Gattung *Vanilla* versüßen Desserts , Getränke, Tees ... Früher wurde sie aufgrund ihrer beruhigenden Wirkung auch bei Schlafstörungen verordnet.

   Zimt wird aus der Rinde von Zimtbäumen der Gattung *Cinnamomum* gewonnen, hat ein würzig-süßes Aroma und eine wärmende, wohltuende Wirkung. Es ist im Lebkuchengewürz enthalten und erinnert an die wohlig-warme Winterzeit (siehe **Lebe-Kuchen-Smoothie,** Rezept Seite 172 f.). Weitere HighVibe-Gewürze sind **Kardamom** und **Muskatnuss**.

5. **Kräuter und Wurzeln:** Die **Süßholzwurzel** hat uns das Leben seit Generationen versüßt und war bereits in der Antike für ihre wärmende Wirkung bekannt. Sie süßt 50-mal mehr als Zuckerrohr und ist zudem ideal zum Aromatisieren von Tee und Süßspeisen.

   Stevia (*Stevia rebaudiana Bertoni*) ist ein Kraut mit 20- bis 30-mal mehr Süßkraft als Zuckerrohr. Verwende am besten frische oder getrocknete Blätter – für Smoothies, Säfte, Tees, Limonaden ... oder das grüne Blattpulver für Saucen, Smoothies ... Stevia kannst du im Garten oder auf dem Balkon anpflanzen. Ihr Nachgeschmack ist leicht bitter.

   Stevia-Extrakte oder weiße Pulver sind oft hochverarbeitet und nicht zu empfehlen.

   Ein weiteres Kraut, das die Süße des Lebens ist die **Zitronenmelisse**. In der Naturheilkunde traditionell eingesetzt, wo rhythmische Abläufe gestört sind (bei Depressionen,

Erkältung, Herzbeschwerden, Kopfschmerzen, Magen-Darm-Leiden, Menstruationsbeschwerden, Schlafstörungen, Unruhezuständen ...), hat dieses Kraut einen angenehmen, sanften, erfrischenden und aromatischen Geschmack und wirkt beruhigend und entspannend auf das Nervensystem. Frische Zitronenmelisse ist perfekt für HighVibe-Limonaden, als Zugabe für Smoothies, Säfte, Desserts und als leckere Deko für allerlei Speisen geeignet.

Der HighVibe-Lifestyle: Nahrung für die Seele

Es sind nicht nur Lebensmittel, die uns nähren. Im Folgenden erfährst du, wie du die HighVibe-Ernährung und den -Lifestyle in deinem Alltag umsetzen kannst.

Für ein erfülltes Leben ist es allerdings gut, auf allen Ebenen genährt zu sein:

Übung: Live your bliss!

Lebst du wirklich, wie du leben möchtest? ... Was nährt deine Seele und erfüllt dich voll und ganz? ... Wann fühlst du dich am Glücklichsten, am Lebendigsten? ... Was bringt deine Augen zum Leuchten und dein Herz zum Tanzen? ... Wie kannst du ab jetzt mehr davon in dein Leben integrieren? Befreie dich mental und gehe den ersten Schritt: It's time to live your bliss.

Schreibe deine Erfahrungen in deinem HighVibe-Tagebuch nieder.

- **Körperliches Wohlbefinden:** Dein Körper ist der Tempel deiner Seele und das Fahrzeug, mit dem du durch das Leben fährst. Achte also gut auf ihn, bewege ihn, nähre ihn.
- **Geistiges Wohlbefinden:** Deine innere Haltung, eine positive innere Grundeinstellung zum Leben und zu dir selbst, spielt hier eine wichtige Rolle. Glaub nicht alles, was du denkst, und richte deinen Fokus auf Lösungen.
- **Emotionales Wohlbefinden:** Positive Emotionen (Dankbarkeit, Freude, Liebe) beschwingen dich und schenken dir Kraft. Deine eigenen Schattenseiten bewusst aufzuarbeiten und zu transformieren ist hier äußerst wichtig.
- **Seelisches Wohlbefinden:** Lebe, denke, sprich und handle von Herzen und im Einklang mit deiner Intuition. Lass deine Energie fließen. Lebe deine wahre Essenz.
- Etabliere **tägliche Gewohnheiten** in deinem Leben, die deine Gesundheit und deine Zufriedenheit fördern. Nimm dir Zeit für dich, denn du bist der wichtigste Mensch in deinem Leben.
- **Praktiken des HighVibe-Lifestyles:** Dich zu erden (siehe Seite Infokasten Seite 105), ein Waldbad (siehe Infokasten Seite 111) oder ein Eisbad zu nehmen, zu schwimmen (im Meer, in Flüssen, Seen ...), Infrarotbestrahlungen (am besten *far infrared rays** wie bei Infrarot-

* Langwellige Infrarotstrahlung, auch FIR genannt (***far infrared rays***) ist ein Teil des Sonnenlichtspektrums, unsichtbar für das menschliche Auge. Im Gegensatz zu UV-Licht ist FIR unschädlich

matten; Bezugsquellen siehe *www.highvibefood.de*), ganzheitliche Massagen und Körperbehandlungen, Fasten (siehe Seite 185 f.), Meditation, Kontemplation, Sonnenbaden etc. unterstützen ein erfülltes, zufriedenes Leben.

- **Umfeld:** So natürlich wie möglich, im Einklang mit der Natur und ihrem natürlichen Rhythmus zu leben, frei von Umwelt- und Strahlenbelastung (dich zu schützen; siehe Seite 72 f.), lässt dich auf allen Ebenen wohlfühlen.
- **Soziale Umgebung:** Gesunde Beziehungen, mit Menschen verbunden zu sein und deinen Teil zu ihrem Leben beizutragen, ist gesund.
- **Lebenssinn & Berufung:** Je mehr du tust, was dir entspricht, umso zufriedener, erfüllter und meist auch beschwingter wirst du dich fühlen. Deine Energie kann frei fließen und sich durch dich in der Welt ausdrücken.

Praxis-Tipps für den Alltag:

- **Du bist einzigartig** – wie wir alle. Jeder von uns hat andere Bedürfnisse. Ein HighVibe-Leben bedeutet nicht, dass du alles perfekt machen musst. Du veränderst dich täglich und mit dir deine Ernährung. Keinesfalls musst du dich sofort und vollkommen *highvibe* ernähren ... zu 50 bis 80 Prozent, das ist schon prima. Dasselbe gilt für den HighVibe-Lifestyle. Es geht um dich, *nicht um die richtige Lebensphilosophie.* Bleib frei in deinem Leben! ☺

Ernährung & Bewusstsein

Was wir essen, wirkt sich auf unsere Schwingung, unseren Energiehaushalt und damit auf unseren Geist und unser Bewusstsein aus. Je mehr ordnende Lebensenergie in unserer Nahrung steckt, desto mehr Energie fließt durch den Körper und desto mehr leuchtet das „innere Licht". Neben hochschwingenden Lebensmitteln sind auch Lifestyle-Praktiken (siehe Seite 150 ff.) förderlich.

Unser physischer Körper ist der „Bruder Esel", auf dem unsere Seele durchs Leben reitet, deshalb: Kümmere dich gut um ihn, das wirkt sich auf alle Dimensionen deines Seins aus. Hochschwingende Speisen, Bewusstseinsarbeit und Fastenzeiten haben einen energiegebenden und ordnenden Effekt und fördern die Entwicklung deines Bewusstseins, sie unterstützen den Transformationsprozess.

- **Der erste Schritt:** All die Informationen, Inspirationen, Rezepte und Tipps in diesem Buch öffnen dir die Tür zur faszinierenden HighVibe-Wunderwelt. Es gibt viel zu entdecken. Deine Ernährung und Lebensweise nach und nach umzustellen wird dich beschwingen und dein Leben positiv beeinflussen. Was dich anzieht und interessiert, das setzt du um. Feiere deine Erfolge und gehe dann weiter. Mach Pausen, atme tief durch, besinne dich.
- **Eine ganz natürliche Transformation:** HighVibe-Ernährung und -Lifestyle machen dich feinfühliger, auch für die Qualität deiner Lebensmittel, und dein Geschmackssinn wird feiner werden. Nimm wahr, wie beschwingend sich diese Ernährung und Lebensweise jetzt und langfristig auswirken.

Hygge – Wohlfühlzeit mit heilendem Effekt

Hygge gehört zur dänischen Tradition und Lebensweise und bedeutet im Wesentlichen: eine gemütliche, herzliche Atmosphäre, in der man das Gute des Lebens zusammen mit lieben Menschen genießt. Dieses Gefühl von Geborgenheit, Zufriedenheit und Entspannung. *Hygge* kann auch ein Ritual, eine Wohlfühlzeit für Körper, Geist und Seele sein, bei dem/der wir uns entspannen und Kraft tanken. Es kann gutes Essen und wohltuende Getränke, ein tolles Ambiente und ein herzerwärmendes Miteinander oder eine andere Form von wohltuender Zeit für uns selbst beinhalten. Je nach Jahreszeit ist vielleicht ein wärmender Tee bei Kerzenlicht mit Kuscheldecke das Richtige oder ein Picknick mit den Lieben im Park oder am Strand ... Diese bewusste Wohlfühlzeit wirkt sich positiv auf unser gesamtes Leben und unsere Lebensqualität aus und ist gerade in stressigen oder belastenden Zeiten Gold wert.

Übung: Eine Wohlfühl-Oase schaffen

Schaffe dir Hygge-Augenblicke, Rituale oder Plätze – zu Hause, in der Natur, in dir selbst ... Wie geht es dir? Wie und wann integrierst du diese Augenblicke in deinen Alltag?

Beschreibe deine *Hygge*, deine Bliss-Momente, in deinem HighVibe-Tagebuch.

- **Intuitiv essen und leben:** Unser Körper ist der beste Arzt und Ernährungsberater. Intuitiv zu essen und zu leben bedeutet, auf deinen Körper und deine Seele zu hören und die Wahl deiner Lebensmittel und Aktivitäten flexibel anzupassen. So werdet ihr, du und dein Körper, ein „eingespieltes Team“, und dein Wohlbefinden wird zunehmen.

Wenn du dich für eine HighVibe-Lebensweise entscheidest, wird sich dein Leben verändern. Wichtig ist, dass du den Menschen in deiner Familie und im Freundeskreis freistellst, ob sie sich mit deiner Art, dich zu ernähren, beschäftigen wollen. Bei manchen fängt der Samen früher an zu keimen, bei anderen später, und bei wieder anderen gar nicht. Sorge für dich selbst, und vielleicht inspirierst du andere Menschen mit deinem Leben dazu, sich mit HighVibe auseinanderzusetzten.

Sich *highvibe* zu ernähren und zu leben ist sicher noch nicht im Mainstream angelangt, und daher kann das im Alltag manchmal herausfordernd sein – vor allem auf Reisen, wenn du im Restaurant isst oder wenn dein Arbeitsalltag sehr anstrengend ist. Zudem braucht es Zeit, will man neue Gewohnheiten und neue Praktiken lernen und umsetzen – gib sie dir.

Nach einer Zeit der Eingewöhnung wird dir alles leichter fallen. So spüle ich beispielsweise meine Sprossen, während ich morgens mein Zahnöl ziehe. Das dauert 5 bis 20 Minuten. Am Abend bereite ich das Frühstück (meist Chia-Pudding, Muntere Mandeln) für den nächsten Tag vor. Du wirst sicher deine eigene kreative Routine entwickeln. 🙂

Denkanstoß: Es gibt stets mehr Antworten als Fragen. Suche also nicht nach der *einen*, für alle Menschen richtigen Antwort. Fragen öffnen einen Raum, in dem du einfach lauschen kannst auf das, was dir *deine* innere Stimme *jetzt* sagt.

Hier noch ein paar Ideen, wie du **HighVibe-Foods kreativ in deinen Alltag integrieren** kannst:

- Gourmet-Spaziergänge in der Natur und dabei Wildkräuter zu sammeln ist eine wundervolle Art, dich zu entschleunigen (siehe auch Infokasten Seite 152).
- Mache beim Sport in der Natur Pausen und sammle am Wegrand Zutaten für deinen grünen Smoothie ...
- Spüle deine Sprossen, während du Musik hörst, singst oder tanzt ...
- Frage dich beim Sprossenspülen, wofür du dankbar bist, oder behalte deine Intention des Tages/der Woche im Bewusstsein.
- Lade deine Familie oder Freunde zu einer gemeinsamen Sauerkraut-Party oder Kimchi-Party ein. Zusammen macht es mehr Spaß!
- Bei einer Cracker-Party könnt ihr gemeinsam rohköstliche Cracker für den ganzen Monat oder die kommenden Monate zubereiten.
- Gestalte einen Biogarten oder eine Bioecke auf deinem Balkon oder ziehe Mikrogrün und Gräser in deiner Küche.

Tipp: Sehr wichtig ist der **Austausch mit Gleichgesinnten**: sich gegenseitig bestärken, sich mitteilen, voneinander lernen und gemeinsam wachsen. Deshalb lade ich dich ein, Teil unserer High Vibe-Community zu werden (siehe Seite 239).

In diesem Kapitel erwarten dich Rezepte für süße Köstlichkeiten, beschwingende und wohltuende HighVibe-Foods für dein süßes Leben. ☺

Übung: Checkliste in Sachen „Bewusste Ernährung"

Beantworte folgende Fragen in deinem HighVibe-Tagebuch – mit „Ja" oder „Nein" – einmal in der Woche für dich selbst, um ein Gefühl dafür zu bekommen, wo du gerade in deinem HighVibe-Leben gerade stehst, und achte auf die positiven Veränderungen::

- ❍ Ich bin in puncto „Ernährung" in Einklang mit meinem natürlichen Rhythmus.
- ❍ Ich esse intuitiv und nur, wenn ich wirklich hungrig bin.
- ❍ Ich bereite meine Speisen mit positiven Emotionen zu und genieße sie bewusst.
- ❍ Ich bereite mein Essen in Ruhe und mit Freude zu und nehme sie auch so zu mir.
- ❍ Ich mache ein Dankbarkeits-Ritual vor dem Essen.
- ❍ Ich schaffe eine gute Atmosphäre, ein gutes Ambiente beim Essen (Stille, schöne Musik ...).
- ❍ Ich bin während des Essens *offline* – nur mit mir selbst verbunden (ohne Handy/Tablet/TV/Zeitung).
- ❍ Ich führe bei den Mahlzeiten Gespräche über positive Themen oder genieße die Stille oder angenehme Musik.
- ❍ Ich gönne meinem Körper vor dem Essen ausreichend Flüssigkeit (15 bis 20 Minuten vor dem Essen 1 großes Glas handwarmes Wasser trinken; nicht zu kurz vor dem Essen, während des Essens oder danach trinken).
- ❍ Ich genieße oft eine HighVibe-Vorspeise (wie Mikrogrün, einen Sprossensalat, einen grünen Smoothie, Grassäfte).
- ❍ Ich esse mit den Fingern, mit Besteck aus Holz, Bambus oder Edelstahl.
- ❍ Ich esse weniger und dafür bewusster und kaue gut.
- ❍ Ich genieße die Zeiten, in denen ich nicht esse.
- ❍ Ich achte auf die Kombination der Lebensmittel und die Reihenfolge, in der ich sie zu mir nehme (siehe Seite 187 f.).
- ❍ Ich nehme vorwiegend basische Lebensmittel zu mir.
- ❍ Ich vermeide oder reduziere LowVibe-Foods (siehe Infokasten Seite 15) und verwende schonende Zubereitungsmethoden.

Dein Guide der essbaren Blüten

Blüten sind ein wunderschöner, „beseelter“ Hingucker ... und das Auge isst bekanntlich mit. Nicht zuletzt schenken uns ihre Farben- und Formenfülle Freude. Pflanzen mit wundervollen, essbaren Blüten gedeihen im Garten, auf der Terrasse, auf dem Balkon und in der Natur. Und diese Farbtupfer erfüllen eine wichtige biologische Aufgabe: Sie locken Insekten – wie Bienen, Hummeln, Schmetterlinge – an, damit sie die Blüten befruchten und sich Früchte und später Samen zur Verbreitung der Art entwickeln können.

Allein Blüten anzusehen oder an ihnen zu schnuppern berührt uns tief. Und viele Blüten sind nicht nur eine Augenweide, sondern auch für den Gaumen eine Freude: Je nach Pflanze sind Knospen, ganze Blüten oder Blütenblätter essbar und können in der Küche verwendet werden. Sie sind eine wundervolle Dekoration und haben ein breites Spektrum an Aromen – von zuckersüß bis pfeffrig-scharf –, was in der Küche ein großes Maß an Kreativität zulässt: ein tolles Plus für die HighVibe-Küche.

Alles, was du wissen musst: Die Basics der essbaren Blüten

Mit Blüten aufgehübschte Speisen bringen gute Laune auf den Tisch.

Blüten – mit ihrer Farbenpracht, den feinen Düften, den enthaltenen ätherischen Ölen und den Blütenpollen – haben eine einzigartige beschwingende Wirkung auf uns. Jede Blüte hat eine eigene Signatur und ordnende Wirkung, die sie uns schenkt: ein HighVibe-Food in Reinform also.

In der Naturheilkunde werden essbare (auch getrocknete) Blüten ebenfalls geschätzt: Sie werden als Tee, Aufguss, Tinktur ... verwendet. Ihr Blütenstaub (Pollen) ist seit Tausenden von Jahren als Heil- und Lebensmittel bekannt.

Ernten, aufbereiten, aufbewahren: Wenn du in der **freien Natur** Blüten sammelst, musst du dir stets sicher sein, dass sie genießbar sind. Entweder du kennst dich tatsächlich gut aus oder du nimmst einen Pflanzenführer (in Buchform oder als Kräuterkundigen) mit.

Ernte nicht am Straßenrand, am Hundespazierweg, auf gedüngten Wiesen und in der Nähe von Reben oder Obstbaumplantagen (wo gespritzt wird). Lasse Unbekanntes lieber stehen! Der **Zeitpunkt der Ernte** ist entscheidend: Verblüht oder welk haben Knospen und Blüten meist nur noch wenig Aroma. Idealerweise sammelst du Blüten an einem frühen sonnigen Vormittag, wenn sich die Kelche voll entfaltet haben, legst sie vorsichtig in einen offenen Korb auf ein Baumwolltuch und deckst sie sachte mit einem solchen ab. Verteile die Blüten und Knospen zu Hause noch ½ Stunde auf einem Tisch am besten draußen auf dem Balkon oder der Terrasse, dann können die Insekten fliehen. Vor dem Verwenden solltest du die Blüten vorsichtig abwaschen oder zumindest die Insekten noch einmal gut herauszuschütteln. Ungewaschen in einer Schale mit kaltem Wasser schwimmend, können die Blüten anschließend im Kühlschrank noch einige Stunden lang frisch bleiben.

Praxis-Tipps:

- Natürlich kannst du Pflanzen mit essbaren Blüten auch **selbst anbauen**. Sie brauchen wenig Platz, ein bisschen Zuwendung und gedeihen nicht nur im Garten, sondern auch in einem Kübel, Blumentopf oder Kasten auf deinem Balkon. Die Samen kannst du an einem abgelegenen Ort (siehe oben) sammeln.
- Willst du essbare Blüten **kaufen**, so gehst du am besten in den Bioladen oder zum Biostand auf dem Wochenmarkt.

Verwendung & Rezeptideen: Essbare Blüten sind eine beschwingende Bereicherung auf jeder Ebene und in der Küche vielseitig einsetzbar – frisch, getrocknet, roh, gegart, zu Sirup oder Gelee verarbeitet oder in Essig und Alkohol eingelegt. Kräuter- und Gemüseblüten verfeinern in der Regel herzhafte Gerichte, andere Blüten eignen sich für süße Speisen und Getränke (siehe unten).

Essbare Blüten – Flower-Power auf dem Teller & im Glas!

Zu den essbaren Blüten gehören die der folgenden Pflanzen:

Chrysantheme (*Chrysanthemum*)
Duftgeranie (*Pelargonium*)
Ehrenpreis (*Veronica*)
Flieder (*Syringa*)
Flockenblumen (*Centaurea*)
Gänseblümchen (*Bellis perennis*)
Holunder (*Sambucus*)
Hornveilchen (*Viola cornuta*)
Huflattich (*Tussilago farfara*)
Jasmin (Echter –; *Jasminum officinale*)
Kamille (*Matricaria chamomilla L.*)
Lavendel (*Lavandula*)
Löwenzahn (*Taraxacum*)
Mädesüß (*Filipendula*)
Magnolie (*Magnolia*)
Malve (*Malva*)
Mariendistel (*Silybum marianum*)
Minze (*Mentha*)
Oregano (Echter Dost, *Origanum vulgare*)
Ringelblume (*Calendula officinalis*)
Rosmarin (*Rosmarinus officinalis*)
Rotklee (*Trifolium pratense*)
Schlüsselblume (Echte –, *Primula veris*; stehen unter Naturschutz, deshalb nur gekaufte oder selbst gezogene verwenden)
Stiefmütterchen (*Viola*)
Taubnessel (*Lamium*)
Thymian (Quendel, *Thymus*)
Vergissmeinnicht (*Myosotis*)
Waldmeister (Wohlriechendes Labkraut, *Galium odoratum*)
Weißklee (*Trifolium repens*)

Christ-, Pfingst- und Stockrosen zählen nicht zur Gattung *Rosa* und sind giftig für den menschlichen Körper. Und von manchen Pflanzen sind die Knospen nicht essbar, von anderen Blüten (wie die des Huflattich) sollte nicht zu viel genossen werden. Informiere dich gut.

Würzige Blüten: Ackerhellerkraut (*Thlaspi arvense*), Bärlauch (*Allium ursinum*), Borretsch (*Borago officinalis*), Kapuzinerkresse (*Tropaeolum*), Schafgabe (*Achillea*, getrocknet als Gewürz), Wilder Schnittlauch (*Allium schoenoprasum*), Zucchini (*Cucurbita pepo var. giromontiina*)

Übung: Sonne tanken

Gehe an deinen Lieblingsplatz in der Natur und setze oder lege dich dort in die Sonne. Wähle dafür eine Tageszeit aus, zu der das Sonnenlicht nicht zu intensiv, aber auch nicht zu schwach ist. Verzichte auf Sonnencreme. Ziehe deine Schuhe und so viel Bekleidung wie möglich aus (wenn es die Temperatur erlaubt). ... Spüre die Erde unter deinem Körper bzw. unter deinen Füßen oder deinem Po. ... Nimm 15 bis 20 Minuten lang ein Sonnenbad. Dass die Haut dabei direkt von der Sonne liebkost wird, ist wichtig. ... Beobachte, wie du dich fühlst, wenn du wieder zu Hause bist ... auch in den Stunden nach dem Sonnenbad.

Schreibe deine Erfahrungen in deinem Tagebuch nieder.

HighVibe-Tipps:

- Du kannst Blüten und Knospen, frisch gepflückt, in Limonaden, Tees oder Kaltauszügen, auf Süßspeisen, Salaten, Smoothies ... verwenden. Sie geben jeder Speise das gewisse Etwas.
- Eingefroren in Eiswürfeln sind frische Blüten der Hingucker in sommerlichen Getränken. Dazu die Rechtecke der Eiswürfelform zur Hälfte mit Wasser füllen, dann je 1 Blüte hineinlegen und das Ganze im Gefrierfach anfrieren lassen. Anschließend mit Wasser auffüllen und noch einmal ab ins Gefrierfach damit (so sitzen die Blüten schön mittig) – und fertig ist der **FlowerPower-Eiswürfel.** 😊
- Natürlich kannst du Blüten auch trocknen (siehe „Dein Dehydrier-Guide“, Seite 112 ff.) und für den späteren Gebrauch aufbewahren.
- Viele Knospen, wie Bärlauch und Löwenzahn, kannst du wie Kapern (die Knospen des Kapernstrauchs) einlegen.

Top-Blüten für süße Gerichte

Die Blüten vom **Echtem Mädesüß** (*Filipendula ulmaria*) haben einen intensiven, honig- bis mandelartigen Duft, einen süßlich-herben, marzipanartigen Geschmack und sind ideal zum Verfeinern und Dekorieren von Süß- und Fruchtspeisen sowie Getränken (wie **HighVibe-Limonade**, Rezept Seite 206 f.; **Marzipan-BlissMylk**, Rezept Seite 160). Die Blüten können auch einfach in Wasser oder in einer anderen Flüssigkeit eingeweicht werden und geben so ihre Aromen an die Flüssigkeit ab.

Die **Wilde Malve** *(Malva sylvestris)* mit ihrem milden Geschmack ist eine beliebte Bereicherung für Salate sowie süße (und herbe) Speisen. Gibst du etwa 5 getrocknete Malvenblüten in 200 Milliliter gefiltertes, revitalisiertes Wasser (siehe „Dein Wasser-Guide“, Seite 69 ff.), so färbt sich das Wasser in 10 bis 15 Minuten violett-bläulich: eine tolle Basis für stylische Getränke, Saucen u. v. m. Du kannst auch die **Weg-Malve** (*Malva neglecta*) und die **Rosen-Malve** (*Malva alcea*) verwenden.

Die lieblich duftenden Knospen und Blüten der **Rose** (*Rosa*) sind ein einzigartiges Highlight in jedem Gericht. Sie sind nicht nur schön, sondern auch gesund. Ihnen wird eine entkrampfende, beruhigende, entzündungshemmende Wirkung nachgesagt und sie werden bei Entzündungen,

Magenkrämpfen, Depressionen, Schlafstörungen ... eingesetzt. Grundsätzlich sind alle ungespritzten Wild- und Kulturrosen der Gattung *Rosa* essbar. Du kannst sie frisch oder getrocknet als Deko verwenden und einen rosigen Tee (**Angi's Seelenschmeichler-Tee**, Rezept Seite 161) oder **Aromatisiertes HighVibe-Wasser** (Rezept Seite 159) damit zubereiten.

Außerdem eignen sich **Akazien-** (vorher erhitzen), **Holunder-** und **Veilchenblüten** perfekt für süße Speisen.

Dein Guide der ätherischen Öle

Ätherische Öle stellen die Essenz der Pflanzen dar und haben eine beschwingende und ordnende Wirkung auf Körper, Geist und Seele. Sie sind intensiv im Geschmack und haben eine höhere Schwingung als die Pflanzenteile, aus denen sie gewonnen werden. Manchmal schmecken die Öle auch ein wenig anders als die Pflanze. Du kannst also statt der aromatisierenden Pflanze auch das entsprechende ätherische Öl zum Verfeinern deiner Gerichte verwenden – natürlich vorsichtig, tropfenweise bzw. bei sehr intensiven, sogenannten scharfen Ölen ausschließlich mit der Zahnstochertechnik (siehe Infokasten unten)!

Verwende nur ätherische Öle, die zum Verzehr geeignet, als Nahrungsergänzung deklariert sind und *alle Wirkbestandteile* enthalten (also keine Duftöle). Ein „100 Prozent reines ätherisches Öl aus Bioanbau“ muss nicht alle wirksamen Inhaltsstoffe enthalten. Die Qualität der ätherischen Öle hängt von vielen Faktoren ab (z. B. vom Zeitpunkt der Ernte sowie Druck, Temperatur und Dauer der Destillation etc.; Bezugsquellen siehe *www.highvibefood.de*).

Viele ätherische Öle kannst du tropfenweise in dein Getränk und deine Speise geben, so etwa

- einige Tropfen der ätherischen Öle von Zitrusfrüchten zum Aromatisieren von Saucen, Getränke, Smoothies … je nach Bedarf;
- 1 bis 2 Tropfen Zitronenöl und 1 Tropfen Rosmarinöl auf 1 Liter Wasser zum Trinken;
- 1 bis 2 Tropfen Zitronengrasöl für den Extra-Kick im Curry (für 2 Personen) sowie 1 Tropfen Zitronengras in deinen Smoothie;
- 1 bis 2 Tropfen Basilikumöl (direkt in 200 Milliliter Olivenöl geben), um damit selbst gemachtes Pesto herzustellen,

u. v. m.

Alles, was du wissen musst: Die Basics der ätherischen Öle

Wichtige Hinweise:

- Bei Gekochtem solltest du die ätherischen Öle erst kurz vor dem Verzehr hinzufügen.
- Die Öle können eine starke Wirkung auf Kör-

Die Zahnstochertechnik – Ideal zur Verwendung von intensiv aromatisierenden ätherischen Ölen

Ätherische Öle sind so hochkonzentriert, dass von manchen „scharfen“ Ölen – die ein intensiveres Aroma besitzen – schon 1 Tropfen geschmacklich zu viel sein kann. Nimm in einem solchen Fall einen Zahnstocher und tauche die Spitze vorsichtig in das entsprechende ätherische Öl, anschließend tauchst du sie in die gewünschte Speise hinein und rührst mit dem Zahnstocher kreisförmig um.

Diese Technik solltest du verwenden, wenn du beispielsweise die ätherischen Öle von Muskatnuss, Nelke, Oregano, Pfeffer, Pfefferminze, Rose, Salbei, Thymian, Zimt etc. verwendest. Sie empfiehlt sich auch zum Aromatisieren kleinerer Portionen.

per, Gedanken und Gefühle haben. Natürlich können die Öle in allen Lebensphasen (Kindheit, Schwangerschaft, Stillzeit, Alter ...) unterstützend für unser Wohlbefinden eingesetzt werden – das setzt die richtige Anwendung und Dosierung zur richtigen Zeit voraus. Am besten, du lässt dich von einem Experten beraten.

- Ätherische Öle bitte niemals in die Nähe deiner Augen bringen oder direkt in die Ohren geben.
- Nach äußerlicher und innerlicher Anwendung können körperliche Reaktionen auftreten. Beginne mit kleinen Dosen und erhöhe sie vorsichtig, wenn du das ätherische Öl verträgst.
- Ätherische Öle können Stoffe auf Mineralstoffbasis lösen und sollten nicht in Berührung mit Kunststoff kommen. Verwende Glas- oder Keramikgefäße (siehe auch Infokasten Seite 27), auch für die Aufbewahrung von Speisen, die ätherische Öle enthalten.

Der Anfang ist leicht gemacht ...

Beginne mit einfach zu verwendenden ätherischen Ölen, wie Zitrone, Zitronengras, Orange, Grapefruit, Pfefferminze und Rosmarin, sowie mit solchen, die dich ansprechen. Intensivere oder exotischere Aromen sind für erfahrene Verwender gedacht.

Verwende zunächst einmal jedes Öl für sich allein. Nimm wahr, wie es dir bekommt.

* mit Zahnstochertechnik

Mit ätherischen Ölen kannst du Wasser, gesunde, selbst gemachte Limonaden, Eis, Dessert-Cremes, Marmeladen, Saucen, Dressings, Currys, Suppen, gekochte Speisen, Süßspeisen, Fruchtgummis, Aufstriche, Pestos, Joghurt, Smoothies (besonders lecker: Zitrusöl, Zitronengras, Pfefferminze), Säfte, Gewürzöle, -salze, -essig, -zucker ...

Aromatisiertes HighVibe-Wasser

Du kannst dein Wasser sowohl vom Geschmack als auch von der Schwingung her mit ätherischen Ölen aufwerten.

Gib zuerst die ätherischen Öle in der unten angegebenen Dosierung in einen Glaskrug und gieße anschließend etwa 1 Liter Wasser dazu. Ätherische Öle, die vorsichtig, d. h. mit Zahnstochertechnik (siehe Infokasten linke Seite), zu verwenden sind, werden in das Wasser eingerührt. Außerdem kannst du frisches, in Stücke geschnittenes Obst, Gemüse oder frische Wildkräuter in dein Wasser geben. Hier stelle ich dir einige meiner Lieblingsrezepte für aromatisiertes Wasser vor:

Detoxwasser: Oregano*, Nelke*, Zimt*, 1–2 Tropfen Zitronenöl

Fat-Away: je 1 Tropfen Grapefruit, Zitrone und Rosmarin

Keep-me-Cool: 1 Tropfen (oder *) Pfefferminze

KonZENtration: je 1 Tropfen Rosmarin und Zitrone, 1 Tropfen (oder *) Pfefferminze

Rosen-Vanille-Wasser: Rose*, etwa 1 Zentimeter von einer bereits ausgekratzten Vanilleschote

Tropicana: 1 Tropfen Limette, 1 Tropfen (oder *) Zitronengras

Warm & wohlig: 1 Tropfen Orange, Ingwer*, Zimt*, Nelke*, Kardamom*

RAW Marzipan-BlissMylk

(Grundrezept)

Ein einfacher, köstlicher Drink, der ein Gefühl von „Genährtsein“ schenkt. Diese Nuss-Mylk, in wenigen Minuten zubereitet, ist pur sowie als Basis für selbst gemachte Drinks, Shakes, Smoothies, Chia-Pudding u. v. m. lecker.

Für etwa 1 Liter

600–750 ml Wasser
100 g Mandeln (8–24 Std. einweichen)
100 g Erdmandeln (24 Std. einweichen)
25 g Aprikosenkerne (8–24 Std. einweichen)
2–3 entkernte Medjool-Datteln
1 Msp. Bourbon-Vanillepulver *oder* ¼ bereits ausgekratzte Vanilleschote

ca. 7 Minuten

Hochleistungsmixer, Nussmilchbeutel/Baumwolltuch

So einfach geht's:

Die Datteln grob in Stücke schneiden. Mit den restlichen Zutaten cremig pürieren.

Den Nussmilchbeutel in eine Schüssel setzen, die Flüssigkeit hineinfüllen. Den Beutel oben zuziehen und die Flüssigkeit hinaustropfen lassen, zum Schluss aus der Masse im Beutel herauskneten.

Übung:
Das Leben ist schön!

Denk an wunderschöne Erlebnisse in deinem Leben, während du die BlissMylk durch das Passiertuch gibst ... Das können Augenblicke sein, in denen du dich besonders lebendig, verbunden und glücklich gefühlt hast. Sei dankbar.

Bleib in dieser Schwingung und öffne dich dem Leben.

Schreibe deine Erfahrungen gern in deinem Tagebuch nieder.

Gourmet-Tipp:

Tolle Drinks mixt du im Milchschaümer mit Marzipan-BlissMylk und einer Gewürzmischung – wie Chai-, Schoko-Latte-, Lebkuchen-Würzmischung – sowie etwas Kokosblütenzucker oder Ahornsirup.

Tipps:

Gesund süßt du mit 1 bis 2 Teelöffeln Kokosblütenzucker oder Ahornsirup oder ¼ bis ½ Teelöffeln Ahorncreme.

Natürlich kannst du Erdmandeln und Aprikosenkerne durch Mandeln oder andere Nüsse bzw. Kerne deiner Wahl (wie Hasel-, Macadamianüsse) ersetzen (zu den Einweichzeiten siehe Tabelle Seite 35 ff.).

Im Kühlschrank ist die Mylk in einer Glasflasche 1 bis 2 Tage haltbar.

Upcycling-Tipps:

Den Trester kannst du etwa 1 Zentimeter dick auf einer Dörrfolie oder Backpapier verteilen und das Ganze 6 bis 10 Stunden im Dörrautomaten bei 42 °C oder im Backofen bei 50 °C (Heiß-/Umluft; siehe Infokasten Seite 113) trocknen, nach etwa 4 bis 6 Stunden in Stücke brechen, wenden und weitertrocknen. Nach dem Dehydrieren im Mixer zu **Mehl** vermahlen oder als **Cracker** oder **Kekse** verwenden.

Angi's Seelenschmeichler-Tee

mit Rosenblüten, Vanille & Süßholzwurzel

RAW

Ein aromatischer, lieblicher, wohltuender, süßer Tee mit positivem Effekt auf das gesamte Sein. Ein wahrer „Uplift", denn Rosen sind energetisch sehr hochschwingend. Nimm dir eine Auszeit und verwöhn dich!

Für 1 Liter

1 l Wasser
5 getrocknete, essbare Rosenknospen
1 cm bereits ausgekratzte Vanilleschote
1 TL geraspelte Süßholzwurzel

ca. 5 Minuten

So einfach geht's:

Wasser auf 42 °C erhitzen und in eine Teekanne füllen. Alle Zutaten hinzufügen und das Ganze mindestens 15 Minuten bis 1 Stunde ziehen lassen. Abseihen und genießen.

Hinweis: Wenn du die Zutaten mit kochendem Wasser übergießt, weil dir nach heißem Tee zumute ist, ergibt das auch einen intensiven Geschmack, nur gehen dabei viele wertvolle Inhaltsstoffe verloren.

Tipps:

In der Thermoskanne bleibt das Getränk nicht nur warm, der Tee schmeckt auch intensiver.

Du magst es lieber nicht so heiß? Lass den Tee abkühlen oder bereite ihn mit lauwarmem Wasser zu und lasse ihn bis zu 8 Stunden ziehen.

Den intensivsten Geschmack erreichst du mit frischen Rosenblüten oder etwas ätherischem Rosenöl (mit Zahnstochertechnik; siehe Infokasten Seite 158).

BerryBliss Chia-Pudding

probiotisch, mit Munteren Mandeln, Vanille, ätherischem Öl & Beeren

Eine einfache, kreative Speise für die ganze Familie. Aktivierte Chiasamen, darmfreundliche Probio-Kulturen, frische Beeren und ätherische Ölen schenken HighVibes, *stärken, sättigen und erfrischen.*

Für 2 bis 4 Portionen

- 500 ml frische **Marzipan-BlissMylk** (Rezept Seite 160)
- 2–4 entkernte Medjool-Datteln
- 4–5 EL weiße Chiasamen
- 1–2 Msp. Bourbon-Vanillepulver *oder* ½ –1 cm Vanilleschote (auskratzen)
- 1 Tropfen ätherisches Zitronenöl
- ½–1 TL Probio-Kulturen (alternativ siehe Infokasten Seite 76)

Zutaten deiner Wahl

- 250 g frische Beeren (Blaubeeren, Himbeeren, Brombeeren …)
- ½–1 Handvoll Mandeln (8–24 Std. einweichen; ohne Haut verwenden)
- 1–3 Prisen frisch abgeschriebene Zitronenschale

Deko

essbare Blütenblätter, Muntere Mandeln (Rezept Seite 28)

ca. 10 Minuten

So einfach geht's:

Die Datteln in kleine Stücke schneiden. In einer großen Schüssel alle Zutaten (außer den Zutaten deiner Wahl) verrühren. Das Ganze 5 Minuten ruhen lassen, nochmals umrühren: Es sollten keine Chiasamen an der Oberfläche schwimmen.

Die Masse 4 bis 6 Stunden (oder über Nacht) mit einem Küchentuch bedeckt im Kühlschrank ziehen lassen.

Anrichten Den fertigen Chia-Pudding in kleine Schüsselchen geben, mit frischen Beeren belegen und mit halbierten Munteren Mandeln dekorieren. Etwas Zitronenschale über den Pudding reiben, das Ganze mit essbaren Blütenblättern nach Wahl dekorieren.

Variante: Liebst du rosigen Geschmack, so verwendest du statt des Zitronenöls 2 bis 3 getrocknete, essbare Rosenknospen, die du vorab 4 bis 8 Stunden (im Kühlschrank) in die BlissMylk einweichst. Die Blüten nimmst du anschließend aus der Mylk heraus und verwendest die Flüssigkeit zur Zubereitung des Chia-Puddings. Du kannst die Rosenknospen auch direkt in den Chia-Pudding geben und vor dem Essen wieder entfernen. Frische, essbare Rosenblütenblätter sind auch eine tolle hochschwingende, leckere Deko.

Mit ätherischem Rosenöl (mit Zahnstochertechnik, siehe Infokasten Seite 158) erhältst du ein ähnlich wunderbar aromatisches Ergebnis.

Muntere Marzipankugeln

RAW

mit aktivierten Mandeln und Aprikosenkernen & Bourbon-Vanille

Aktivierte, Muntere Mandeln sind gut verdaulich, enthalten viele Enzyme und jede Menge Biophotonen. So einfach und schnell gemacht – ein gesunder Suchtfaktor, der mindestens so lecker ist wie Marzipan! 😊

Für 15 bis 20 Kugeln

- 225 g Mandeln (mit Haut 8–24 Std. einweichen)
- 30 g bittere Aprikosenkerne (8–12 Std. einweichen; mit Haut verwenden; wahlweise)
- 4–6 entkernte Medjool-Datteln
- 1 TL Probio-Kuturen (alternativ siehe Infokasten Seite 76)
- 1–2 Msp. Bourbon-Vanillepulver *oder* ½–1 cm Vanilleschote (auskratzen)

Deko

1 Apfel

ca. 15 Minuten

Küchenmaschine/(Hochleistungs-)Mixer (mit Stößel), 15–20 Zahnstocher

So einfach geht's:

Medjool-Datteln 10 bis 15 Minuten in Wasser einweichen und kurz abspülen, grob hacken. Die Haut von den aktivierten, Munteren Mandel- und Aprikosenkernen abziehen.

Alle Zutaten zu einem gut formbaren Teig pürieren. Diesen ggf. einige Minuten in den Kühlschrank stellen. Aus dem Teig 15 bis 20 kleine Kugeln formen.

Anrichten Den Apfel unten anschneiden (sodass er einen guten Stand hat), dann auf einem Teller platzieren. Die Kugeln jeweils auf einen Zahnstocher setzen und diesen vorsichtig in den Apfel stecken.

Tipps:

Du kannst die Marzipankugeln auch in Pralinenförmchen setzen.

Im Kühlschrank kannst du sie luftdicht verschlossen einige Tage aufbewahren.

Trocknest du die Kugeln im Dörrautomaten 18 bis 24 Stunden bei 42 °C oder bei 50 °C im Backofen (Heiß-/Umluft; siehe Infokasten Seite 113), sind sie sogar mehrere Monate haltbar.

HighVibe-Tipp:

Lasse die Grundmasse 2 bis 6 Stunden fermentieren (siehe „Dein Fermentier-Guide", Seite 74 ff.) und verarbeite diese anschließend wie beschrieben weiter. Diese Variante der Munteren Marzipankugeln ist reich an darmfreundlichen Bakterien.

Himmlisches Himbeer-Parfait

mit Munteren Mandeln & Probio-Mascarpone-Creme

Eine fruchtig-leichte, prickelnde und harmonisierende Süßspeise für Lebenslust und -freude. Darmfreundliche Bakterien helfen, alten Ballast loszuwerden, sie stärken und bringen die Verdauung in Schwung!

Für 6 kleine Gläschen

1 Portion **Probio-Mascarpone-Creme** (Rezept Seite 81)
100 g Himbeeren

Topping

100 g Himbeeren
2–4 EL Ahornsirup *oder* 1 EL Ahorncreme
1 Msp. Bourbon-Vanillepulver

Deko

etwas Vanillepulver, ein paar Himbeeren, einige Muntere Mandeln (wahlweise; Rezept Seite 28), ein paar Minz- *oder* Melissenblätter

ca. 15 Minuten Mixer

So einfach geht's:

Die Hälfte der Mascarpone-Creme mit 100 Gramm Himbeeren pürieren.

Die Gläschen nun abwechselnd mit 1 Schicht rosafarbener und 1 Schicht weißer Mascarpone-Creme füllen. Es sollten 3 bis 5 Schichten werden.

Die anderen 100 Gramm Himbeeren (ein paar Beeren für die Deko übrig lassen) mit einer Gabel zerdrücken und mit Ahornsirup oder -creme und Vanille gut verrühren. Das Topping auf das Dessert geben.

Anrichten Etwas Vanille über das Himbeerpüree streuen. Das Ganze mit den restlichen Himbeeren, Munteren Mandeln und Minze- bzw. Melissenblättern dekorieren und mit einem Lächeln genießen!

Tipps:

Wenn du es gern säuerlich und prickelnd magst, kannst du die **Probio-Mascarpone-Creme** länger, als im Rezept angegeben, fermentieren lassen.

Das Parfait schmeckt auch mit (wilden) Blaubeeren statt der Himbeeren himmlisch.

Angi's Mango-Cake

mit Munteren Mandeln, Probio-Kokoscreme & Mango-Rosenblüte

Diese Mango-Cakes laden dich ein, die Fülle des Lebens zu genießen. Sie schenken dir Leichtigkeit & Lebenslust. Fermentierte Zutaten machen sie deutlich leichter verdaulich als klassische Rohkostdesserts. Erblühe, lasse dein Licht strahlen!

Für 4 kleine Törtchen

Boden
150 g Mandeln (mit Haut 8–24 Std. einweichen)
3–4 entkernte Medjool-Datteln
1 Prise Ursalz

Probio-Kokoscreme
1 junge Thai-Kokosnuss
½–¾ frisches Kokoswasser (nach Bedarf)
2 entkernte Medjool-Datteln
1 EL Kokosblütenzucker
1 Prise Ursalz
1 TL Probio-Kuturen (alternativ siehe Infokasten Seite 76)
1–3 Tropfen ätherisches Zitronenöl (wahlweise)

Belag
½–1 Handvoll Mandeln (8–24 Std. einweichen)
1 große Mango (für 4 Mango-Rosenblüten)

Zutaten deiner Wahl
100 g Himbeeren
2–4 Msp. Bourbon-Vanillepulver
4 Prisen Kokosblütenzucker

ca. 20 Minuten

Küchenmaschine/Mixer, 4 Törtchenformen mit Hebeboden (Ø 8 Zentimeter), Sparschäler (wahlweise), Küchentuch

So einfach geht's:

Kokoscreme Kokoswasser und Fruchtfleisch der Kokosnuss (zum Öffnen der Kokosnuss siehe Infokasten Seite 48) mit den grob in Stücke geschnittenen Datteln und den restlichen Zutaten (außer probiotischen Kulturen und ätherischem Öl) cremig pürieren. Probio-Kulturen einrühren, die Creme in eine Schüssel geben, mit einem Küchentuch bedeckt 4 bis 10 Stunden fermentieren lassen. Danach das Zitronenöl einrühren und die Creme zum Festwerden 30 bis 60 Minuten in den Kühlschrank (oder 5 bis 10 Minuten ins Gefrierfach) stellen.

Boden Die aktivierten Mandeln enthäuten, auf ein Küchenpapier legen und gut abtrocknen. Zusammen mit den grob in Stücke gehackten Datteln im Mixer stückig zerkleinern, Salz dazugeben. Die Konsistenz sollte weder zu grob noch zu fein sein. Den Teig gleichmäßig in den Formen verteilen und vorsichtig andrücken. Zum Festwerden etwa 1 bis 2 Stunden in den Kühlschrank stellen.

Mango-Rosenblüte Die beiden „Mangobäckchen" vom Kern abschneiden und die Schale vorsichtig und gleichmäßig mit einem Messer oder Sparschäler entfernen. Die Mangohälften der Länge nach in dünne Scheiben schneiden. Für 1 Rose verwendest du ¼ Mango. Rolle die kleinste Mangoscheibe eng zusammen, die nächstgrößere drum herum usw., sodass eine Rosenblüte entsteht. Stelle auf diese Weise 4 Blüten her.

Anrichten Die Tortenböden vorsichtig aus den Formen nehmen, auf Tellern platzieren, die Kokoscreme darauf verteilen. Die Mango-Rosenblüten vorsichtig in der Mitte der Creme platzieren, das Ganze mit aktivierten, enthäuteten Mandeln und Himbeeren belegt, mit Vanille und Kokosblütenzucker bestreut genießen.

Tipps:

Es ist wichtig, dass die Kokoscreme nicht zu dünnflüssig, sondern fein cremig ist. Bei Kokosnüssen ist das Verhältnis von Fruchtfleisch und Kokoswasser unterschiedlich. Du kannst für mehr Cremigkeit auch Kokosmus oder aktivierte Cashewkerne (siehe Seite 26 ff. und Tabelle Seite 35 ff.) mitpürieren.

Für eine größere Mango-Rosenblüte benötigst du eine ganze Mangohälfte und damit insgesamt 2 Mangos.

Pachamama-BlissCake

RAW

mit Kakaobohnen, Vitalpilz- & Tonkabohnenpulver

Eine Wunderlebensmittel-Torte – Nahrung, die Pachamama, *Mutter Erde, uns schenkt –, die das Herz öffnet, Lebenskraft schenkt, Körper und Geist stärkt, beschwingt und, ganz nebenbei, satt macht.*

Für 4 bis 6 Minitörtchen

Boden

80–100 g geschälter Buchweizen (4–6 Std. einweichen, 12–24 Std. keimen lassen; siehe Seite 30 ff.; 2 EL Keimlinge für die Creme beiseitestellen)
2 Medjool-Datteln *oder* 2–3 TL Dattelpaste
1 Prise Ursalz

Creme

40–50 g ganze Kakaobohnen (6–12 Std. einweichen)
100 g Pekannüsse (6–8 Std. einweichen; 4–6 Pekannüsse für die Deko beiseitelegen)
3 g Irish Moss (wahlweise; 6–12 Std. einweichen)
4 entkernte Medjool-Datteln (10 Min. einweichen)
ca. 2 Esslöffel Buchweizenkeimlinge (s. o.)
ca. 120 ml Wasser
1 TL Flohsamenschalen
2 EL Kokosmus
2–4 EL Kakao- *oder* Karob-Pulver
4 TL Vitalpilzpulver (*Shiitake, Maitake, Reishi, Chaga, Cordyceps militaris*)
1 TL Probio-Kuturen (alternativ siehe Infokasten Seite 76)
3 Msp. Bourbon-Vanillepulver *oder* 2 cm Vanilleschote (auskratzen)
¼ Tonkabohne (fein gerieben) *oder* ¼ TL Tonkabohnenpulver
1–2 Msp. Muskatnuss
2 EL Buchweizen-Keimlinge (s. o.)

Zutaten deiner Wahl

1–2 Tropfen ätherisches Tangerine- *oder* Orangenöl
2 EL Kokosblütenzucker
1–2 EL Kokosöl

Deko

ca. 2 EL Kakaopulver, 4–6 Minz- *oder* Melissenblätter, 4–6 Pekannüsse (s. o.)

ca. 30 Minuten

Küchenmaschine/(Hochleistungs-)Mixer (mit Stößel), 4–6 quadratische Törtchenformen (6 x 6 Zentimeter oder nach Wahl) mit Hebeboden

So einfach geht's:

Boden Die Datteln grob in Stücke schneiden und mit den anderen Zutaten (etwa 2 Esslöffel Buchweizenkeimlinge für die Creme zurückbehalten) sehr kurz stückig pürieren. Der Teig sollte krümelig sein und gut zusammenkleben.

Creme Die Kakaobohnen schälen. Die anderen Zutaten (4 bis 6 Pekannüsse für die Deko zurückbehalten) cremig pürieren. Die Kakaobohnen (4 bis 6 Kakaobohnen für die Deko beiseitelegen) mit den Händen zerkleinern und zusammen mit den 2 Esslöffeln Buchweizenkeimlingen in die Creme einrühren. Das Ganze 15 Minuten ins Gefrierfach stellen.

Fertigstellen Die Formen auf einen Teller setzen und etwa 1 Zentimeter dick mit dem Teig befüllen, diesen vorsichtig festdrücken. Die Creme 2 bis 4 Zentimeter dick darauf verteilen. Die Cakes 1 bis 3 Stunden im Kühlschrank fest werden lassen.

Gourmet-Tipps:

Lecker auch mit 1 Kugel **Kokoseis** oder **Vanille-Bananen-Eis** (Rezepte Seite 178 f.), **Angi's Express-Schokosauce** (Rezept Seite 178) und 1 Tasse frischer **Marzipan-BlissMylk** (Rezept Seite 160; statt Kaffee).

Als Topping besonders lecker sind rohköstlich karamellisierte Pekannüsse (Rezept Seite 116) mit Vanille.

Anrichten Die Törtchen aus den Formen heben, mit je 1 Minzblatt garnieren, mit Kakaopulver bestäuben, 1 Pekannuss mittig daraufsetzen, das Törtchen diagonal halbieren und – am besten in Gesellschaft 🙂 – genießen.

Lebe-Kuchen-Smoothie

RAW

mit Munteren Mandeln & Leinsamen

Eine Süßspeise, vor allem für die kältere Jahreszeit, denn Mandeln, Leinsamen, Datteln und leckeres Lebkuchengewürz wärmen, nähren und stärken dich zugleich! Mit beruhigender, wohltuender und schwingungserhöhender Wirkung.

Für 4 Gläschen (etwa 700 Milliliter)

100 g Mandeln (mit *oder* ohne Haut 8–24 Std. einweichen)
1½–2 EL Leinsamen (in ca. 100 ml Wasser ½–6 Std. einweichen)
3–4 entkernte Medjool-Datteln
1–2 EL Lebkuchengewürz
ca. 300 ml Wasser
1–2 EL Kokosblütenzucker *oder* Ahornsirup *oder* ½ TL Ahorncreme (wahlweise)

Deko

einige Muntere Mandeln (Rezept Seite 28), 4 Prisen Kokosblütenzucker *oder* 2–4 TL Ahornsirup, 4 Prisen Lebkuchengewürz

ca. 10 Minuten (Hochleistungs-)Mixer

So einfach geht's:

Die Datteln grob in Stücke schneiden. Alle Zutaten cremig pürieren.

Übung: Wärmendes Winterritual

Wenn du dich nach Wärme und Geborgenheit sehnst oder dir etwas Gutes tun willst, ist dieses Ritual perfekt.

Bereite dir den Lebe-Kuchen-Smoothie zu. Nimm dir eine Auszeit ... ganz allein für dich ... und zünde eine Kerze an, höre entspannende Musik, kuschle dich in eine warme Decke ein, schnapp dir eine Wärmflasche (oder genieße die wärmenden Strahlen einer Infrarotlampe), atme tief durch und komm wieder in Einklang mit dir selbst. ... Genieße diesen herzerwärmenden Zaubertrank ... erlaube dir einfach nur zu sein. Fühle dich genährt, verbunden, ruhig, geliebt, unterstützt und sicher. Denn das bist du jederzeit ...

Tipps:

Warm wird dieser süße Drink, wenn er so lang gemixt wird, bis er eine Temperatur von etwa 40 °C erreicht hat.

Möchtest du richtig satt werden, pürierst du ein paar frische oder getrocknete Buchweizenkeimlinge (4 bis 8 Stunden einweichen, 12 bis 24 Stunden keimen lassen, ggf. dehydrieren) mit oder verwendest sie als Topping. Auch frisches oder getrocknetes **HighVibe-BlissMüsli** (Rezept Seite 117) macht sich hier fantastisch als Topping.

Mit ein paar Eiswürfeln, die du am Ende hinzufügst und das Ganze noch einmal etwa 15 Sekunden auf höchster Stufe mixt, wird daraus ein erfrischendes Getränk.

RAW

Be.YOU.ty Smoothie

mit wilden Blaubeeren, Aloe vera & Ur-Phytoplankton

Ein köstlicher Smoothie für strahlende Gesundheit und Schönheit – die von innen kommt. Angenehm sättigend, überraschend energetisierend und wundervoll beschwingend. Let your light shine! Let your light shine! ☺

Für 2 bis 3 Portionen (etwa 750 Milliliter)

1 Handvoll Mandeln (8–24 Std. einweichen; mit *oder* ohne Haut verwenden)
6 cm *Aloe vera*
1 EL Chiasamen (in 5 EL Wasser 2–6 Std. einweichen)
100–200 g wilde Blaubeeren (frisch *oder* tiefgefroren)
2 getrocknete Feigen und/*oder* 1 kleine Handvoll Maulbeeren, getrocknet
½ TL Spirulina-Pulver
1 Msp. Bourbon-Vanillepulver *oder* ca. ½ cm Vanilleschote (auskratzen)
½ TL Probio-Kulturen (alternativ siehe Infokasten Seite 76)
Inhalt von 1–2 Kapseln Ur-Phytoplankton (Bezugsquellen siehe *www.highvibe-food.de*)
1–2 Tropfen ätherisches Zitronenöl
250–300 ml Wasser, Kokoswasser *oder* frische **Marzipan-BlissMylk** (Rezept Seite 160)

Zutaten deiner Wahl

Fruchtfleisch von 1 Avocado
4–8 Eiswürfel

Deko

wilde Blaubeeren, Maulbeeren (frisch *oder* getrocknet), einige Mandeln, Pfefferminz- *oder* Melissenblätter, essbare Blüten deiner Wahl

ca. 10 Minuten (Hochleistungs-)Mixer

So einfach geht's:

Das *Aloe*-Blatt der Länge nach aufschneiden und das Gel innen von der Haut abkratzen.

Das Gel mit den restlichen Zutaten cremig pürieren.

Den Smoothie in Gläser füllen, nach Gusto dekorieren und mit Freude genießen.

Übung: Sich auf die wahre Schönheit ausrichten

Wenn du diesen Smoothie genießt, erinnere dich daran, wer du wirklich bist. Verbinde dich mit deinem Herzen und der Liebe zu allem Lebendigen. Das lässt dich auf natürliche Art strahlen. Verbinde dich mit deinem wahren Selbst. In diesem „Raum" gibt's nichts zu beweisen, hier brauchst du kein Make-up, keine bestimmte Figur und keine speziellen Klamotten. Hier bist du vollkommen und damit schön, so wie du bist. Hier lebst du dein wahres Wesen, ganz mühelos, von innen heraus, und das ist authentisch, harmonisch – einfach „be.YOU.tiful".

Schreibe deine Erfahrungen gern in deinem Tagebuch nieder.

Tipp:

Holunderblüten passen prima zu diesem Smoothie. Ich pflücke 1 bis 3 Dolden. Du kannst die abgezupften Blüten mitpürieren und als Deko verwenden.

HighVibe-Tipp:

Magst du diesen Smoothie probiotisch aufwerten? Dann mische einfach etwas **Kokos-Joghurt** (Rezept Seite 87) deiner Wahl unter den Smoothie.

RAW

Süsser Chai-Salat

mit Sprossen, Munteren Mandeln & Äpfeln

Dieser Salat schmeckt wie ein Dessert und schenkt Wohlgefühl. Ganz im HighVibe-*Style, sind die Zutaten aktiviert und gekeimt, und die Sauce enthält probiotische Kulturen. Für mehr Wärme und Süße in den kälteren Jahreszeiten.*

Für 2 Portionen

2–4 Handvoll Rosenkleesprossen (1–2 EL Keimsaat 8–12 Std. einweichen, 6 Tage keimen lassen; siehe Seite 30 ff.) *oder* Sprossen nach Wahl
1–2 Handvoll Mandeln (8–12 Std. einweichen; mit *oder* ohne Haut verwenden)
2 Äpfel
1–2 EL Zitronensaft
1–2 entkernte Medjool-Datteln
Abrieb von ¼ Orangenschale
1–2 Grünkohlblätter (wahlweise)

Deko

2 Melissen- *oder* Pfefferminzblätter,
1 Apfel (für die Apfel-Rosenblüten)

Mandel-Chai-Dressing

2 EL Mandelmus
ca. 100 ml Wasser
2 EL Zitronensaft
1–2 TL Chai-Gewürz
½ TL Probio-Kulturen (alternativ siehe Infokasten Seite 76)

ca. 15 Minuten

So einfach geht's:

Die Äpfel ohne Kerngehäuse in dünne Scheiben schneiden, diese außen auf 2 Tellern in einem Kreis auslegen und mit Zitronensaft bestreichen. Die Sprossen in der Mitte platzieren. Die Datteln in kleine Stücke oder Scheiben schneiden.

Bei den Grünkohlblättern die dicke Mittelrippe herausschneiden, das Grün mit der Hand in kleine Stücke zupfen und mit den aktivierten Mandeln auf dem Salat verteilen.

Orangenschalenabrieb über den Salat streuen, den restlichen Zitronensaft darüberträufeln und den Salat mit Melissen- oder Minzblatt dekorieren.

Dressing Alle Zutaten in einer Schüssel cremig rühren. Das Dressing über den Salat geben.

Deko-Tipps:

Für den besonderen Flair kannst du aus einigen dünnen Apfelscheiben 2 **Apfel-Rosenblüten** zaubern. Die Apfelscheiben dazu in der Mitte durchschneiden und zu einer Rosenblüte legen (siehe Anleitung für Mango-Rosenblüte, Seite 168). Das übrig gebliebene Apfelfruchtfleisch schneidest du in kleine Würfel, die du in die Mitte der Apfel-Rosenblüte gibst.

Mit Ausstechformen kannst du aus etwa 3 bis 4 Millimeter dicken Apfelscheiben essbare Deko-Elemente (z. B. Blüten, Herz) kreieren.

Sternanis sieht als Deko wunderschön aus.

Dressing-Tipps:

Besser verdaulich ist das Dressing, wenn du das Mandelmus mit den Probio-Kulturen mischst und das Ganze 4 bis 6 Stunden fermentieren lässt. Das Dressing ist im Kühlschrank in einem luftdicht verschlossenen Glas 4 bis 7 Tage haltbar.

Als Basis fürs Dressing kannst du auch selbst gemachtes pflanzliches **Joghurt** (Rezepte Seite 87, 226) verwenden oder den **Lebe-Kuchen-Smoothie** (Rezept Seite 172 f.) als Dressing nehmen.

Kokoseis & Vanille-Bananen-Eis

RAW

mit Schokosauce & Hammer!-Karamell

Achtung, anschnallen: Diese beiden HighVibe-Eiscremes haben's in sich! Der Geschmack ist grandios und die Zutaten sind mehr als gesund, fast erhebend ... 🙂

Für 600 bis 800 Milliliter

KOKOSEIS

Kokoswasser und -fruchtfleisch von 2 jungen Thai-Kokosnüssen
2–3 entkernte Medjool-Datteln
1 Msp. Bourbon-Vanillepulver *oder* ¼ Vanilleschote (auskratzen)
1 TL Lucuma-Pulver

Zutaten deiner Wahl

1 TL Ahorncreme
½ TL Probio-Kulturen (alternativ siehe Infokasten Seite 76)

VANILLE-BANANEN-EIS

80 g Cashewkerne (4 Std. einweichen)
8–9 reife Bananen
1 Msp. Bourbon-Vanillepulver *oder* ¼ Vanilleschote (auskratzen)
50–150 ml Wasser

Zutaten deiner Wahl

1–2 entkernte Medjool-Dattel und/*oder* 1–2 EL Kokosblütenzucker
1 TL Lucuma-Pulver
½ TL Probio-Kulturen
1 Tropfen ätherisches Zitronenöl

Angi's Express-Schokosauce

(für etwa 150 Milliliter)

100 ml Kokosöl
1 Msp. Bourbon-Vanillepulver
2–3 EL Ahornsirup *oder* Yacon-Sirup
3 EL rohes Kakao- *oder* Karob-Pulver
1 Prise Ursalz
1–2 TL rohes Haselnussmus *oder* anderes Nussmus (wahlweise)

Angi's Hammer!-Karamell

(für etwa 5 Esslöffel)

1–1½ EL Mandelmus (crunchy *oder* normal)
3–5 EL Ahornsirup
1 Prise Salz
½ TL Lucuma-Pulver (wahlweise)

ca. 50 Minuten (Hochleistungs-)Mixer, Eismaschine

So einfach geht's:

Eiscremes Jeweils alle Zutaten (außer den Probio-Kulturen) cremig pürieren. Probio-Kulturen, wenn gewünscht, hinzufügen und das Ganze nochmals 3 bis 5 Sekunden mixen. Die Masse in eine Eismaschine geben und nach Anleitung (etwa 45 Minuten) zu Eis verarbeiten.

Schokosauce Alle Zutaten in einer kleinen Schüssel mit dem Schneebesen verrühren, bis eine homogene Masse entsteht.

Hammer!-Karamell Alle Zutaten in einer kleinen Schüssel zu einer zähflüssigen Konsistenz verrühren. (Kein Wasser dazugeben!)

Anrichten Das fertige Eis direkt aus der Eismaschine nach Lust und Laune anrichten, mit ½ Teelöffel Hammer!-Karamell und einigen Esslöffeln Schokosauce (diese wird hart und knusprig) dekoriert servieren.

Tipps:

Du kannst das Kokoseis auch mit **Kokos-Joghurt** (Rezept Seite 87) anstatt der 2 Thai-Kokosnüsse zubereiten.

Statt Vanille-Bananen-Eis könntest du auch aus 1 Portion **Probio-Mascarpone-Creme** (Rezept Seite 81) mit 100 bis 200 Millilitern mehr Wasser eine köstliche Eiscreme zaubern.

Frische Beeren oder Obst deiner Wahl auf dem Kokoseis machen es zu einem fruchtigen Genuss. Geschälte Mandelhälften sind eine prima Deko.

Reste der Eiscreme kannst du luftdicht verschlossen im Gefrierfach aufbewahren.

Ist dir das **Karamell** zu zäh, kannst du auch eine Karamell-Sauce daraus zaubern. Rühre dazu einfach nach und nach 3 bis 8 Esslöffel Wasser ein, bis die gewünschte Konsistenz erreicht ist.

RAW Tropischer Chia-Pudding

probiotisch, mit Chiasamen & frischen Früchten

Dieser leicht fermentierte, prickelnde Chia-Pudding ist so einfach gemacht und perfekt im Urlaub oder für das Urlaubs-Feeling im Alltag: Er bringt vibrierende Lebendigkeit auf Zellebene, fördert die Verdauung, sättigt, beschwingt und schmeckt einfach großartig.

Für etwa 1 Portion

- 1 junge Thai-Kokosnuss
- 2–3 EL Chiasamen
- 1 Msp. Bourbon-Vanillepulver *oder* ca. ½ cm Vanilleschote (auskratzen)
- ½ TL Probio-Kulturen (alternativ siehe Infokasten Seite 76)

Zutaten deiner Wahl

- 1 Handvoll Mandeln (8–24 Std. einweichen; mit *oder* ohne Haut verwenden)
- Fruchtfleisch von ½ Mango und/*oder* tropische Früchte nach Wahl
- 1 Tropfen ätherisches Zitronen- *oder* Limettenöl

ca. 10 Minuten

Küchentuch (wahlweise)

So einfach geht's:

Die Kokosnuss so öffnen, dass ein „Deckel" entsteht (zum Öffnen der Kokosnuss siehe Infokasten Seite 48). Chiasamen, Vanille und Probio-Kulturen in das Kokoswasser einrühren, das Ganze 5 Minuten stehen lassen und danach erneut umrühren.

Den Deckel wieder auf die Kokosnuss setzen oder ein Küchentuch zum Bedecken verwenden.

Die Nuss zum Aktivieren und Fermentieren 6 bis 12 Stunden (oder über Nacht) bei Zimmertemperatur an einen schattigen Ort stellen.

Das Mangofruchtfleisch und/oder Früchte deiner Wahl in kleine Stücke schneiden und mit den aktivierten Mandeln in den Chia-Pudding geben. 1 Tropfen Zitronen- oder Limettenöl hinzufügen und das Ganze noch einmal vorsichtig umrühren.

Tipps:

Verwende so viele Chiasamen, dass die Konsistenz nach dem Einweichen puddingartig ist, was vom Wassergehalt der Kokosnuss und der gewünschten Konsistenz abhängt.

Natürlich kannst du zum Aktivieren und Fermentieren auch einfach einen Glas- oder Keramikbehälter statt der Kokosnuss verwenden. Ich persönlich ziehe die Kokosnuss vor, weil es einfach ein ganz anderes Erlebnis ist. Das Tolle ist, dass du den Tropischen Chia-Pudding direkt aus der Kokosnuss löffeln kannst und dabei zum Schluss das Kokosfleisch genießt: Das schenkt ein Urlaubs-Feeling!

Wenn du keine Probio-Kulturen zur Hand hast, kannst du den Pudding auch ohne genießen.

5. Be Free

Sich körperlich & energetisch entgiften

> **„Der einzige Weg, mit einer unfreien Welt umzugehen, ist, selbst so absolut frei zu werden, dass allein deine Existenz ein Akt der Rebellion ist.“**
> ***Albert Camus***

Das Leben ist so viel schöner, wenn wir uns von unnötigem Ballast und Energieräubern befreien, die uns das Leben schwer machen. Wir alle wollen uns frisch und munter fühlen, klar im Geist sein und uns sollte unser volles Energiepotenzial zur Verfügung stehen. Im Folgenden widmen wir uns all dem, was dich dabei unterstützt, unnötigen Ballast, Chaos und Beschwernisse auf körperlicher und geistiger Ebene loszulassen und die innere Ordnung, mit der dein Energiesystem gut funktionieren kann, wiederherzustellen. So schaffst du eine Basis für Gesundheit, Wohlbefinden, Lebensenergie und das Aufschwingen zu einer höheren Bewusstseinsebene. Du lernst reinigende und revitalisierende hochschwingende Lebensmittel kennen, die die natürliche Entgiftung des Körpers unterstützen, und Rezepte für mehr Leichtigkeit und Lebensfreude.

Adieu Toxine!

Heutzutage sind wir einer extrem großen Menge an unterschiedlichsten Schadstoffen ausgesetzt, die Körper und Geist belasten und unser Wohlbefinden und unser Bewusstsein negativ beeinflussen können. Umweltgifte sind überall, und wir nehmen sie über die Lebensmittel und die Haut auf, atmen sie ein.

Selbst unsere Lebensmittel können eine unglaublich hohe Vielzahl an Giftstoffen enthalten: Chemikalien wie Pestizide, Herbizide, Insektizide, Konservierungsstoffe, künstliche Farb- und Aromastoffe, künstliche Öle, Transfette, industrielle Süßstoffe wie Aspartam, Medikamente, Schwermetalle, Nanopartikel, Mikroplastik, Schimmelpilze (*Mykotoxine*), Bakterien u. v. m. belasten unseren Körper.

Leider sind Hersteller nicht zur Volldeklaration der im Lebensmittel enthaltenen Stoffe verpflichtet. Wer sich mit diesem Thema befasst, kommt immer mehr Belastungen und Schadstoffen auf die Spur. So ist auch die Strahlenbehandlung von Nahrung in vielen Ländern vom Gesetzgeber zugelassen. Obwohl die ionisierende Strahlung nach offiziellen Standards als „nicht schädlich“ deklariert wird, ist nach jetzigem Wissensstand ganz klar, dass bestrahlte Nahrung definitiv anders auf uns wirkt als naturbelassene.[72] Zu nennen ist hier außerdem die Röntgenbestrahlung, die selbst bei Bio- und sogar bei *Demeter*-Produkten erlaubt und üblich ist (bei Babynahrung, Müsli ...).[73] Und: Gifte lauern überall, sogar im Wasser (siehe „Dein Wasser-Guide“, dort Seite 70).

Im Körper selbst können ebenfalls Toxine entstehen, etwa durch schädliche Bakterien im

Darm, durch bakterielle Infektionen und Parasiten. Konventionelle Körperpflege – Sonnenschutzcremes, Wasch- und Reinigungsmittel und Kosmetikprodukte – enthalten Tausende für unsere Gesundheit bedenkliche Inhaltsstoffe. Dass Amalgam-Zahnfüllungen den Organismus mit Quecksilber belasten, ist seit Jahrzehnten bekannt, und auch mit synthetischer Kleidung nimmt unser Körper jede Menge Giftstoffe auf, wie Brian und Anna-Maria Clement in ihrem Buch *Killer Clothes* eindrücklich beschreiben.

Und was können wir tun?

Als Erstes sollten wir Schadstoffe, wo immer es geht, meiden und versuchen, gesunde Alternativen zu finden: Achte bei Lebensmitteln und Lifestyle-Produkten stets auf beste biologische Qualität (siehe auch Infokasten Seite 13). Schadstoffen kann man heutzutage nicht aus dem Weg gehen. Du kannst auch eine Handy-App verwenden, um die Etiketten der Produkte zu scannen und anschließend zu sehen, welche Stoffe enthalten sind. Informiere dich direkt oder online, woher deine Lebensmittel kommen, wer sie wie produziert und abfüllt/verpackt. **Kaufe auf dem Wochenmarkt** (oder direkt) **beim Biobauern und im Bioladen ein**.

Wollen wir ein gesundes, glückliches und energiereiches Leben führen, so sind regelmäßige und ganzheitlich durchgeführte **Entgiftungskuren** und -Behandlungen empfehlenswert. Lass dich dabei professionell von einem passenden Arzt oder Heilpraktiker begleiten.

Wir widmen uns in diesem Kapitel leckeren, reinigenden, revitalisierenden und harmonisierenden HighVibe-Foods und Rezepten, die unseren Körper beim **täglichen Detox**, beim Ausscheiden von Giften im Alltag unterstützen, uns beim „Loslassen“ helfen und uns das Leben einfach leichter machen und dabei unfassbar lecker sind.

Aufräumen & in Balance kommen: Das Wunder des Fastens

Entgiftungs- und Entlastungkuren und vor allem Fasten haben eine ordnende und revitalisierende Wirkung und einen positiven Effekt auf Körper, Geist und Seele. Dabei wird das gesamte System entlastet, der Körper schaltet auf Fettverbrennung um, regeneriert und verjüngt sich. Auf geistiger und seelischer Ebene stellen sich Ordnung, innere Ruhe und Klarheit ein. Die Energie, die ohne Verdauen eingespart wird, kann nun für anderes genutzt werden (z. B. effizienteres Arbeiten, klares Denken, Kreativität) oder auch, um seelische Konflikte o. Ä. ins Bewusstsein zu bringen und zu erlösen.

Das Leben anschließend auf HighVibe umzustellen unterstützt den Prozess insofern, als dass diese Lebensmittel uns auf zellulärer Ebene nähren, unsere körpereigenen Batterien bestens aufladen und wir gesättigt sind, auch wenn wir längere Zeit am Tag nichts essen (intermittierendes Fasten; siehe unten). So können wir nach dem Fasten neue Gewohnheiten etablieren (z. B. keine späten Mahlzeiten oder Zwischenmahlzeiten mehr).

HighVibe-Speisen unterstützen die täglichen Entgiftungsprozesse, wodurch eine Detox- oder Fastenkur aufgrund geringerer Nebenwirkungen deutlich angenehmer sein kann. Es gibt natürlich viele Möglichkeiten, Zeiten des Nicht-Essens in dein Leben einzubauen, beispielsweise:

- 1 Detox- und Fastenkur im Jahr;
- 1-mal im Monat ein Detox- und Fasten-Wochenende;
- 1 Tag in der Woche einen Detox- oder Fastentag (wirkt wahre Wunder)
- und tägliches intermittierendes Fasten (Nahrungsaufnahme nur 4 bis 6 Stunden pro Tag, in den restlichen 16 bis 20 Stunden ohne Essen sein). Wichtig ist hier, etwa 4 Stunden vor dem Schlafengehen nichts mehr zu essen.

Auf den Säure-Basen-Haushalt achten

„Keine Krankheit kann in einem basischen Milieu existieren – nicht einmal Krebs“, sagte der Arzt und Biochemiker Dr. Otto Warburg (1883–1970), der nachweisen konnte, dass Krebszellen in einem basischen und sauerstoffreichen Umfeld nicht überleben können. Für diese Arbeit erhielt er 1931 den Nobelpreis.

Die meisten tierischen Produkte, zuckerhaltigen Lebensmittel und Fertigprodukte werden im Körper sauer verstoffwechselt. Diese Lebensmittel enthalten viele Mineralstoffe und Spurenelemente, die säurebildend wirken (etwa Schwefel oder Phosphor), während basische Lebensmittel über einen hohen Anteil basisch wirkender Mineralstoffe und Spurenelemente (wie Kalium, Eisen oder Magnesium) verfügen. Die Vitamine, das Chlorophyll und die Antioxidantien der basischen Lebensmittel tragen zur Stärkung des Immunsystems bei und unterstützen die Entgiftungsorgane. So können überschüssige Säuren besser neutralisiert und ausgeleitet werden. Zudem enthalten sie eine große Menge an entzündungshemmenden Antioxidantien und viel Wasser, sodass der Körper Säuren auch dann ausscheidet, wenn ihm zu wenig Flüssigkeit zugeführt wird.

Am besten funktioniert unser Organismus, wenn der pH-Wert des Blutes im basischen Bereich – zwischen 7,36 und 7,44 – liegt. Viele Menschen sind wegen ihrer Ernährungsform, des schlechten Trinkwassers, Stress … stark übersäuert, was sie energetisch auslaugt und auf lange Sicht krank macht.

Top-Tipps für ein basenfreundliches Leben:

- Trinke ausreichend bestes, revitalisiertes Wasser (siehe „Dein Wasser-Guide“, Seite 69 ff.).

Trinke nicht ausschließlich basisches Wasser,* das kann sich negativ auf die Magensäureproduktion und die Verdauung auswirken.

- Ernähre dich am besten mit zu 80 Prozent Basen bildenden und nur zu 20 Prozent säurebildenden Lebensmitteln.
- Nimm mehr Rohkost zu dir. (Reduziere Kochkost.)
- Iss und trinke „grüner" (Chlorophyll wirkt basisch, siehe Seite 186; Infokasten Seite 18).
- Achte auf die richtige Kombination der Lebensmittel (siehe im Folgenden).
- Entspanne dich, stresse dich weniger (denn Stress wirkt Säure bildend; Entspannung, friedvolle Gedanken und Gefühle wirken basisch).

Lebensmittel richtig kombinieren

Lebensmittel richtig zu kombinieren und in der richtigen Reihenfolge zu sich zu nehmen vermeidet, dass es im Organismus zu unguten chemischen Reaktionen kommt und dass giftige Gase (wie Ammoniak) oder krebserregende Stoffe entstehen. Im Darm werden Gärungsprozesse vermieden, die giftige Stoffwechselprodukte freisetzen würden, die die Entgiftungsorgane belasten und Darm und Darmflora angreifen würden.

Soforthilfe bei Übersäuerung

Trinke 1 Glas (250 Milliliter) gefiltertes, revitalisiertes, lauwarmes Wasser mit ½ bis 1 Teelöffel Natron sowie 1 bis 2 Esslöffeln frisch gepresstem Zitronensaft. Außerdem helfen 3 bis 4 Kapseln Aktivkohle, mit 1 Glas Wasser eingenommen, sowie frisch gepresster Grassaft (**EnerCHI-Shot**, Rezept Seite 44 f.) oder **Green Juice** (Rezept Seite 50 f.). Alternativ sind auch Grassaftpulver oder Heilerde mit Wasser hilfreich.

Aktivkohle ist ein uraltes Heilmittel, das aus Lindenholz oder Kokosschalen gewonnen wird. Es wirkt im Körper wie ein Schwamm, der Bakterien und Gifte aufsaugt und unseren Körper ganzheitlich reinigt. 1 Gramm Aktivkohle hat eine Oberfläche von 500 bis 2000 Quadratmetern, was fast ½ Fußballfeld entspricht. Nimm die medizinische Kohle als Heilmittel nach Packungsangabe ein.

Top-Tipps für die richtige Food-Kombination: Diese Hinweise basieren auf den Arbeiten und Recherchen von Dr. Stanley Bass[74], Dr. Herbert M. Shelton[75], Dr. Edward Howell, Harvey und Marilyn Diamond[76], Donna Gates[77] und des *Hippocrates Health Institut*[78]:

- Früchte genießt du auf leeren Magen vor dem Essen (mit einer anschließenden Pause von mindestens 20 Minuten) – und nicht als Nachspeise.
- Melone isst du immer allein.
- Sehr proteinreiche Nahrung kombinierst du nicht mit kohlenhydratreichen Nahrungsmitteln, denn Enzyme, die zur Protein-Verdauung benötigt werden, brauchen ein saures, Enzyme, die bei der Kohlenhydrat-

* Mit speziellen Wasseraufbereitungsgeräten kann man den pH-Wert des Wassers messen. Mehr dazu siehe auf der Website *www.highvibefood.de*.

Verdauung benötigt werden, dagegen ein basisches Milieu.
- Weitere nicht ideale Kombinationen sind: Protein und Fett, Protein und Zucker, Stärke und Zucker, Stärke und Säure (etwa säurehaltige Früchte, Essig)
- Je geringer der Wassergehalt eines Lebensmittels, umso später in der Reihenfolge verzehrst du es. Wasserhaltige Lebensmittel werden schneller verdaut und machen Speisen mit geringerem Wassergehalt (wie Kohlenhydrate, eiweiß- und fetthaltige Lebensmittel) Platz.

Durchschnittliche Verdauungszeiten im Magen:
- Wasser: bis 15 Minuten
- Melonen: 1 Stunde
- Sprossen: 1 Stunde
- Früchte: ½ bis 2 Stunden
- Gemüse: ½ bis 2½ Stunden
- Fett: 3 Stunden
- Kohlenhydrate/Stärke: 3 Stunden
- Protein: 4 Stunden und mehr

Nun geht es hier auch nicht darum, mehr Monokost zu essen oder total strikt bei der Kombination deiner Lebensmittel zu sein. Beachte einfach meine Empfehlungen, das kann im Alltag viele Problemchen (wie übel riechende Blähungen, Verdauungsprobleme, Bewusstseinstrübungen) reduzieren. Beobachte in nächster Zeit, wie sich dein Körper anfühlt, je nachdem, welche Lebensmittel du kombinierst (siehe auch Seite 187 f.).

HighVibe-Foods für ein leichtes Leben

Hochschwingende Lebensmittel unterstützen dich dabei, deinen Körper zu entgiften, dein Wohlfühlgewicht dauerhaft zu halten und auf jeder Ebene mehr Leichtigkeit und Lebensfreude zu erfahren.

Die besten BeFree-Foods sind …

1. **Wasser** hat eine reinigende Wirkung und ist sowohl für die Nährstoffzufuhr in die Zellen, als auch für den Abtransport von Stoffwechselendprodukten aus den Zellen wichtig. Trinke Quellwasser oder gefiltertes, revitalisiertes Wasser. (Siehe „Dein Wasser-Guide“, Seite 69 ff.) Besonders wirkungsvoll sind auch frisches Kokos-, Birken und Ahornwasser.
2. **Algen:** Die Mikroalge **Chlorella** (*Chlorella pyreniodosa*) unterstützt den Organismus beim Entgiften, besonders von Schwermetallen, und bekämpft freie Radikale. Gleichzeitig stärkt sie das Immunsystem und schenkt Vitalität. Die Makroalge **Dulse** ist ebenfalls ein Detox-Wunder in Sachen „Ausleitung von Schwermetallen“, sie schmeckt mild und lecker und ist für Smoothies, Salate, Aufstriche (**Angi's Algen-Tatar**,

Rezept Seite 217) u. v. m. geeignet. (Siehe „Dein Algen-Guide“, Seite 196 ff.)

3. **Gräser, Mikrogrün & Sprossen:** Grassäfte und Mikrogrün (vor allem Bockshornklee, Brokkoli, Mariendistel) schenken Leichtigkeit u. v. m. Aktivierte Basilikum-, Chia-, Floh- und Leinsamen zählen zu den schleimbildenden Samen, die das Verdauungssystem anregen und die Entgiftung unterstützen.
4. **Wildpflanzen & Kräuter:** Reinigende Effekte haben Birkenblätter, Brennnessel, wilde Gräser wie Ray- oder Durva-Gras (siehe Seite 20), Indischer Wassernabel (*Centella asiatica*), Koriandergrün, Löwenzahn, Mariendistel, Moringa, weitere Wildkräuter u. a. m. (siehe „Dein Wildkräuter-Guide“, Seite 190 ff.).
5. **Heilerden:** Die Volksmedizin nutzt Heilerden seit jeher. Zeolith, ein vulkanisches Naturgestein, ist z. B. reich an Mineralien und wird aus natürlichen Ablagerungen gewonnen. Heilerden wirken entschlackend, reinigen das Verdauungssystem, helfen bei Sodbrennen, entgiften den Organismus, stärken das Immunsystem etc. Besonders hervorzuheben ist hier *AION A*, das von der Naturheilpraktikerin Emma Kunz (1892–1963) entdeckte Schweizer Heilgestein. Das Pulver ist für die äußerliche Anwendung als Medizinprodukt zugelassen und wird, in Wasser eingerührt, getrunken.

In diesem Kapitel findest du frische, beflügelnde Rezepte für mehr Leichtigkeit, Schwung und Lebensfreude.

Dein Wildkräuter-Guide

Wildpflanzen: Ein Geschenk der Natur

Es ist faszinierend, welche Fülle und Vielfalt an wild wachsenden essbaren Pflanzen/Kräutern uns die Natur schenkt. Jede Klimazone hat ihre einzigartige Flora: Allein in Mitteleuropa gibt es um die 1500 verschiedene genießbare Wildpflanzen, die unseren Körper, unseren Geist und unsere Seele nähren, uns mit der Natur, mit dem Jahreszyklus verbinden und uns im Vergleich zu Kulturpflanzen überwältigende Aromen schenken. Deshalb: *Rewild yourself!*

Wildkräuter – Blüten, Blätter, Samen, Stängel und Wurzeln – können als Tee, als würziges Pesto, in Smoothies, als zarte Gemüsebeilage ... genossen werden: Sie lassen sich auf vielfältigste Weise in der HighVibe-Küche verwenden. Dabei sind sie besonders reich an Nährstoffen, Vitaminen, Mineralstoffen, Spurenelementen und bioaktiven Pflanzenstoffen, haben also auch heilende Wirkungen und sind wahre Lebens-Mittel. Das jahrtausendealte Wissen um Wildpflanzen als Heil- und Lebensmittel ist gut überliefert.

Wild wachsende Pflanzen gehören zu unserem artgerechten Essen. Zudem sind sie an das ***Wood Wide Web*** (siehe auch Seite 104) angeschlossen, Teil der natürlichen Rhythmen der Natur, sind widerstandsfähig, strotzen nur so von Energie und haben eine ordnende Kraft. Wildkräuter enthalten bis zu 23-mal mehr sekundäre Pflanzenstoffe als kultivierte Pflanzen.

Wie weit wild wachsende Pflanzen unseren Kulturpflanzen in Sachen „Nähr- und Vitalstoffgehalt" überlegen sind, das kannst du der Tabelle auf der rechten Seite entnehmen.

Alles, was du wissen musst: Die Wildkräuter-Basics

Lass uns im Folgenden einen Blick auf die häufig vorkommenden mitteleuropäischen Wildpflanzen werfen. Wildkräuter, wie Brennnessel, Giersch, Löwenzahn und Franzosenkraut, wachsen auch in urbanen Gegenden reichlich.

Ernten nach Jahreszeiten ...: Wildpflanzen sind unsere ganzjährigen Begleiter (manche findest du auch im Winter). Verschiedene Pflanzenteile sind in unterschiedlichen Entwicklungsstadien genießbar. Du kannst folgende Teile ernten:

- **Stängel bzw. junge Triebe** von Beinwell, Giersch, Knoblauchsrauke, Löwenzahn, Moschusmalve, Rotklee, Sauerampfer ...
- **Wurzeln und Zwiebeln** von Löwenzahn, Malve, Pastinake, Topinambur, Wilder Möhre, Wegwarte ...
- **Blätter/Nadeln/Triebspitzen** von Birke, Buche, Fichte, Tanne; von Brennnessel, Giersch, Löwenzahn, Oregano, Spitzwegerich ...

- **Blüten und Blütenknospen** von Bärlauch, Gänseblümchen, Löwenzahn, Oregano, Wilder Rose … (siehe „Dein Guide der essbaren Blüten“, Seite 154 ff.)
- **Früchte** von Aronia-, Blau-, Berberitzen, Bocksdorn- (*Lycium barbarum*) , Brom-, Erd-, Him-, Johannis- und Maulbeere; Felsenbirne, Hagebutte, Sanddorn, Weißdorn, Quitte …
- **Samen** von Ackersenf, Bärlauch, Brennnessel, Eiche, Esskastanie, Fichte, Haselnuss, Mohn, Wegerich, Wiesenkümmel, Wilder Möhre …

Vergeich von Kultur- und Wildgemüse[79]

Kultur-/ Wildgemüse	Wassergehalt (in Prozent)	(Milligramm/100 Gramm Gemüse) Eiweiß	Kalium · K	Phosphor · P	Magnesium · Mg	Calcium · Ca	Eisen · Fe	Vitamin C	Provitamin A · Betacarotin (in Mikrogramm Retinoläquivalenten/100 Gramm Gemüse)
Chinakohl	95,4	1,3	202	0	11	40	0,6	36	13
Weißkraut	92,1	0,2	227	27,5	23	46	0,5	46	7
Kopfsalat	95,0	0,6	224	33	11	37	1,1	13	130
Spinat	91,6	2,1	633	55	58	126	4,1	52	700
Gänseblümchen	87,5	2,6	600	88	33	190	2,7	87	160
Brennnessel	84,8	5,9	410	105	71	630	7,8	333	740
Giersch	87,2	6,7	510	88	67	230	4,3	201	684
Löwenzahn	89,9	3,3	590	68	23	50	1,2	115	384

Beachte, welche Pflanzenteile in welchen Mengen genießbar sind.

Die Energie der Pflanze konzentriert sich je nach Jahreszeit in verschiedenen Pflanzenteilen – abhängig davon, ob sie gerade Wurzeln oder Blätter treibt, ob sie Knospen und dann Blüten bildet etc. –, und so ernten wir die jeweiligen Teile der Pflanze auch in den Zeiten, wo sie am energiereichsten sind:

Wildkräuter: Die Grundlage von Volksmedizin & Naturheilkunde

In der Volksmedizin und der Naturheilkunde werden Wildpflanzen vielfältig eingesetzt: Aus ihnen hergestellte Tees, Tinkturen, Ölauszüge, Salben und Balsame werden für Dampfbäder und Inhalationen, Waschungen, Spülungen, Wickel und Auflagen sowie zum Räuchern verwendet.

Tipps:

- Ein Fachbuch hilft dir, die Pflanzen in deiner Gegend und die Plätze, an denen sie zu finden sind, besser kennenzulernen. Jede Pflanze hat so viele Anwendungsmöglichkeiten, dass es sich lohnt, tiefer in das Thema einzutauchen.
- Informiere dich bei einem Kräuterfachkundigen vor Ort oder auf der Website *https://mundraub.org/map* darüber, wo du Wildkräuter sammeln kannst, wo du Obstbäume und -sträucher findest. Hier kannst du auch deine persönlichen Fundorte mit der Community teilen.
- Mittlerweile gibt es auch Apps für das Handy, die es dir leicht machen, Wildpflanzen zu bestimmen.
- In der Wunderwelt der Wildpflanzen gibt es so viel zu entdecken. Damit du sie mit allen Sinnen erfahren kannst und lernst, sie eindeutig zu bestimmen (und nicht zu verwechseln) und zu verwenden, empfehle ich von Experten geführte Wildkräuterwanderungen. Natürlich kannst du auch an deinem Urlaubsort neue Wildkräuter entdecken.

- im **Vorfrühling und Frühling** junges Mikrogrün/Blätter, Triebspitzen von (Nadel-)Bäumen und Büschen; Knospen, Baumblüten und -Blätter; Baumsäfte wie Birken- und Ahornwasser;
- im **Sommer** Blütenknospen und Blüten, Samen, Früchte, Stängel und Würzkräuter; im **Herbst** Früchte, Samen sowie Wurzeln
- und im **Winter** vereinzelt Blätter (wie Brombeere), Nadeln von Fichte und Tanne, Früchte (wie Hagebutte) und Wurzeln.

Es gibt Wildpflanzen, die man in verschiedenen Jahreszeiten genießen kann, beispielsweise junge Brennnessel- und Gierschblätter, die vom Frühling bis in den Spätsommer hinein nachwachsen. Pflücke hier vor allem die jungen Blätter/die Triebspitzen.

... und in freier Natur: Essbare Wildpflanzen wachsen auf Wiesen, in Wäldern, am Wegrand, im Wald, an Bach- und Seeufern, in Parks ... eigentlich überall. Wir finden sie auch am Meer in den Dünen, in Sumpfgebieten und im Gebirge.

Ernte nur Wildpflanzen, die du kennst. Viele Pflanzen haben ungenießbare oder sogar giftige „Doppelgänger“ (wie das giftige Maiglöckchen, dessen Blätter denen des Bärlauchs ähneln). Und **sammle in unberührter Natur** – fern von gedüngten Wiesen, Äckern, Reben (wo

Herbizide, Pestizide, Düngemittel und andere Chemikalien zum Einsatz kommen), sehr befahrenen Straßen, Industriegebieten und Bereichen, in denen Hunde Auslauf haben.

Praxis-Tipp: Nimm an einem Wildkräuterkurs teil, um die wild wachsenden essbaren Pflanzen deiner Region besser kennenzulernen.*

... oder im eigenen Garten/auf dem Balkon: Du kannst Wildkräuter als „Beikraut" neben deinen Kulturpflanzen – auch im Balkonkasten – anpflanzen oder einen Wildkräutergarten anlegen. Achte hier auf ein rein biologisches Umfeld, das frei von Chemikalien und anderen schädlichen Substanzen ist. Wir wollen Natur pur. 🙂

Die Samen für deinen Wildkräutergarten holst du dir selbst ... weit draußen an einem abgelegenen Platz in der Natur. In ausgewählten Biogärtnereien findest du auch Samen und kleine Setzlinge seltener oder geschützter Pflanzen.

Praxis-Tipps:

- Dr. Markus Strauss (*1966) hat eine wundervolle Vision verwirklicht. Mit seinen **Essbaren WildPflanzenParks** möchte er Menschen in ganz Deutschland mit wilden Pflanzen versorgen. Wo du diese Parks findest und wie du das Projekt unterstützen kannst, erfährst du unter *www.ewilpa.net.*
- **Mikrogrün aus wilden Samen** kannst du auch zu Hause – auf (Kokos-)Erde – ziehen. Borretsch-, Brennnessel-, Mariendistel- und Löwenzahnsamen keimen nicht immer und brauchen auch etwas länger. *Wilde Samen sind eben „wild" und nicht so berechenbar wie Kultursaatgut.* Deshalb: Am besten einfach ausprobieren. (Siehe „Dein Keim-Guide", Seite 24 ff.)

Tipps zum richtigen Ernten:

- Ernte die kostbaren Geschenke der Natur mit **Rücksicht und Respekt**, um die Natur zu schonen: Nimm nur so viel, wie du brauchst. Ernte da, wo viele Pflanzen einer Art wachsen und gesund aussehen, und stets nur einige Blätter oder Blüten einer Pflanze, damit sie wieder nachwachsen kann. Pflücke an verschiedenen Stellen. So wird der Bestand auch für das nächste Jahr gesichert.
- **Als Equipment zum Sammeln** empfiehlt sich ein offener Korb, eventuell mehrere Glasbehälter für das Gesammelte, eine feuchte Stoffserviette oder ein Stück nasses Küchenpapier (worauf du die Wildkräuter vorsichtig legst, wenn du länger unterwegs bist), ein Baumwolltuch zum Abdecken, vielleicht einen

* Für Deutschland, Österreich und die Schweiz: *www.herbario.org*; für Österreich *https://fnl-kraeuterakademie.at*

Die bekanntesten und beliebtesten Wildpflanzen sind:

Ackerschachtelhalm (*Equisetum arvense*)
Bärlauch (*Allium ursinum*)
Beinwell (*Symphytum officinale*)
Birkenblätter (*Betula*)
Breitwegerich (*Plantago major*)
Brennnessel (*Urtica*)
Brombeerblätter (*Rubus sectio Rubus*; auch im Winter)
Buchenblätter (*Fagus*)
Echte Schlüsselblume (*Primula veris*)
Echtes Mädesüß (*Filipendula ulmaria*)
Echte Engelwurz (*Angelica archangelica*)
Echter Kümmel (*Carum carvi*)
Einjähriger Beifuß (*Artemesia annua*)
Franzosenkraut (Knopfkraut, *Galinsoga parviflora*)
Frauenmantel (*Alchemilla*)
Gänseblümchen (*Bellis perennis*)
Gewöhnliche Vogelmiere (*Stellaria mediav*)
Gewöhnlicher Löwenzahn (*Taraxacum sect. Ruderalia*)
Giersch (*Aegopodium podagraria*)
Gundermann (*Glechoma hederacea*)
Lindenblätter (*Tilia*)
Mariendistel (*Silybum marianum*)
Rotklee (*Trifolium pratense*)
Schafgarbe (*Achillea*; etwa 100 Arten)
Spitzwegerich (*Plantago lanceolata*)
Tannengrün ((*Abies*)
Waldmeister (*Galium odoratum*)
Weißer Gänsefuß (*Chenopodium album*)
Wiesenlabkraut (*Galium mollugo*)
Wiesensalbei (*Salvia pratensis*)
Wiesen-Sauerampfer (*Rumex acetosa*)
Wilder Thymian (Quendel, *Thymus serpyllum*)

Baumwollbeutel, ein scharfes (Taschen-) Messer oder eine Schere und für die Brennnesselernte Gartenhandschuhe. Zum Ausgraben von Wurzeln empfehle ich dir ein Werkzeug.

Reinigen und aufbewahren: Verarbeite Wildkräuter am besten sofort nach dem Sammeln. Wenn du von deiner Wildkräuterwanderung nach Hause kommst, schüttelst du deine gesammelten Schätze gut aus und legst sie anschließend ein paar Minuten lang auf einen Tisch im Freien, damit auch die letzten Insekten noch fliehen können.

Wenn du die Wildkräuter nicht sofort verwendest, kannst du sie auch – ungewaschen – in einem Glasbehälter auf einem feuchten Tuch im Kühlschrank aufbewahren.
Die wilden Pflanzen erst vor dem Verarbeiten ganz vorsichtig waschen.

Du kannst Wildkräuter entweder **mit Wasser abspülen** oder du legst sie etwa 5 Minuten lang in ein **Wasserbad**. Ein desinfizierendes Wasserbad (mit 1 Schuss Essig oder Speisenatron, siehe Seite 27) kann, muss aber nicht sein.

Verwendung & Rezeptideen: Die kulinarischen Möglichkeiten von Wildkräutern und -pflanzen sind unendlich groß. Beginne mit kleinen Mengen, denn der Geschmack und die Wirkung wild wachsender Pflanzen sind deutlich intensiver als die unserer Kulturpflanzen.

Informiere dich gut, welche Pflanzen nur in bestimmten Mengen genossen werden sollten. Wie der Schweizer Arzt Paracelsus schon im 16. Jahrhundert sagte: *„All Ding' sind Gift, und nichts ist ohn' Gift; allein die Dosis macht, dass ein Ding kein Gift ist."*

Du kannst aus deinen frisch gesammelten Kräutern Tees, Kaltauszüge, Wildkräuter-Pestos, rohköstliche Cracker und Brote, Smoothies, Säfte (in kleinen Mengen), Salate, Saucen, Suppen (rohköstlich oder gekocht), Wildkräuterpfannen und gekochte Gerichte (Wildkräuter-„Spinat", z. B. mit Brennnesseln oder Giersch) u. a. m. kreieren.

Praxis-Tipp: Wildkräuter kannst du durch Fermentieren (siehe „Dein Fermentier-Guide", Seite 74 ff.) oder Trocknen (siehe „Dein Dehydrier-Guide", Seite 112 ff.) haltbar machen.

Wildkräuterpulver – Superfood einfach selbst herstellen

Im Frühjahr bzw. Sommer gesammelte und anschließend getrocknete (siehe „Dein Dehydrier-Guide", Seite 112 ff.) Wildkräuter mit zwischen den Fingern oder im Mörser fein zerreiben, durch ein Sieb reiben oder ein paar Sekunden lang im Hochleistungsmixer zu Pulver verarbeiten – und voilà: Fertig ist dein Wildkräuterpulver, das in ultravioletten Gläsern (siehe Infokasten Seite 27) oder Dosen trocken, lichtgeschützt und kühl aufbewahrt, 1 Jahr oder länger haltbar ist.

Hier stelle ich dir zwei einfache Varianten eines Wildkräuterpulvers mit Brennnesselblättern (enthalten viel Eiweiß, Silizium, Chlorophyll) vor. Bittere bzw. intensiver schmeckende Wildkräuter kannst du nach Belieben geringer dosieren.

Variante 1: Verwende ausschließlich getrocknete Brennnesselblätter (eventuell noch Brennnesselsamen untermischen).

Version 2: Nimm je ⅓ getrocknete Brennnessel-, Giersch- (mit viel pflanzlichem Eiweiß) und Löwenzahnblätter (reich an aktivierenden Bitterstoffen). Ist dir Löwenzahn zu bitter, nimm Spitzwegerichblätter (enthalten besänftigende Schleimstoffe) oder Gartenkräuter deiner Wahl.

Praxis-Tipp: Das HighVibe-Pulver ist perfekt für Smoothies, Saucen, Dips und Säfte geeignet und ein ideales natürliches Nahrungsergänzungsmittel. Du kannst es über deinen Salat streuen, ins Müsli geben oder einfach, in Wasser eingerührt, trinken.

Hast du das gewusst?

Schon Sebastian Kneipp (1821–1897) empfahl „Grünmehl". In früheren Zeiten hat man es aus dem Grün des Gemüses (aus Sellerie-, Karotten- Kohlrabiblättern) und Kräutern zubereitet. Die Zutaten wurden klein geschnitten, getrocknet, zu Pulver verarbeitet und, wie mir Gabriele Bräutigam, Wildkräuter-Expertin und Freundin, erzählte, allen möglichen Speisen (sogar dem Brotteig) zugegeben.

So waren die Menschen durchs Jahr gut versorgt mit „grünen Nähr- und Vitalstoffen" – zur Nachahmung empfohlen!

Dein Algen-Guide

Diese pflanzenartigen Lebewesen zählen zu den ältesten Bewohnern der Erde und kommen, z. T. frei schwimmend, hauptsächlich in Salz- und Süßwasser vor. Es gibt fast 500 000 verschiedene Algenarten, viele von ihnen enthalten Chlorophyll für ihre Fotosynthese. Manche Algen sind essbar, andere giftig.

Seit jeher wichtige Heil- und Lebensmittel, haben Algen in den letzten Jahren sowohl in der gesunden als auch in der Gourmetküche unserer Breitengrade ihren Platz gefunden. Essbare Algen sind eine wertvolle Ergänzung für die HighVibe-Küche mit ganz besonderen geschmacklichen, nährstofflichen und energetischen Besonderheiten, denn sie sind nicht nur reich an Proteinen, Omega-3-Fettsäuren, Vitamin C, Kalzium, Eisen, Jod und Betacarotinen, sie besitzen wie Vitalpilze, Wildkräuter, fermentiertes Gemüse, Sprossen und anderes HighVibe-Food ganz eigene Vibes und geben den Speisen einen ganz besonderen „Touch“. Sie sind außerordentlich reich an Mineralstoffen, Pigmenten wie Chlorophyll, Biophotonen und haben entgiftende, revitalisierende, beschwingende Effekte.

Menschen in Okinawa/Japan essen ungefähr 200 Gramm (Makro-)Algen pro Tag, und die Inseln sind bekannt für ihre überdurchschnittlich hohe Zahl an Hundertjährigen.

Unterscheiden lassen sich zwei Gruppen von Algen: die mikroskopisch kleinen Mikroalgen und die Makroalgen, die mit bloßem Auge erkennbar sind und bis 60 Meter lang werden können. Die meisten Großalgen leben im Meer (Seetang). Im Folgenden will ich dir die Mikro- und Makroalgen vorstellen, die unsere HighVibe-Speisen aufwerten.

Mikroalgen – Nahrungsergänzungen: Mikroalgen-Pulver, -Presslinge, -Flocken ...

Die mikroskopisch kleinen Gesundheitswunder stellen den weitaus kleineren Teil der essbaren Algen dar. Ihr Anbau ist aufwendiger und das macht sie vergleichsweise teuer. Mikroalgen werden weltweit in offenen Teichanlagen, in Bioreaktoren und Glasröhrensystemen angebaut.

Neben lebenswichtigen Nähr- und Vitalstoffen enthalten Mikroalgen natürliche Pigmente (grünes Chlorophyll, orangefarbene Carotine, rotes Phycoerythrin, blaues Phycocyanin ...), wodurch sie Sonnenlicht verschiedener Wellenlängen aufnehmen können. Diese Farbstoffe haben positive Wirkungen auf unseren Körper: Sie sind ein starkes Antioxidans, Anti-Krebs- und Schlankheitsmittel, wirken entzündungshemmend, schützen unsere Nervenzellen und dienen als Biophotonen-Träger.[80] Für Letztere gilt: Je mehr Lichtenergie (Biophotonen) gespeichert werden kann, desto höher ist die Qualität der Lebensmittel. Mikroalgen aus dem Meer enthalten außerdem jede Menge energiereiche Moleküle, die uns schnell Energie zur Verfügung stellen.

Mikroalgen kannst du leicht in deine alltägliche Ernährung integrieren, denn sie sind als Pulver, Flocken, Presslinge und in Kapseln erhältlich. Ihr Geschmack mag am Anfang allerdings ein wenig gewöhnungsbedürftig sein. Nimm sie als Nahrungsergänzung in Pulverform nach Belieben in Wasser oder in einem Getränk (Saft, Smoothie) ein oder gib sie direkt in deine Speise. Sie werten Smoothies (**Goddess Smoothie**, Rezept Seite 52), **Angi's EasyDetox-Smoothie**, Rezept Seite 205), Aufstriche, Shakes, rohköstliche Torten, Proteinbars (**EnerCHI-Kraftriegel**, Rezept Seite 134 f.) usw. perfekt auf.

Beginne stets mit kleineren Mengen Algenpulver, erhöhe die Dosis langsam und achte auf die empfohlene Tagesdosis.

Die Top-Mikroalgen sind:

- **Phytoplankton (*Nannochloropsis gaditana*)** – die Alge fürs Leben – ist ein einzigartiges Wunderlebensmittel, das alle Nährstoffe enthält, die die menschliche Zelle benötigt. Marines Phytoplankton wirkt stark basisch (siehe Seite 186 f.), ist die beste Quelle für Omega-3-Fettsäuren, enthält wertvolle Pigmente (u. a. Chlorophyll), 21 Aminosäuren und viele weitere Nähr- und Vitalstoffe.

  Tipp: Verwende Ur-Phytoplankton, das in Nordeuropa in einem Naturschutzgebiet geerntet wird. Es ist frei von Umweltgiften sowie Schwermetallen.
- **Chlorella** hat eine stark entgiftende Wirkung, z. B. bei Belastungen durch Quecksilber (wie sie bei Zahnfüllungen aus Amalgam auftreten können) und Schwermetalle.
- **Blau-grüne Bakterien (*Cyanobakterien*)** sind perfekte Biophotonen-Lieferanten. Neben unzähligen essenziellen Nähr- und Vitalstoffen enthalten sie Farbstoffe (vor allem das blaue Phycocyanin, das Träger von Biophotonen ist). Eine der bekanntesten Süßwasser-*Cyanobakterien* ist Spirulina, das körperlich vitalisierend wirkt, das Immunsystem stärkt und im Körper basisch verstoffwechselt wird.
- **Blutregenalgen (*Haematococcus pluvialis*)** leben in Süßwasser, wirken antioxidativ, entwickeln als Schutz das blut-rote Pigment (Astaxanthin) und färben Teiche und Seen rot. Diese Algen zählen zu den stärksten natürlichen Antioxidantien. Nimm sie als Nahrungsergänzung ein.

Achte auf Bio- und Rohkostqualität, denn beim Anbau von Mikroalgen kann es zu Verunreinigungen kommen. Einheitliche Qualitätsstandards fehlen hier leider noch. Bei Produzenten, die keine Reinheitstests (Schwermetalle etc.) angeben, fragst du am besten persönlich nach (Bezugsquellen siehe *www.highvibefood.de*). Algenprodukte aus China sind ein No-Go!

Makroalgen – Perfekt für die HighVibe-Küche

Rot-, Grün und Braunalgen kannst du sowohl für rohköstliche als auch für gekochte Speisen verwenden. Dulse, Meeressalat und Seetang erhältst du frisch, andere Algen getrocknet, manche als Flocken und als Pulver.

Beim Einweichen getrockneter Algen nehmen Volumen und Gewicht um ein Vielfaches zu (bei Dulse-Algen beispielsweise um das 5- bis 8-Fache). Das Einweichwasser anschließend *nicht* weiterverwenden (außer es ist im Rezept so angegeben)!

Die Top-Makroalgen sind:

- **Dulse (*Palmaria palmata*)** wächst in den Küstenbereichen von Atlantik und Pazifik. Die Blätter des Lappentangs sind rot bis dunkelrot, haben eine leicht ledrige Oberfläche, einen angenehmen Biss und schmecken nussig (leicht nach Speck). Du kannst sie getrocknet als Algenflocken in Salate, Saucen, Suppen, Smoothies, Cracker und gekochte Gerichte geben. *Einweichzeit* für getrocknete Flocken und kleine Stücke: 5 bis 10 Minuten; für größere getrocknete Stücke: 5 Minuten (anschließend gut abspülen)
- **Kombu (*Laminaria digitata*)** kommt weltweit vor allem in kalten und klaren Gewässern vor. Die Braunalge schenkt Speisen einen leicht rauchigen Umami-Geschmack.
  Einweichzeit für getrocknete Flocken und kleine Stücke: 15 bis 30 Minuten
- **Meeresspaghetti (*Himanthalia elongata*)** isst man in einigen Ländern tatsächlich wie Spaghetti. Die langen, feinen Braunalgen haben ein mildes Aroma.
  Einweichzeit für getrocknete „Spaghetti“: 30 Minuten
- **Meersalat (*Ulva lactuca*)** hat eine frische grüne Farbe, feine, zarte Blättchen und einen angenehm-würzigen Geschmack.
  Einweichzeit für getrocknete Flocken und kleine Stücke: 5 bis 10 Minuten
- **Nori (*Porphyra sp.*)** wird zur Herstellung von Sushi verwendet. Die Rotalge schmeckt leicht süßlich-rauchig und ist vielseitig einsetzbar.
  Einweichzeit für getrocknete Flocken: 5 bis 10 Minuten
- **Wakame (*Undaria pinnatifida*)** wächst in den Küstenregionen von Japan, Korea und China. Dort wird die Braunalge für Misosuppen und generell als Würzmittel verwendet. Sie schmeckt leicht nach Meer.
  Einweichzeit: 5 bis 10 Minuten (harte Mittelrippe ggf. entfernen)

Verwendung & Rezeptideen: Frische Algen sind meist in Meersalz eingelegt. Spüle es gründlich ab und weiche die Algen anschließend – je nach Art – 3 bis 10 Minuten in Wasser ein (zu den genauen Einweichzeiten siehe Packungsangabe). **Getrocknete Algen** werden ebenfalls zuerst in Wasser eingeweicht, außer wenn du Flocken oder Pulver direkt in die Speisen gibst (z. B. als Topping auf den Salat und in Saucen streust). Algen machen sich außerdem sehr gut als Zutat in Suppen, Smoothies, Crackern, Aufstrichen (**Angi's Algen-Tatar**, Rezept Seite 217), Gewürzmischungen (wie Suppenwürze und Gomasio) sowie gekochten Gerichten (Reis-, Nudelgerichten, Lasagne, Gemüsepasta ...).

HighVibe-Tipp: Ein **Algen-Flocken-Mix** ist das gesunde Plus in deiner HighVibe-Küche und macht es dir leicht, dieses Wunderlebensmittel in deine Ernährung zu integrieren. Stelle deinen Flocken-Mix selbst zusammen oder kaufe ihn fertig. Mische beispielsweise je ¼ Dulse-, Meersalat-, Nori- und Wakame-Flocken.

Die Algen in Bioqualität sollten auf natürliche und schonende Weise getrocknet worden sein, damit die Nährstoffe erhalten bleiben.

Den Jodgehalt reduzieren ...

Algen enthalten von Natur aus viel Jod und sind damit eine ideale, natürliche und pflanzliche Jodquelle. Der Gehalt schwankt je nach Art und Anbieter. Durch längeres Einweichen mit wiederholtem Wasserwechsel kannst du das Jod auswaschen. Kochen kann den Jodgehalt ebenfalls senken.

Das Einweichwasser anschließend nicht weiterverwenden, denn das Jod ist darin gelöst.

Angi's Lieblings-Detox-Saft

mit Gräsern, Koriandergrün & Ananas

Dies ist einer meiner absoluten Lieblings-Detox-Säfte. Er schmeckt dank Ananas und Grassaft unglaublich süß und ist für Neulinge im Reich der grünen Säfte geeignet. Er schenkt Reinigung und Revitalisierung pur!

Für etwa 1 Liter

1 Handvoll frisches Getreidegras (siehe Seite 32 ff., Tabelle Seite 35 ff.)
2–4 Stangen Staudensellerie
1 Gurke
¼ Ananas
1–2 cm frischer Ingwer
1 Bund Koriandergrün

Deko

ein paar Ananasstücke, in Scheiben *oder* Dreiecke geschnitten

ca. 15 Minuten

Slow Juicer/Handentsafter

So einfach geht's:

Sellerie, Gurke und Ingwer grob in Stücke schneiden.

Ananas schälen, den harten Kern entfernen und das Fruchtfleisch ebenfalls in Stücke schneiden.

Alle Zutaten entsaften.

Saft umrühren, in Gläser füllen, mit Ananasstücken dekoriert genießen.

Super-Detox-Tipp:

1 Handvoll Wildkräuter, Mariendistelmikrogrün oder Raygras (siehe Infokasten Seite 20, Tabelle Seite 32 ff.) hinzufügen. Wildkräuter sind sehr intensiv im Geschmack, sei deshalb anfangs sparsam und steigere die Mengen allmählich.

HeartCore Detox-Saft

mit Gräsern, Mariendistel & Wildkräutern

Ein intensiv schmeckender, reinigender, entgiftender Saft, der alles liefert, um uns auf jeder Ebene zu entlasten und zu erleichtern.

Für etwa 1 Liter

- 1 Handvoll frisches Getreidegras (von Dinkel, Emmer, Kamut und/ *oder* Gerste; 2 EL Getreide 8–12 Std. einweichen, 7–12 Tage keimen lassen; siehe Seite 32 ff.)
- ¼ –2 Handvoll Mariendistelmikrogrün (1 EL Keimgut 12 Std. einweichen, 9–21 Tage keimen lassen; siehe Seite 32 ff.) und/ *oder* Wildkräuter (Brennnessel, Löwenzahn, Gundermann …)
- 8 Stangen Staudensellerie
- 1 Apfel (alte Sorte, nicht zu süß)
- 1 Gurke
- ein paar Blätter Rucola *oder* wilder Mangold/Baby-Mangold
- 1–2 cm frischer Ingwer
- 1 Bund Koriandergrün
- ½–1 Bund Petersilie
- Saft von ¼ Zitrone/Limette
- 1 Handvoll Raygras (wahlweise; siehe Seite 32 ff., Infokasten Seite 20)

ca. 15 Minuten   Slow Juicer/Handentsafter

So einfach geht's:

Sellerie, Apfel (ohne Kerngehäuse), Gurke, Rucola oder Mangold und Ingwer grob in Stücke schneiden.

Alle Zutaten entsaften.

Den frischen Saft umrühren, in Gläser füllen, dekorieren und genießen.

Tipps:

Dieser Detox-Saft hat es in sich. Je nach Bedarf und Geschmack mit oder ohne Apfel zubereiten. Für mehr Süße gern 2 Äpfel entsaften.

Gerstengras ist ideal zum Entgiften, jedoch auch sehr intensiv im Geschmack und für Einsteiger nicht empfehlenswert. Emmer, Kamut oder Dinkel sind milder und verleihen dem Saft eine angenehme Süße.

Den Rest des Safts kannst du im Kühlschrank in einer Glasflasche (siehe Infokasten Seite 77) Tag aufbewahren.

HighVibe-Tipps:

Um noch intensiverer zu entgiften, kannst du 1 Tropfen ätherisches Oreganoöl mit der Zahnstochertechnik (siehe Infokasten Seite 158) in den Saft einrühren. Es wirkt antiparasitär, antioxidativ und verlängert zudem die Haltbarkeit des Safts.

Alternativ kannst du auch wenig ätherisches Pfefferminzöl (mit Zahnstochertechnik) oder 1 Tropfen Rosmarin-, Zitronen- oder Limettenöl verwenden.

Phoenix-Shot

RAW

mit Ingwer, Kurkuma, Pfeffer & ätherischen Ölen

Die Heilwurzeln Kurkuma und Ingwer wirken entgiftend und entzündungshemmend. Mit diesem kraftvollen Shot gehst du nach dem Trinken sprichwörtlich kurz durchs „Feuer" (Er ist scharf! 🙂) ... und fühlst dich danach, wie neu geboren: wie Phönix aus der Asche.

Für etwa ½ Liter (17 Shots à 30 ml)

- 4–6 mittelgroße Äpfel (alte Sorte, nicht zu süß)
- 50–100 g ungeschälter Ingwer
- 50–100 g ungeschälte Kurkuma
- einige Prisen frisch gemahlener schwarzer Pfeffer
- 3–4 Tropfen ätherisches Zitronenöl
- etwas ätherisches Zimtöl *oder* ätherische Ölmischung aus Zimt, Nelke und Zitrone (wahlweise; mit Zahnstochertechnik, siehe Infokasten Seite 158)

Deko

- 1–2 Prisen Cayennepfeffer
- 1 Stück Apfel

ca. 20 Minuten

Slow Juicer/Handentsafter

So einfach geht's:

Die Äpfel (ohne Kerngehäuse), vierteln, Kurkuma und Ingwer grob in Stücke schneiden. Die Zutaten entsaften.

Pfeffer und ätherische Öle einrühren.

Mit Cayennepfeffer bestreuen. Wenn gewünscht, mit einem Stückchen Apfel dekorieren. Den Shot sofort genießen.

Gut zu wissen!

Ingwer und Kurkuma wirken stark antioxidativ, entzündungshemmend, fördern die Verdauung und boosten dein Immunsystem. Die Bioverfügbarkeit des in der Kurkumawurzel enthaltenen Curcumins wird durch schwarzen Pfeffer um das 2000-Fache erhöht.

Ätherische Öle peppen den Shot geschmacklich und energetisch auf!

Tipps:

Es dauert sicherlich eine Weile, bis du dich an den intensiven Geschmack des Shots gewöhnst, doch du wirst ihn bald lieben. Beginne mit kleinen Mengen Ingwer und Kurkuma und nimm immer ein wenig mehr. Allerdings: Dies ist ein Shot! Er muss intensiv schmecken, es ist kein süßer Saft.

Falls du Yacon-Wurzeln zur Hand hast, verwende diese statt der Äpfel.

Den Rest des Shots kannst du im Kühlschrank in einer Glasflasche (siehe Infokasten Seite 77) 1 Woche aufbewahren.

Nimm weniger Äpfel und verdünne die Shots mit Wasser, so erhältst du einen köstlichen Drink.

Moringa Detox-Smoothie

mit Ananas, Gurke & Grünem

Moringa ist Wunderlebensmittel und Detox-Star. Die Blätter des Baums und das junge Mikrogrün enthalten wertvolle Vitamine, Mineralstoffe, sekundäre Pflanzenstoffe, besonders viel Chlorophyll, Enzyme und Biophotonen und helfen dem Körper, Altes loszuwerden.

Für 2 bis 4 Gläser (etwa ¾ Liter)

1–2 Handvoll frisches Moringa-Mikrogrün (1 EL Moringa-Samen 12 Std. einweichen, 14 Tage keimen lassen; siehe Seite 32 ff.) *oder* frische Moringa-Blätter
1 EL Chiasamen (in 5 EL Wasser 2–6 Std. einweichen) *oder* 1 TL Flohsamenschalen (in 4 EL Wasser 4 Std. einweichen)
½ reife Ananas
1–2 Handvoll junger Blattspinat *oder* 1–2 Grünkohlblätter
½–1 Salatgurke
Saft von ½ Limette *oder* Zitrone
ca. 300 ml Wasser *oder* frisches Kokoswasser
4–10 Eiswürfel
Fruchtfleisch von 1½ Avocado (wahlweise)

Deko

ein paar frische Pfefferminzblätter, ein paar Ananasstücke

ca. 10 Minuten

Hochleistungsmixer

So einfach geht's:

Die Ananas schälen, den harten Kern herausschneiden und das Fruchtfleisch grob in Stücke schneiden. Bei den Grünkohlblättern die dicke Mittelrippe herausschneiden, den Rest grob in Stücke schneiden. Die Salatgurke ebenfalls grob zerkleinern.

Alle Zutaten (außer Eiswürfel) cremig pürieren. Die Eiswürfel dazugeben und das Ganze noch einmal etwa 15 Sekunden auf höchster Stufe mixen.

Den Smoothie in Gläser füllen, mit Pfefferminzblättern und Ananas dekoriert genießen.

Tipps:

Moringa-Blätter können bitter schmecken. Saure Zutaten wie Limette und Zitrone und cremige Zutaten wie Avocado helfen, das auszugleichen. Beginne mit ein paar Blättern Moringa und erhöhe die Dosis nach und nach auf 1 bis 2 Handvoll.

Den Rest des Smoothies kannst du im Kühlschrank in einer Glasflasche (siehe Infokasten Seite 77) 1 Woche aufbewahren.

Angi's EasyDetox-Smoothie

mit Chlorella, Ur-Phytoplankton & Grassaftpulver

Ein Smoothie, der erleichtert und entlastet. Ur-Phytoplankton und Chlorella sind chlorophyll- sowie nährstoffreich und haben reinigende, aufbauende und energetisierende Eigenschaften. Die ätherischen Öle von Nelke und Oregano wirken antiparasitär.

Für 4 Gläser (etwa 750 ml)

1 Apfel
3–4 Grünkohlblätter
ca. ½ cm frischer Ingwer
1–3 getrocknete entkernte Pflaumen *oder* Feigen
¼ TL Flohsamenschalen
1–2 TL Chlorella-Pulver
Inhalt von 2–4 Kapseln Ur-Phytoplankton (Bezugsquellen siehe *www.highvibefood.de*)
1 EL Grassaftpulver (Bezugsquellen siehe *www.highvibefood.de*) *oder* 1 **EnerCHI-Shot** (Rezept Seite 44 f.)
1–3 Gewürznelken
etwa 300 ml Wasser

Zutaten deiner Wahl

1 EL Chiasamen (in 5 EL Wasser 15 Min.–4 Std. einweichen)
1 Tropfen ätherisches Zitronenöl
etwas ätherisches Oreganoöl (mit Zahnstochertechnik, siehe Infokasten Seite 158)
3–6 Eiswürfel

ca. 10 Minuten
Hochleistungsmixer

So einfach geht's:

Den Apfel vierteln, das Kerngehäuse entfernen. Bei den Grünkohlblättern die dicke Mittelrippe herausschneiden, das Grüne, den Ingwer und die Pflaumen grob in Stücke schneiden.

Alle Zutaten (außer Eiswürfel und ätherische Öle) cremig pürieren, das Eis dazugeben und das Ganze noch einmal etwa 15 Sekunden auf höchster Stufe mixen.

Die ätherischen Öle einrühren, den Smoothie in Gläser füllen und genießen.

Gut zu wissen!

Angi's EasyDetox-Smoothie kann im Darm sehr schnell und effektiv „aufräumen". Wenn du ihn zum ersten Mal trinkst oder wenn du am Vortag viel gegessen hast, schau, dass du eine Toilette in deiner Nähe hast: Es kann schnell gehen! Wenn du dich bereits sehr „grün" und *highvibe* ernährst, wird der Effekt wahrscheinlich nicht so intensiv sein.

HighVibe-Limonade

mit aktivierten Basilikumsamen, getrockneten Früchten & ätherischem Öl

Ein stylischer Wellness-Drink, ein Boost für dein tägliches Wohlbefinden und ein leckeres, sättigendes Beauty-Getränk für strahlende Gesundheit zugleich – von innen heraus gesund und schön sein. 😊

Für etwa 1 Liter

2–3 EL Basilikumsamen (2–6 Std. einweichen)
1 l Wasser
je 2–4 getrocknete Ananas- und Mangostücke
1–3 Tropfen ätherisches Zitronenöl

Zutaten deiner Wahl

1 cm bereits ausgekratzte Vanilleschote
einige Pfefferminz- *oder* Melissenblätter

ca. 5 Minuten

So einfach geht's:

Die Basilikumsamen ins Wasser einrühren. Ananas- und Mangostücke klein schneiden, mit den restlichen Zutaten deiner Wahl hinzugeben.

Die Limonade 15 Minuten bis 3 Stunden lang bei Zimmertemperatur stehen lassen, das Zitronenöl dazugeben und die Limo genießen.

Varianten: Diese HighVibe-Limonade kannst du in unterschiedlichsten Geschmacksrichtungen genießen: mit getrockneten oder frischen Früchten, ohne Früchte und mit Kräutern deiner Wahl.

Statt Basilikumsamen kannst du Chiasamen nehmen.

Ätherische Grapefruit-, Limetten- oder Zitrusölmischungen passen genauso wie Zimt-, Nelken-, Oreganoöl etc. (mit Zahnstochertechnik, siehe Infokasten Seite 158).

Für eine meiner Lieblingsvarianten verwende ich getrocknete Litschistücke, Basilikumsamen, etwa 3 Zentimeter bereits ausgekratzte Vanilleschote, wahlweise etwas Rosenöl (mit Zahnstochertechnik).

Basilikumsaat – Heilmittel mit Tradition

Basilikumsamen werden seit Jahrtausenden in der ayurvedischen und der traditionellen chinesischen Medizin als Heilmittel verwendet und sind auch in der asiatischen Küche eine gesunde Zutat für Drinks und Desserts. Sie bringen die Verdauung in Schwung, wirken reinigend, entgiftend, entzündungshemmend, belebend und tun dir einfach gut.

Tipp:

Im Kühlschrank ist die Limonade 1 Tag, ohne frische Pfefferminz- oder Melissenblätter sogar 2 Tage haltbar. Du kannst die Kräuter vor dem Genuss der Limo frisch dazugeben.

Würziger BasilBliss-Pudding mit Shiitake-Topping

RAW

mit Zedernuss-Mylk, aktivierten Basilikumsamen & frischen Kräutern

Basilikumsamen und all die anderen hochschwingenden Lebensmittel nähren, reinigen und beschwingen zugleich. Ein sättigendes Gericht der etwas anderen Art, voller Probio-Kulturen und Lebensenergie.

Für 2 bis 4 Portionen

2–4 kleine rote Paprikaschoten

400 ml **Zedernuss-Mylk** (Rezept Seite 226) *oder* ungesüßte pflanzliche Mylk nach Wahl
einige entkernte schwarze Oliven
4 sonnengetrocknete Tomatenscheiben
½ TL **Probio-Braunhirsepulver** (Rezept Seite 80; alternativ siehe Infokasten Seite 76)

3–4 EL Basilikumsamen
1 TL frischer Thymian
1 Prise Suppenwürze-Pulver
1 Prise frisch gemahlener schwarzer Pfeffer
1 Bund frischer Basilikum
1 Handvoll Rucola

Zutaten deiner Wahl
1 EL Chiasamen
1 Tropfen ätherisches Basilikumöl

Shiitake-Topping (wahlweise)
1 Handvoll Shiitake-Pilze
2–3 EL Kokosnuss-Aminos

Deko
frischer Oregano, Basilikum und/*oder* Basilikummikrogrün

ca. 15 Minuten

So einfach geht's:

Pudding Oliven und getrocknete Tomaten fein hacken. Alle Zutaten (außer Basilikum und Rucola) in einer Schüssel vermengen, Basilikumsamen hinzufügen und das Ganze 4 bis 6 Stunden bei Zimmertemperatur ruhen lassen.

Topping Shiitake-Pilze in feine Streifen schneiden, mit etwas Kokosnuss-Aminos vermengen und das Ganze 15 Minuten bis 2 Stunden oder länger im Kühlschrank ziehen lassen.

Fertigstellen Basilikum- und Rucola-Blätter fein hacken (dabei einige Blättchen Rucola als Deko zurückbehalten), unter die Pudding-Masse mischen.

Anrichten Die Paprikaschoten oben aufschneiden, sodass die Schote zu einem Gefäß mit Deckel wird. Den Paprika entkernen. Pudding hineinfüllen, das Shiitake-Topping mittig daraufgeben und mit ein paar Rucola-Blättchen, Basilikum ... dekorieren. Die Paprikadeckel auf die Schote setzen und servieren.

Tipps:

Sollten die Basilikumsamen nicht genug Flüssigkeit aufsaugen, rühre noch 1 bis 2 Teelöffel Chiasamen ein.

Diesen Basil-BlissPudding kannst du auch dickflüssig, als Aufstrich oder als Topping für andere Speisen verwenden.

Gourmet-Tipps:

Mit ½ klein gewürfelter Avocado (und etwas Zitronensaft beträufelt) und aktivierten & dehydrierten Zedernüssen (siehe Seite 26 ff., 112 ff. und Tabelle Seite 35 ff.) kannst du den Pudding noch weiter verfeinern.

Balsamico-Creme oder gut gereifter Balsamico passt ebenfalls gut, sind allerdings keine HighVibe-Zutaten.

BeFree-Salat

mit Detox-Sprossenmischung, Meerrettich, Dulse-Alge & ätherischen Ölen

Ein wunderbar erfrischender, belebender Salat. Radieschen, Rucola, Kapuzinerkresse, Löwenzahn, Meerrettich und Bockshornkleesprossen entlasten den Organismus und schenken ein Gefühl von Freiheit.

Für 2 bis 4 Portionen

- 2 Handvoll Sprossenmischung **Detox-Mix** (1 EL Keimgut 8–12 Std. einweichen, 4–6 Tage keimen lassen; siehe Seite 39, 30 ff.) *oder* Sprossen bzw. Mikrogrün nach Wahl
- 4–8 Blätter Chinakohl
- 2 Handvoll Rucola
- einige Kapuzinerkresse- und/*oder* Löwenzahnblätter bzw. Wildkräuter nach Wahl
- 8–10 rote Radieschen
- 3–4 Stangen Staudensellerie
- ½ Bund frische Petersilie

Dressing

- 2 TL Chiasamen (in 4 EL Wasser 1–4 Std. einweichen)
- je ½–1 cm ungeschälter Ingwer und ungeschälte Kurkuma
- Fruchtfleisch von 1 Avocado
- 1 Bund Koriandergrün
- Saft von 1 Zitrone
- 1 TL frisch geraspelter Meerrettich (*oder* Meerrettich aus dem Glas)
- 1 EL Dulseflocken
- 1–2 Tropfen ätherisches Zitronenöl
- 1 Prise frisch gemahlener Wilder Madagaskarpfeffer
- 100–150 ml Wasser (nach Bedarf)
- 2–4 Eiswürfel

Zutaten deiner Wahl

- 1 Prise Suppenwürze-Pulver
- 1 Prise Cayennepfeffer
- 1 Tropfen ätherisches Rosmarinöl
- 1–2 EL Schwarzkümmelöl

Deko

Kapuzinerkresseblüte, Schwarzkümmelsamen (5–6 Stunden einweichen)

ca. 20 Minuten   Mixer (wahlweise)

So einfach geht's:

Chinakohl und Grünes in kleinere Stücke zupfen, die Radieschen vierteln oder wie den Sellerie in dünne Scheiben schneiden, die Petersilienblätter fein hacken. Alle Zutaten in eine große Schüssel oder 4 kleine Schüsseln geben.

Dressing Alle Zutaten (außer Eiswürfel) cremig pürieren. Die Eiswürfel dazugeben und das Ganze noch einmal etwa 15 Sekunden auf höchster Stufe mixen.

Anrichten Das Dressing über den Salat träufeln, alles vermengen, nach Lust und Laune dekorieren und genießen.

Tipps:

Du kannst zusätzlich auch die Sprossenmischung **Detox-Mix** verwenden oder Mariendistelmikrogrün (siehe Tabelle Seite 35 ff.), das eine bemerkenswerte Entgiftungswirkung hat und ein wahrer „Leberschmeichler" ist.

Statt des Schwarzkümmelöls oder als Ergänzung kannst du veganes Mikroalgenöl (wahlweise mit Zitronengeschmack; Bezugsquellen siehe *www.highvibefood.de*) verwenden, das reich an Omega-3-Fettsäuren ist und zahlreiche andere gesundheitsfördernde Wirkungen hat.

Petersilie kannst du durch Koriandergrün oder andere frische (Wild-)Kräuter ersetzen.

Wohltuende Detox-Suppe

COOKED

mit Mungobohnensprossen, Chayote- & anderes Gemüse

Chayote und Topinambur sind besonders wohltuend, frische Mungobohnensprossen und Kräuter wirken beschwingend: Eine wundervoll wärmende Suppe mit Entgiftungseffekt für die ganze Familie!

Für etwa 2 Liter

- 4 Chayote
- 2 Handvoll Topinambur
- 150 g Knollensellerie
- 6 Stangen Staudensellerie
- 1 rote Zwiebel
- 2 cm frischer Ingwer
- 1–3 Handvoll grünes Blattgemüse *oder* Wildkräuter nach Wahl (z. B. Brennnesseln, Mangold, Spinat, Giersch)
- 1–2 EL Kokosöl (zum Andünsten)
- 2–5 TL Suppenwürze-Pulver
- ½–1 EL Kümmel
- 1 EL Kreuzkümmel
- ca. 1½ l Wasser
- 1 Lorbeerblatt
- 1 TL Koriandersamen (ganz *oder* gemahlen)
- frisch gemahlener schwarzer Pfeffer

Zutaten deiner Wahl

- 2–4 Knoblauchzehen
- 1 Prise Cayennepfeffer

Deko

1 Bund Koriandergrün, 3 Handvoll Mungobohnensprossen (2 EL Mungobohnen 12 Std. einweichen, 3 Tage keimen lassen; siehe Seite 30 ff.)

ca. 40 Minuten — Julienneschneider (wahlweise)

So einfach geht's:

Chayote schälen, entkernen, in kleine Würfel schneiden. Topinambur ebenfalls in Würfel schneiden, Knollensellerie schälen und würfeln, Staudensellerie in Streifen schneiden. Zwiebel in dünne Ringe schneiden, Ingwer schälen und sehr fein hacken. Grünes Blattgemüse oder Wildkräuter fein hacken.

Das Kokosöl in einer Pfanne erhitzen und Zwiebelwürfel darin unter Rühren glasig andünsten. Fein gehackten Knoblauch, Ingwer, Topinambur und Knollensellerie hinzufügen und mit andünsten. Wenn die Zwiebelstücke glasig sind, Suppenwürze, Kümmel, Kreuzkümmel und Chayote dazugeben und 3 Minuten mit anrösten. Mit Wasser aufgießen, Staudensellerie und Lorbeerblatt hinzufügen, das Ganze weitere 5 bis 10 Minuten köcheln lassen.

Die Suppe vom Feuer nehmen, grünes Blattgemüse oder Kräuter hineinrühren, Cayennepfeffer dazugeben, mit Pfeffer abschmecken. Das Ganze noch etwa 10 Minuten zugedeckt ziehen lassen.

Anrichten Koriandergrün fein hacken. Die Suppe in Schüsseln geben. Wenn sie ein wenig abgekühlt ist, Mungobohnensprossen und Koriandergrün daraufstreuen.

Tipps:

Im Kühlschrank kannst du die Suppe 5 Tage aufbewahren, die Mungobohnensprossen 1 Woche.

(Kreuz-)Kümmelsamen 1 bis 6 Stunden in Wasser aktivieren.

Gourmet-Tipp:

Sättigender wird die Suppe mit aktivierter, gekochter Quinoa (siehe Rezept Seite 126) als Einlage.

Triniti-Pasta

mit Avocado, Bärlauch-Pesto & Zedernüssen

Grün in Grün: Ein Pastagenuss der besonderen Art mit HighVibe-Zutaten – Sprossen, Zedernüsse und HighVibe-Pesto.

Für 2 Portionen

2–4 kleine bis mittelgroße Zucchini
½–1 TL Suppenwürze-Pulver
Fruchtfleisch von 1 Avocado
etwas Zitronensaft (zum Beträufeln)

1 Handvoll Zedernüsse (2–8 Std. aktivieren, 5–12 Std. dehydrieren; siehe Seite 26 ff., 112 ff.)
4–8 EL **HighVibe-Bärlauch-Pesto** (Rezept Seite 220)

Deko
frische Sprossen *oder* Sprossenmix nach Wahl (siehe Seite 39 ff.), 1 Prise frisch gemahlener weißer Pfeffer, 1 Prise frisch gemahlener Wilder Madagaskarpfeffer *oder* schwarzer Pfeffer, 6–8 frische Bärlauchblätter (wahlweise)

ca. 15 Minuten

Gemüsehobel

So einfach geht's:

Zucchini-Tagliatelle Die Zucchini der Länge nach in etwa 1 Zentimeter Abstand einschneiden, sodass die Zucchini noch zusammenhält, und mit dem Gemüsehobel zu Bandnudeln verarbeiten. Diese in eine Schüssel geben, Suppenwürze hinzufügen und gut in die Gemüsenudeln einmassieren. Das Ganze etwa 5 Minuten stehen lassen.

Das Avocadofruchfleisch in dünne Scheiben schneiden, diese mit Zitronensaft beträufeln.

Anrichten 3 bis 4 Bärlauchblätter dekorativ auf jedem Teller platzieren, Tagliatelle mittig auf die Teller setzen, Pesto darübergeben und Zedernüsse darüberstreuen. Das Ganze mit Avocadoscheiben, Sprossen und allen weiteren Dekozutaten servieren.

Tipps:

Die Suppenwürze lässt die Zucchini-Nudeln Wasser ziehen und führt zu einer Art „Garprozess", ähnlich wie beim Kochen. Drücke die Veggie-Nudeln etwas zusammen, bevor du sie auf die Teller gibst. Sie ziehen Wasser, das mit der Suppenwürze eine leckere Sauce ergibt.

Hast du kein Bärlauch-Pesto zur Hand, dann verwendest du einfach ein anderes Pesto oder andere Saucen, wie die **Sacred** oder die **Secret Wild Sauce** (Rezepte Seite 216), **Angi's Sauce Tatar** (Rezept Seite 219) oder **Kokos-Curry-Creme** (Rezept Seite 223).

Cooked-Tipps:

Erwärme die Gemüsenudeln 2 bis 3 Minuten bei schwacher Hitze in einer Pfanne. Dabei ziehen sie noch mehr Wasser.

Eine „enzymfreundliche“, warme Gemüsenudel-Variante erhältst du, wenn du die Zucchini-Pasta 10 bis 15 Minuten bei 42 °C in den Dörrapparat gibst und sie dabei immer wieder vorsichtig bewegst.

6. HighVibe-Basic-Rezepte

Saucen, Aufstriche, Pestos & Co.

Sacred Wild Sauce

RAW

Eine meiner Lieblingssaucen – mit wilden Zedernüssen, den „Perlen der Taiga" – ist schnell gemacht, durch die probiotischen Kulturen länger haltbar ist und schmeckt unfassbar lecker. Diese Sauce ist die perfekte Basis für Dips, Salatdressings …

Für 1 großes Glas (etwa ½ Liter)

- 150 g Zedernüsse (2–4 Std. einweichen)
- ca. 200 ml Wasser
- 1 TL **Probio-Braunhirsepulver** (Rezept Seite 80; alternativ siehe Infokasten Seite 76)
- 1–2 TL Suppenwürze-Pulver
- 2 EL naturtrübes Olivenöl *oder* echtes Trüffelöl
- 1–2 EL Apfelessig *oder* frisch gepresster Zitronensaft

Zutaten deiner Wahl

- 1–2 EL Kokosnuss-Aminos
- 1 EL Ahornsirup *oder* Kokosblütenzucker
- ½–1 TL Kümmel *oder* Kreuzkümmel
- 2 TL frisch geraspelter Meerrettich (*oder* Meerrettich aus dem Glas) *oder* Senf
- 1 Prise Knoblauchpulver
- frisch gemahlener Wilder Madagaskar-pfeffer *oder* schwarzer Pfeffer

ca. 10 Minuten

Mixer

So einfach geht's:

Alle Zutaten im Mixer cremig verrühren. Mit Pfeffer abschmecken.

Varianten: Für **Secret Wild Sauce** verwendest du statt der Zedernüsse Cashewkerne, die du vorher ebenfalls 2 bis 4 Stunden einweichst.

Mit Walnüssen (8 bis 12 Stunden einweichen) *oder* Macadamianüsse (4 bis 6 Stunden einweichen) schmeckt die Sauce ebenfalls köstlich.

Tipp:

Die Sauce ist im Kühlschrank in einem verschlossenen Glas 5 bis 7 Tage haltbar.

Angi's Algen-Tatar

RAW

Egal ob mit frischen oder mit getrockneten Algen: Dieses Tatar ist schnell gemacht und perfekt als Aufstrich, Snack & Topping.

Für 1 kleines Gläschen (etwa 150 Milliliter)

120 g frische Algen (z. B. eine Mischung aus Dulse-, Ulva-, Nori-Algen)
½ kleine rote Zwiebel
2–4 EL Kokosnuss-Aminos
1 TL Suppenwürze-Pulver
1 TL **Probio-Braunhirsepulver** (Rezept Seite 80; alternativ siehe Infokasten Seite 76)
80–100 ml Olivenöl
1 EL Apfelessig *oder* ½ TL Ume Su
frisch gemahlener schwarzer Pfeffer *oder* Wilder Madagaskarpfeffer

Zutaten deiner Wahl

1 Knoblauchzehe
1–2 TL Ahornsirup

Weitere Zutaten für Variante 1:
KLASSISCHES ALGEN-TATAR

1–2 EL Kapern
1 EL Herbes de Provence (Thymian, Rosmarin, Oregano, Majoran, Bohnenkraut)

Weitere Zutaten für Variante 2:
EXOTISCHES ALGEN-TATAR

1 daumendickes Stück frischer Ingwer
1–2 EL Sesamsamen (4–6 Std. einweichen, ggf. 6–12 Stunden dehydrieren; siehe Seite 26 ff., 112 ff.)
1 TL gemahlener Kreuzkümmel
2 Tropfen ätherisches Zitronengrasöl
statt Olivenöl Sesamöl verwenden

ca. 10 Minuten   Mixer

So einfach geht's:

Die frischen Algen gründlich spülen, 5 bis 10 Minuten in Wasser einweichen, anschließend noch einmal gründlich spülen und das Wasser mit den Händen herausdrücken.

Die Zwiebel grob hacken, ggf. Ingwer und Knoblauch schälen und ebenfalls grob in Stücke schneiden.

Alle Zutaten im Mixer stückig zerkleinern. Das Tatar in ein Glas füllen und kurz ziehen lassen. Mit Pfeffer abschmecken.

Variante: Ein **Express Algen-Tatar** mit getrockneten Algen kannst du herstellen, indem du etwa 15 Gramm Algenflocken verwendest. Diese spülst du ebenfalls kurz durch und weichst sie 5 Minuten in Wasser ein. Das Wasser anschließend gut aus den Algen herausdrücken, dann weiterverfahren wie oben angegeben.

Hinweis: Die oben angegebenen Algen schmecken neutral.

Tipps:

Wenn du zusätzlich 2 bis 3 Grünkohlblätter (hier die dicke Mittelrippe herausschneiden) und bei Bedarf etwas mehr Olivenöl (oder einige aktivierte Nüsse oder Kerne) mitpürierst, erhältst du einen tollen Aufstrich, der noch weniger „fischig" schmeckt.

Du kannst zusätzlich 1 bis 2 Teelöffel Shiro-Miso dazugeben.

Weichst du die Algen vorab mehrere Stunden in Wasser ein, so wird das Jod „ausgeschwemmt".

Luftdicht verschlossen im Kühlschrank 2 Wochen haltbar.

HighVibe-Pesto

Pestos sind schnell gemacht, halten lang und sind eine leckere Art, Kräuter natürlich zu konservieren – eine tolle Sache für alle, die gern leckeres, gesundes Fastfood zur Hand haben.

Für 6 bis 8 kleine Gläser

- ½–1 Tasse Nüsse bzw. Kerne (z. B. Macadamia-, Wal-, Zedernüsse; Pinien-, Cashewkerne); einweichen, ggf. dehydrieren; siehe Seite 26 ff., 112 ff. und Tabelle Seite 35 ff.)
- 3–4 Tassen (Wild-)Kräuter, grob gehackt
- 1 Tasse Olivenöl

Zutaten deiner Wahl

- etwas Suppenwürze-Pulver
- Gewürze (z. B. frisch gemahlener schwarzer Pfeffer, Kreuzkümmel, schwarzer Kümmel)
- 1–3 EL Brennnesselsamen

ca. 5 Minuten

Mixer/Küchenmaschine

So einfach geht's:

Nüsse oder Kerne gut abtropfen oder auf ein Küchentuch legen und abtupfen.

Alle Zutaten im Mixer stückig zerkleinern, das Pesto nach Geschmack würzen und in Einmachgläser füllen.

Tipp:

Im Kühlschrank ist das Pesto luftdicht verschlossen mehrere Monate haltbar.

Angi's Sauce Tatar

Ein schnell zubereiteter Allrounder: passt perfekt zu Pasta, Wraps, Rolls, Salaten ...
Und ist dabei unfassbar lecker und urgesund!

Für 1 Glas (etwa 400 Milliliter)

100 g Cashewkerne (2–4 Std. einweichen)
35 g Pinienkerne *oder* Zedernüsse (2–4 Std. einweichen)
200 ml Wasser
50 ml Olivenöl
2 EL Zitronensaft
1½ TL Ahornsirup
1–2 TL Senf
1 TL **Probio-Braunhirsepulver** (Rezept Seite 80; alternativ siehe Infokasten Seite 76)

Zutaten deiner Wahl

¼ Stange Staudensellerie
1–2 EL rote Zwiebel
1–2 TL Kapern (in Olivenöl eingelegt)
½–1 Bund frischer Dill
1 Prise *Kala Namak- oder* Bambussalz

ca. 10 Minuten (Hochleistungs-)Mixer

So einfach geht's:

Die Grundzutaten cremig pürieren.

Den Staudensellerie und die Zwiebel fein würfeln. Kapern und Dill fein hacken, in die Sauce einrühren.

Express-Variante: Noch schneller kannst du diese Sauce zubereiten, indem du statt der eingeweichten Cashew- und Pinienkerne etwa 100 Gramm Cashewmus mit etwa 350 Millilitern Wasser mit den restlichen Grundzutaten zu einer cremigen Konsistenz verrührst.

Tipp:

Die Sauce ist im Kühlschrank in einem luftdicht verschlossenen Glas 5 bis 7 Tage haltbar.

Deko-Tipp:

Mit ein paar Zwiebelringen, Pinienkernen oder Zedernüssen sowie etwas gehacktem Dill oder anderen frischen Kräutern serviert: ein Augenschmaus.

HighVibe-Bärlauch-Pesto

RAW

Bärlauch ist ein Geschenk der Natur! Als Pesto kannst du das Wunderkraut in verschiedensten Varianten und Kombinationen genießen – als Pesto mit Pasta, in Burgern, auf Broten, zu Gemüse ... Es ist ein wahrer Allrounder.

Für etwa ¾ Liter (4 kleine Gläschen)

150 g Macadamianüsse (4–6 Std. einweichen, ggf. 6–8 Stunden dehydrieren; siehe Seite 26 ff., 112 ff.)
250 g frischer Bärlauch
300 ml Olivenöl
1–2 EL Zitronensaft
2–3 TL Suppenwürze-Pulver
frisch gemahlener schwarzer Pfeffer *oder* Wilder Madagaskarpfeffer

Zutaten deiner Wahl

1 TL **Probio-Braunhirsepulver** (Rezept Seite 80; alternativ siehe Infokasten Seite 76)
1–2 EL Ahornsirup

ca. 15 Minuten   Mixer/Küchenmaschine

So einfach geht's:

Alle Zutaten stückig zerkleinern, bis die gewünschte Konsistenz erreicht ist. Mit Pfeffer würzen.

Tipps:

Du kannst einen Teil des Bärlauchs durch Rucola, Wildkräuter wie Giersch, Grünkohlblätter (hier die dicke Mittelrippe herausschneiden) oder anderes Blattgemüse ersetzen.

Generell kannst du Pestos aus allen frischen Kräutern und mit Mikrogrün zubereiten.

Statt der Macadamianüsse sind auch Zedernüsse (erzeugt einen leicht fischartigen Geschmack im Pesto), Pinienkerne, Cashewkerne oder Walnüsse perfekt. Nüsse und Kerne am besten vorher aktivieren, anschließend wieder dehydrieren.

Im Kühlschrank ist das Pesto luftdicht verschlossen mehrere Monate haltbar.

RAW Sundance-Pâté

Egal ob als Pâté, als Aufstrich oder als Füllung verwendet: Die aktivierten Zutaten und probiotischen Kulturen sind absolut highvibe. *Für leckere Füllungen, als Basis für Crunchies und Cracker u. v. m.*

Für 1 großes Glas (etwa 350 Milliliter)

150 g geschälte Sonnenblumenkerne (4–6 Std. einweichen)
1 TL **Probio-Braunhirsepulver** (Rezept Seite 80; alternativ siehe Infokasten Seite 76)
1 Prise Suppenwürze-Pulver
1 TL Apfelessig *oder* frisch gepresster Zitronensaft
1–2 TL Senf
1 Prise Cayennepfeffer
2 EL Kokosnuss-Aminos
2–3 EL Olivenöl
1 Handvoll frisches Koriandergrün *oder* Mikrogrün nach Wahl
1–2 TL Kapern (in Olivenöl eingelegt)
50–100 ml Wasser

Zutaten deiner Wahl

½ gelbe Paprikaschote
1–2 TL Ahornsirup *oder* Kokosblütenzucker

ca. 15 Minuten

Mixer/Küchenmaschine

So einfach geht's:

Die Paprikaschote ohne Kerne grob hacken.

Alle Zutaten kurz stückig zerkleinern, bis die gewünschte Konsistenz erreicht ist: Für eine Paté so wenig Wasser wie möglich, für einen Aufstrich etwas mehr Wasser verwenden.

Tipp:

Die Pâté ist im Kühlschrank in einem luftdicht verschlossenen Glas 4 bis 7 Tage haltbar. Ohne frische Zutaten wie Paprika und Koriandergrün hält sie etwas länger.

HighVibe-Tipps:

Du kannst auch ätherische Öle (z. B. Zitrone, Zitronengras, Basilikum, Rosmarin, Koriander), Gewürze, Algenflocken oder frische (Wild-)Kräuter deiner Wahl verwenden.

Die Pâté schmeckt auch mit aktivierten Nüssen oder anderen Kernen (statt der Sonnenblumenkerne) fantastisch.

Express-Tipp:

Für **Sundance-Rolls** schneidest du 1 mittelgroße Zucchini der Länge nach in etwa 2 Millimeter dicke Scheiben. Verstreiche auf jeder Scheibe 1 gehäuften Teelöffel **Sundance-Pâté** und rolle die Scheiben auf … und du hast ein Fingerfood vom Feinsten! ☺ Diese Rolls passen super zu vielen anderen Gerichten.

Kokos-Curry-Creme
(Express-Variante)

Eine schnell zubereitete, exotische Creme, die du unglaublich vielseitig einsetzen und lang aufbewahren kannst.

Für etwa 250 Milliliter

1 cm frischer Ingwer
120 ml warmes Wasser
3 EL Kokosmus
1 EL Ahornsirup
1 Schuss Ume Su *oder* Apfelessig
1 TL Suppenwürze
1 Tropfen ätherisches Zitronengrasöl
1 Tropfen ätherisches Zitronen- *oder* Limettenöl
1 TL–1 EL Curry (deiner Wahl)
3 Prisen Wilder Madagaskarpfeffer
1 Prise Cayennepfeffer
½–1 TL Probio-Kultur (wahlweise)

ca. 10 Minuten

So einfach geht's:

Den Ingwer fein hacken. Alle Zutaten mit dem Schneebesen gut verrühren.

Tipps:

Durch das Kokosmus wird die Creme im Kühlschrank hart. Du kannst sie also cremig bei Zimmertemperatur verwenden oder hart, indem du sie 10 bis 20 Minuten in den Kühlschrank stellst.

Mit der erhärteten Creme kannst du die **Surfer Rolls** (Rezept Seite 96 f.) vor dem Füllen bestreichen. Oder du verwendest sie als Dip für diese Rolls, für Gemüsesticks und, mit etwas Wasser verdünnt, als Salatdressing.

Leicht fermentiertes **Kokos-Joghurt** (Rezept Seite 87) ist – statt Wasser und Kokosmus – ebenfalls eine köstliche Basis für diese Creme.

Im Kühlschrank kannst du die Creme in einem luftdicht verschlossenen Glas 1 bis 3 Wochen aufbewahren.

RAW Zedernuss-ProbioMajo

Eine ganz besondere „Majonäse" – rein pflanzlich, probiotisch, hochschwingend und super lecker!

Für 1 Glas (etwa 250 Milliliter)

100 g Zedernüsse (2–4 Std. einweichen)
etwa 100 ml Wasser

1 TL **Probio-Braunhirsepulver** (Rezept Seite 80; alternativ siehe Infokasten Seite 76)

1 TL Suppenwürze-Pulver *oder* 1 Prise Ursalz
2–4 EL Olivenöl
1 TL Apfelessig *oder* frisch gepresster Zitronensaft

ca. 10 Minuten

(Hochleistungs-)Mixer

So einfach geht's:

Alle Zutaten cremig pürieren, in einem Glasgefäß 2 bis 4 Stunden fermentieren, danach im Kühlschrank abkühlen lassen.

Tipp:

Die Majo ist im Kühlschrank in einem luftdicht verschlossenen Glas 6 bis 12 Tage haltbar.

Express-ProbioMajo

RAW

Eine leckere Majo, die im Handumdrehen gemacht ist, ohne Küchengerät

Für 2 kleine Portionen

1 EL Cashewmus
8–10 EL Wasser

½ TL **Probio-Braunhirsepulver** (Rezept Seite 80; alternativ siehe Infokasten Seite 76)

1 Prise Ursalz *oder* ¼–½ TL Suppenwürze-Pulver

ca. 5 Minuten

So einfach geht's:

Das Cashewmus in eine Schüssel geben und mit einem Schneebesen nach und nach mit Wasser und den weiteren Zutaten zu einer cremigen, nicht zu flüssigen Konsistenz verrühren.

Entweder sofort verwenden oder für mehr „Probio-Faktor" die Majo etwa 4 Stunden stehen lassen.

Tipps:

Im Kühlschrank ist diese Majo in einem luftdicht verschlossenen Glas 8 bis 12 Tage haltbar.

Je länger du die Express-Majo aufbewahren möchtest, desto kürzer sollte sie fermentieren, denn die Fermentation geht im Kühlschrank weiter, wenn auch langsamer.

Wildes Zedernuss-Trio

Mylk, Joghurt & Sauerrahm

Aus Zedernüssen wurden in Russland pflanzliche, probiotische Mylk- & Joghurtdrinks hergestellt. Sie sind ein jahrtausendaltes Heil- und Lebensmittel mit ganz besonderer Schwingung – probier es aus!

Für etwa 275 Milliliter

ZEDERNUSS-MYLK

50 g Zedernüsse (2–4 Std. einweichen)
200 ml Wasser
½ Teelöffel Probio-Kulturen (alternativ siehe Infokasten Seite 76)

Für etwa 250 Milliliter

ZEDERNUSS-JOGHURT

50 g Zedernüsse (2–4 Std. einweichen)
200 ml Wasser
½ Teelöffel Probio-Kulturen

Für etwa 250 Milliliter

ZEDERNUSS-SAUERRAHM

50 g Zedernüsse (2–4 Std. einweichen)
200 ml Wasser
½ Teelöffel Probio-Kulturen

ca. 10 Minuten

(Hochleistungs-)Mixer, Schüssel/Einmachglas, Küchentuch, Gummiband

So einfach geht's:

Die aktivierten Zedernüsse (ohne Einweichwasser) mit dem Wasser cremig pürieren. Probio-Kulturen hinzufügen, das Ganze noch einmal etwa 3 Sekunden mixen.

Die Masse in ein Gefäß umfüllen, das Ganze mit dem Tuch bedecken, dieses mit dem Gummiband am Behälter befestigen, und das Ganze fermentieren lassen (Fermentationszeiten: für **Mylk** 1 bis 2 Stunden, für **Joghurt** und **Sauerrahm** 6 bis 12 [oder sogar bis 24] Stunden).

Variante: Ungefähr 1 Liter beschwingende **HighVibe-Hanfsamen-Mylk** erhältst du, wenn du 170 bis 200 Gramm keimfähige Hanfsamen 8 bis 12 Stunden einweichst, gut spülst, anschließend mit 750 bis 900 Millilitern Wasser (je nach gewünschter Konsistenz), 2 bis 4 Datteln, ½ Teelöffel Probio-Kulturen und Gewürzen nach Wahl (z. B. Vanille, Tonkabohne, Zimt) fein pürierst und das Ganze dann durch einen Nussmilchbeutel drückst.

Hinweise: Wilde Zedernüsse haben ihren Preis, aber auch eine spürbar stärkende und beschwingende Wirkung.

Natürlich kannst du auch Pinienkerne verwenden, wobei hier keine so cremige Konsistenz erreicht wird.

Tipps:

Im Kühlschrank kannst du die Mylk in einer Glasflasche (siehe Infokasten Seite 77) 2 bis 3 Tage, den Joghurt 3 bis 5 Tage und den Sauerrahm 5 bis 6 Tage aufbewahren.

Fermentierter Gemüse-Drink mit Sprossen

mit Braunhirsesprossen, verschiedenem Gemüse & Wildkräutern

Ein „Zaubertrank" mit stark entgiftender, immunsystemstärkender, verdauungsfördernder, harmonisierender und energetisierender Wirkung. Eine Extraportion Biophotonen, Enzyme, sekundäre Pflanzenstoffe und Vitalstoffe.

Für etwa 2½–2¾ Liter

- 200 g Braunhirse (6–12 Std. einweichen, 2–3 Tage keimen lassen; siehe Seite 30 ff.)
- 1–2 Handvoll Topinambur
- 1–2 mittelgroße Rote Bete
- 1–2 Karotten (Ursorte, wenn möglich)
- 50–100 g Fenchelknolle
- 50–100 g Knollensellerie
- 3–4 Blätter Weißkohl
- 1–3 cm frischer Ingwer
- ca. 2½ Liter Wasser
- 1 Handvoll Wildkräuter (z. B. Brennnessel, Löwenzahnblätter, Bärlauch)

Zutaten deiner Wahl

- 2 Stangen Staudensellerie
- 1–2 EL bioaktive pflanzliche Mikromineralien (Bezugsquellen siehe *www.highvibefood.de*)

ca. 15 Minuten

Sprossenglas, 3-Liter-Einmachglas (siehe Infokasten Seite 77), Küchensieb, Fermentationsgewicht

So einfach geht's:

Das ungeschälte Gemüse in Stücke schneiden, den Ingwer in Scheiben schneiden und die Kräuter grob hacken.

Gekeimte Braunhirsesprossen in ein Sieb geben, gründlich spülen (ohne desinfizierendes Wasserbad), mit dem Gemüse, dem Ingwer und den Kräutern ins Einmachglas füllen. Mit dem Wasser auffüllen, das Ganze mit einem Kohlblatt bedecken und dieses mit einem Fermentationsgewicht beschweren. Das Einmachglas verschließen und an einem dunklen Ort ruhen lassen.

Nach etwa 7 bis 14 Tagen – je nach gewünschtem Fermentationsgrad – den milchsauer vergorenen Drink abgießen und das Getränk in Glasflaschen mit Bügelverschluss abfüllen.

Tipps:

Du kannst hier jede Art von Sprossen verwenden, z. B. Brokkoli-, Bockshornklee- oder Linsensprossen. Braunhirsesprossen sind allerdings besonders reich an Mineralstoffen, Spurenelementen und sekundären Pflanzenstoffen.

Das Getränk ist im Kühlschrank in einer Glasflasche (siehe Infokasten Seite 77) einige Monate haltbar.

Upcycling-Tipp:

Das im Sieb aufgefangene Gemüse kann als Snack, als Zutat für Salate, rohköstliche Cracker (Rezepte Seite 117, 228) oder Säfte (Einfach mit den anderen Zutaten entsaften!) verwendet werden.

Angi's würzige Crunchies

Deftige, aromatische Kerne, Nüsse & Samen

Ein würziger, stärkender megaleckerer Powersnack aus gekeimten Zutaten, Probio-Kulturen, frischen Kräutern und Gewürzen oder ein grandioses, herzhaft knuspriges Topping, das du auch zu Crackern oder rohköstlichen Brötchen verarbeiten kannst.

Für 1 Tablett (etwa 750 Gramm)

- 250 g Buchweizen (4–8 Std. einweichen, 12–24 Std. keimen lassen; siehe Seite 30 ff.)
- 100–150 g Walnüsse (8–24 Std. einweichen)
- 200 g Zedernüsse (2–6 Std. einweichen)
- 25–50 g schwarze *oder* helle Sesamsamen (8 Std. einweichen, ggf. 1 Tag keimen lassen)
- 50–75 g Lein- *oder* Chiasamen (in 100–150 ml Wasser 2–6 Std. einweichen)
- 2–4 EL Kümmel (6–8 Std. einweichen) und/ *oder* Brotgewürz

Zutaten deiner Wahl

- 20–40 entkernte schwarze Oliven
- 20–40 Kapern (in Öl eingelegt)
- 1 Bund frischer Dill *oder* Kräuter nach Wahl
- 1–3 EL Olivenöl *oder* ½–1 TL Trüffelöl
- 2 EL Apfelessig
- 1–4 TL Suppengewürz
- 2–4 EL Senf und/ *oder* frisch geraspelter Meerrettichwurzel (*oder* Meerrettich aus dem Glas)
- 1–2 EL **Probio-Braunhirsepulver** (Rezept Seite 80; alternativ siehe Infokasten Seite 76)
- etwas Kokosblütenzucker
- 1–3 EL Kurkuma-Pulver
- frisch gemahlener schwarzer Pfeffer

ca. 35 Minuten

Dörrautomat

So einfach geht's:

Oliven und Kapern fein schneiden. Dill bzw. Kräuter fein hacken. Alle Zutaten in einer Schüssel gut vermengen, abschmecken und gleichmäßig auf einem mit Dörrfolie belegten Tablett oder einem mit Backpapier belegten Backblech verteilen.

Das Ganze im Dörrautomaten bei 42 °C oder im Backofen bei 50 °C (Heiß-/Umluft; siehe Infokasten Seite 113) 18 bis 24 Stunden dehydrieren. Die würzigen Crunchies nach 6 bis 8 Stunden wenden, dann weitertrocknen lassen.

Varianten: Für die **Crunchy Cracker**-Version die oben aufgeführten Zutaten mit etwa 200 Millilitern Wasser im Mixer cremig pürieren und die Masse anschließend gleichmäßig auf einem mit Dörrfolie belegten Tablett oder einem mit Backpapier belegten Backblech ausstreichen, danach in Crackerform schneiden. Die Cracker 14 bis 18 Stunden im Dörrautomaten bei 42 °C oder im Backofen bei 50 °C (Heiß-/Umluft; siehe Infokasten Seite 113) dehydrieren. Cracker nach etwa 6 Stunden wenden, dann weitertrocknen lassen.

Für **Rohköstliche Brötchen und Fladen** die oben aufgeführten Zutaten in der Küchenmaschine oder im Entsafter (mit dem Eiscreme-Einsatz) stückig zerkleinern, den Teig zu kleinen Brötchen oder Fladen formen, diese auf ein mit Dörrfolie belegtes Tablett oder ein mit Backpapier belegtes Backblech setzen, mit einer Gabel kleine Löcher in den Teig stechen, und das Ganze im Dörrautomaten bei 42 °C oder

im Backofen bei 50 °C (Heiß-/Umluft; siehe Infokasten Seite 113) 18 bis 24 Stunden dehydrieren. Die Brötchen oder Fladen nach etwa 8 Stunden wenden, dann weitertrocknen lassen.

Es ist besser, die Brötchen nicht zu groß und zu dick zu formen. Eine dünnere Masse trocknet schneller und gleichmäßiger.

Tipp:

Die trockenen, abgekühlten Crunchies kannst du luftdicht verschlossen, trocken, lichtgeschützt und kühl mehrere Monate oder sogar Jahre aufbewahren.

HighVibe-Hummus

mit Süßlupinen- oder Kichererbsensprossen

Ein hochschwingender Allrounder, der gut sättigt und jede Menge Kraft schenkt. Die probiotischen Kulturen machen den Hummus nach und nach „lebendiger". Er schmeckt himmlisch. ☺

Für 1 mittelgroßes Glas (etwa ¾ Liter)

200 g Süßlupinensamen (8–24 Std. einweichen, 3 Tage keimen lassen) *oder* Kichererbsen (8–24 Std. einweichen, 3 Tage keimen lassen; siehe Seite 30 ff.)
2–3 EL Tahin
3–6 EL Zitronensaft *oder* Apfelessig
1–4 TL Suppenwürze-Pulver
300–350 ml Wasser
frisch gemahlener Wilder Madagaskarpfeffer
1–2 TL Probio-Kulturen (alternativ siehe Infokasten Seite 76)
3–4 EL Olivenöl

Zutaten deiner Wahl (fürs Aroma)

1 Zwiebel *oder* 1 EL Zwiebelpulver
2–4 Knoblauchzehen *oder* 1–2 TL Knoblauchpulver
1–2 EL Kreuzkümmelsamen (2–8 Std. einweichen)
50 g Sesamsamen (4–6 Std. einweichen, ggf. dehydrieren; siehe Seite 26 ff., 112 ff.)
2–4 TL Senf
1 EL Ahornsirup

Deko

Kreuzkümmel, frisch gemahlener Wilder Madagaskarpfeffer

ca. 40 Minuten

Hochleistungsmixer/Küchenmaschine

So einfach geht's:

Süßlupinen- oder Kichererbsensprossen 10 bis 30 Minuten bei geringer Hitze in Wasser blanchieren, bis sie weich sind. Sprossen durch ein Sieb abgießen und auf etwa 42 °C abkühlen lassen.

Die Zwiebel grob hacken. Den Knoblauch fein reiben.

Sprossen mit den restlichen Zutaten (außer Probio-Kulturen) cremig pürieren. Nach Bedarf Wasser hinzufügen, sodass die gewünschte Konsistenz entsteht. Mit Pfeffer abschmecken, Probio-Kulturen dazugeben und das Ganze noch einmal kurz mixen.

Den Hummus in Gläser abfüllen, abkühlen lassen, mit etwas Kreuzkümmel und Pfeffer bestreuen und mit einer Schicht Olivenöl bedecken. Luftdicht verschließen und zum Abkühlen in den Kühlschrank stellen.

Variante: Alternativ kannst du statt der Süßlupinen- oder Kichererbsensprossen auch gekeimte Linsen verwenden.

Hinweis: Süßlupinensprossen können nach der Mindestkeimzeit von 3 Tagen auch roh verarbeitet werden, ich blanchiere sie dennoch 10 bis 30 Minuten. Kichererbsensprossen sollten niemals roh verzehrt werden. Diese immer so lang blanchieren/kochen, bis sie weich sind.

Tipps:

Im Kühlschrank ist der Hummus in einem luftdicht verschlossenen Glas 10 Tage haltbar. Bedeckst du die Masse mit einer feinen Schicht Olivenöl, dann hält er meist noch länger. Wichtig ist, dass der Hummus frei von Luftblasen ist. Dazu das Aufbewahrungsgefäß mit dem Boden mehrmals vorsichtig auf eine Arbeitsfläche klopfen, sodass die Luft entweicht und die Masse kompakter wird.

Schmeckt zu rohköstlichen oder gebackenen Gemüsesticks, Cracker, in Wraps, Crêpes, auf Brot oder auf Sandwiches. Du kannst den Hummus in einen Burger geben, zum Salat und als Teil des Schulvespers oder des Proviants beim Wandern genießen etc.

Gourmet-Tipps:

Je nachdem, ob du Süßlupinen- oder Kichererbsensprossen oder beide verwendest und wie weit sie gekeimt sind, nimmst du mehr oder weniger Wasser zum Mixen. Prüfe die Konsistenz immer wieder.

Ätherische Öle sind ebenfalls ein wundervolles geschmackliches Plus. Rühre das Öl von schwarzem Pfeffer, Thymian o. Ä. (mit Zahnstochertechnik; siehe Infokasten Seite 158) vorab ins Olivenöl ein.

Mit Wintertrüffel ist dieser Hummus ein wahrer Gaumenschmaus. Püriere 2 bis 4 dünne Scheiben Trüffel mit oder füge etwa 1 bis 2 Teelöffel Wintertrüffel-Olivenöl hinzu.

Ein paar Worte zum Schluss: Have fun & live your bliss!

Ich wünsche dir wertvolle Erfahrungen und Erkenntnisse auf deinem Weg. Vergiss nicht: Der Weg ist das Ziel. *Take it easy.* Was du gern tust und was dir Spaß macht, das wird Teil deines Lebens bleiben und vielleicht auch seinen Weg zu anderen Menschen finden. Genieße jeden deiner Schritte auf dieser wundervollen Reise. Und bedenke: Rückschritte und Fehler gehören dazu! In LowVibe-Zeiten erfahren wir, wie wertvoll die HighVibe-Zeiten unseres Lebens sind. Licht und Schatten, Tag und Nacht, Yin und Yang ergänzen sich und gehören zum Großen Ganzen. Alles hat einen Sinn.

Anhang

Anmerkungen

(Links: Stand Oktober 2022)

1 *https://pubmed.ncbi.nlm.nih.gov/24290797/*
2 Siehe Fritz-Albert Popp, *Die Botschaft der Nahrung*, Seite VII
3 *https://pubmed.ncbi.nlm.nih.gov/15244274/*
4 *www.researchgate.net/publication/242057528_The_Light_of_Life_-_Biophotonics*
5 Siehe Valerie V. Hunt, *Infinite Mind*
6 *www.researchgate.net/profile/Konstantin-Korotkov-5/publication/265275114_MEASURING_ENERGY_FIELDS/links/566a621108ae62b05f02a3c6/MEASURING-ENERGY-FIELDS.pdf*
7 *https://foto-lauterwasser.de/*
8 *www.researchgate.net/publication/8386515_Local_Nanomechanical_Motion_of_the_Cell_Wall_of_Saccharomyces_cerevisiae*
9 Siehe Christian Dittrich-Opitz, *Ernährung für Mensch und Erde*, Seite 66
10 *https://academic.oup.com/ajcn/article-abstract/33/6/1287/4692699?redirectedFrom=PDF*
11 Siehe Christian Dittrich-Opitz, *Das Tao der Sonnenkraft*
12 Siehe Lama Thubten Yeshe, *Inneres Feuer*
13 *https://news.berkeley.edu/2018/09/12/gut-bacterias-shocking-secret-they-produce-electricity/*
14 Siehe Erwin Schrödinger, *Was ist Leben?*, Seite 106, 110
15 Siehe Fritz-Albert Popp, *Die Botschaft der Nahrung* (Interview); *https://docplayer.org/180175056-Diebotschaft-der-nahrung.html*
16 Siehe Fritz-Albert Popp, *Die Botschaft der Nahrung*, Seite 55
17 Siehe Fritz-Albert Popp, *Die Botschaft der Nahrung* (Interview); *https://docplayer.org/180175056-Die botschaft-der-nahrung.html*
18 *www.ncbi.nlm.nih.gov/pmc/articles/PMC2788184/*
19 *https://iopscience.iop.org/article/10.1088/1757-899X/509/1/012031/pdf*
20 *www.researchgate.net/publication/344694510_Sprouts_vs_Microgreens_as_Novel_Functional_Foods_Variation_of_Nutritional_and_Phytochemical_Profiles_and_Their_In_Vitro_Bioactive_Properties*
21 *www.ncbi.nlm.nih.gov/pmc/articles/PMC5904770/*
22 Siehe Gerhard G. Hammann, Peter E. Habermehl, Hans C. Krebs et al., *Naturstoffchemie*, Seite 530
23 Ebenda, Seite 530
24 *www.researchgate.net/publication/344694510_Sprouts_vs_Microgreens_as_Novel_Functional_Foods_Variation_of_Nutritional_and_Phytochemical_Profiles_and_Their_In_Vitro_Bioactive_Properties*
25 Siehe Gerhard G. Hammann, Peter E. Habermehl, Hans C. Krebs et al., *Naturstoffchemie*, Seite 530
26 *https://journals.ashs.org/jashs/view/journals/jashs/139/4/article-p469.xml*
27 Siehe Gerhard G. Hammann, Peter E. Habermehl, Hans C. Krebs et al., *Naturstoffchemie*, Seite 530
28 *www.dynamicgreens.com/wheatgrass-juice-nutritional-analysis/*
29 *www.researchgate.net/publication/340477392_Chemical_Composition_Minerals_and_Vitamins_Analysis_of_Lyophilized_Wheatgrass_Juice_Powder*
30 *www.ncbi.nlm.nih.gov/pmc/articles/PMC5904770/*
31 Siehe Gerhard G. Hammann, Peter E. Habermehl, Hans C. Krebs et al., *Naturstoffchemie*, Seite 530
32 *www.researchgate.net/publication/8893588_Determination_of_chlorophyll_in_plant_samples_by_liquid_chromatography_using_zinc-phthalocyanine_as_an_internal_standard*
33 *www.ncbi.nlm.nih.gov/pmc/articles/PMC5987390/*
34 Siehe Loraine R. Degraff, *The Complete Guide to Growing and Using Wheatgrass*, Seite 50
35 *www.travancoreayurveda.com/druva-grass/* und *www.researchgate.net/publication/270950948_Cynodon_dactylon_L_Pers_A_Valuable_Medicinal_Plant*
36 Siehe Edward Howell, *Enzyme Nutrition*, Seite 52
37 *https://hippocrateswellness.org/about-us/the-diet/sprouts-the-living-super-food/*
38 *www.sciencedirect.com/science/article/abs/pii/S0924224416300966?via%3Dihub*
39 *https://link.springer.com/article/10.1007/s00508-020-01758-y*
40 *https://pubmed.ncbi.nlm.nih.gov/9294217/*
41 *www.sciencedirect.com/science/article/abs/pii/S0924224416300966?via%3Dihub*
42 *www.minimed.at/medizinische-themen/stoffwechsel-verdauung/darm-immunsystem/*
43 Siehe Albert Szent-Györgyi, *Bioenergetics*, Seite 39
44 Siehe Gerald Pollack, *Wasser – viel mehr als H2O*, Seite 25
45 *www.researchgate.net/publication/342691852_Food_and_Mood_the_Corresponsive_Effect*

46 Siehe *www.proplanta.de/Maps/Mineral-+und+Heilquellen_createpoints_vxnnrnpoosntxxuouuxnptoorrpppxnnrn poosos.html* (Mineral- und Heilquellen in Deutschland); *www.proplanta.de/ratgeber/gesundheit/uebersichtskarte-von-heilquellen-indeutschland_tipps1385305224.html* (Heilquellen in Deutschland, teilweise auch in der Schweiz und in Österreich); *www.sagen.at/doku/quellen/quellen_schweiz.html* (Heilquellen in der Schweiz); *https://opac.geologie.ac.at/wwwopacx/wwwopac.ashx? command=getcontent&server=images&value=Kuepper_1966_Mineral-%20und%20Heilquellen.pdf* (Heilquellen in Österreich)

47 *https://pubmed.ncbi.nlm.nih.gov/19274472/*

48 Siehe Viktor Schauberger, *Das Wesen des Wassers*, Seite 75, 79, 84, 174, 197 ff.

49 Siehe H. L. Friedman; C. V. Irishman; C. Jolicoeur: „Ionic Interactions in Water", in: *Annals of the New York Academy of Sciences* 204, 1972, Seiten 77 ff.

50 *www.nobelprize.org/uploads/2018/06/advanced-chemistryprize2003-1.pdf*

51 Siehe Gabriel Cousens, *Ganzheitliche Ernährung und ihre Spirituelle Dimension*, Seite 47

52 Persönliche Aussage des Autors in einer E-Mail an mich

53 *https://core.ac.uk/download/pdf/211004247.pdf*

54 *www.nature.com/articles/28764*

55 Siehe Clinton Ober, Stephen Sinatra, Martin Zucker, *Earthing – Heilendes Erden*, Seite 70 ff.

56 *www.ncbi.nlm.nih.gov/pmc/articles/PMC3265077/*

57 *www.researchgate.net/publication/241219438_The_effect_of_Earthing_grounding_on_human_physiology*

58 *https://eplus.uni-salzburg.at/obvusboa/content/titleinfo/3573818*

58 *https://pubmed.ncbi.nlm.nih.gov/4892434/*

60 Siehe Lothar Wendt, *Die Eiweißspeicherkrankheiten*

61 Siehe Jürgen Guthmann, *Heilende Pilze*, Seite 13

62 *www.liebertpub.com/doi/10.1089/cbr.2012.1318*

63 *www.researchgate.net/publication/5371362_Melanin_directly_converts_light_for_vertebrate_metabolic_use_Heuristi c_thoughts_on_birds_Icarus_and_dark_human_skin*

64 Siehe Sayer Ji, *Regenerate*, Seite 75 ff.

65 *www.faz.net/aktuell/wissen/physik-mehr/melanin-sorgt-fuer-strahlenresistenz-pilze-mit-appetit-auf-strahlung-1433853.html*

66 Siehe Dr. Qing Li, *Into the forest*, Seite 57

67 *https://link.springer.com/article/10.1007/s11469-020-00363-4*

68 Siehe Dr. Qing Li, *Into the forest*, Seite 91

69 *www.researchgate.net/publication/337426119_Evaluation_of_Air_Negative_Ion_Effect_in_Rural_Human_Settlement _Forests*

70 *www.ncbi.nlm.nih.gov/pmc/articles/PMC4354886/*

71 *https://royalsocietypublishing.org/doi/full/10.1098/rspb.2013.3096*

72 Siehe Uwe Geier: „Röntgenbehandelte Bio-Produkte? Die Detektion mit Röntgenstrahlen kann aufs Lebensmittel wirken", in: *Lebendige Erde*, 4/2018; *www.lebendigeerde.de/index.php?id=heft_2018_4*

73 *www.tandfonline.com/doi/abs/10.1080/01448765.2018.1553122 und www.researchgate.net/publication/342309445_Detection_of_2-Dodecylcyclobutanone_in_Low-Dose_Irradiated_05_Gy_Goose_Fat_by_Triple-Quad_GC-MSMS*

74 *www.drbass.com/books.html*

75 Siehe auch Herbert M. Shelton, *Food Combining Made Easy*

76 Siehe auch Harvey und Marilyn Diamond, *Fit fürs Leben*

77 *https://bodyecology.com/*

78 *https://hippocrateswellness.org*

79 Nach Markus Strauß, *Die 12 wichtigsten essbaren Wildpflanzen*, Seite 8

80 *www.researchgate.net/publication/251705581_Biological_activities_and_health_benefit_effects_of_natural_pigment s_derived_from_marine_algae*

Register der Rezepte

Literaturverzeichnis

Arndt, Ulrich: *Spirulina, Chlorella, AFA-Algen: Lichtvolle Power-Nahrung für Körper und Geist.* Hans-Nietsch-Verlag, 2014

Arvay, Clemens G.: *Der Biophilia-Effekt. Heilung aus dem Wald.* Ullstein Verlag, 2016

Arvay, Clemens G.: *Der Heilungscode der Natur. Die verborgenen Kräfte von Pflanzen und Tieren entdecken.* Goldmann Verlag, 2018

Becker, Robert O.; Marino, Andrew A.: *Electromagnetism & Life.* Cassandra, 2010

Becker, Robert O.; Selden, Gary: *The Body Electric. Electromagnetism and the Foundation of Life.* William Morrow Paperbacks, 2016

Bischof, Marco: *Licht in unseren Zellen.* Zweitausendeins, 1995

Bräutigam, Gabriele Leonie: *Brennnessel. Rezepte für Vitalität, Schönheit und Genuss.* Hans-Nietsch-Verlag, 2016

Bräutigam, Gabriele Leonie: *Wilde Grüne Küche. 10 Wildkräuter – 50 Power-Snacks, vegan & vegetarisch.* Hans-Nietsch-Verlag, 2015

Bräutigam, Gabriele Leonie: *Wilde Grüne Smoothies. 50 Wildkräuter – 50 Rezepte.* Hans-Nietsch-Verlag, 2014

Chevallier, Andrew: *Das große Lexikon der Heilpflanzen. 5050 Pflanzen und ihre Anwendungen.* Dorling Kindersley Verlag, 2017

Clement, Brian und Anna-Maria: *Killer Clothes. How Seemingly Innocent Clothing Choices Endanger Your Health ... and How to Protect Yourself!* ReadHowYouWant, 2012

Clement, Dr. Brian: *Wunder-LebensMittel. Mit dem bewährten Hippokrates-Programm Lebenskraft tanken – für Gesundheit und Vitalität bis ins hohe Alter.* Hans Nietsch Verlag, 2012

Cousens, Gabriel: *Feed your Soul. Die spirituelle Kraft der Ernährung.* Hans-Nietsch-Verlag, 2018

Cousens, Gabriel: *Ganzheitliche Ernährung und ihre Spirituelle Dimension.* Hans-Nietsch-Verlag, 2001

Dahlke, Rüdiger: *Das Geheimnis der Lebensenergie in unserer Nahrung.* Arkana Verlag, 2015

Dänzer, A. W.: *Die unsichtbare Kraft in Lebensmitteln. BIO und NICHTBIO im Verleich.* Verlag Bewusstes Dasein, 2014

Dégraff, Loraine R.: *The Complete Guide to Growing and Using Wheatgrass. Everything You Need to Know Explained Simply – Including Easy-to-Make Recipes.* Atlantic Publishing Group Inc., 2011

Diamond, Harvey und Marilyn: *Fit fürs Leben. Fit for Life.* Goldman Verlag, 1990

Dittrich-Opitz, Christian: *Das Tao der Sonnenkraft. Sonnenyoga für die heutige Zeit.* Hans-Nietsch-Verlag, 2012

Dittrich-Opitz, Christian: *Ernährung für Mensch und Erde. Grundlagen einer neuen Ethik des Essens.* Hans-Nietsch-Verlag, 1995

Dreyer, Eva-Maria: *Essbare Wildkräuter und ihre giftigen Doppelgänger. Wildkräuter sammeln – aber richtig.* Franckh Kosmos Verlag, 2020

Dreyer, Eva-Maria: *Essbare Wildpflanzen Europas. 1500 Arten.* Nikol Verlag, 2020

Ellix Katz, Sandor: *Wild fermentation: The Flavour, Nutrition, and Craft of Live-Culture Foods.* Chelsea Green Publishing Co, 2016

Emoto, Masuro: *Die Botschaft des Wassers. Sensationelle Bilder von gefrorenen Wasserkristallen.* Koha Verlag, 2010

Feifer, Amanda: *Gemüse fermentieren. Kimchi, Sauerkraut, Pickles, Kwass & Co. selbst herstellen. Techniken, Tipps und Rezepte für den perfekten Einstieg.* Hans-Nietsch-Verlag, 2016

GfV Gesellschaft für Vitalpilze e.V. (Hrsg.): *Vitalpilze. Naturheilkraft mit Tradition – neu entdeckt.* 2009

Gurwitsch, Alexander: *Die Mitogenetische Strahlung.* Springer Verlag, 1932

Guthmann, Jürgen: *Heilende Pilze. Die wichtigen Arten der Welt. Beschreibung – Inhaltsstoffe – Wirkung.* Quelle & Meyer Verlag, 2020

Hammann, Gerhard G.; Habermehl, Peter E.; Krebs, Hans C., et al.: *Naturstoffchemie. Eine Einführung.* Springer Verlag, 1992

Hannes, Hendrik: *Photonic. Mental Engineering mit dem Licht des Lebens.* Books on Demand, 2014

Hemm, Dagmar; Noll, Andreas: *Die Organuhr. Gesund im Einklang mit unseren natürlichen Rhythmen.* Gräfe und Unzer Verlag, 2018

Hickisch, Burkhard: *Was uns wirklich nährt. Grüne Smoothies sind erst der Anfang – Das Basisbuch der neuen Ernährung.* Arkana Verlag, 2014

Höller, Anke; Grappendorf, Doris: *Essbare Wildsamen. Finden, sammeln, vielseitig genießen.* Verlag Eugen Ulmer, 2019

Howell, Dr. Edward: *Food Enzymes for Health & Longevity.* Lotos Pr., 2018

Ji, Sayer: *Regenerate. Rewind Your Biological Clock and Reverse Chronic Disease with theNew Biology: Unlocking Your Body's Radical Resilience through the New Biology.* Hay House Inc., 2019

Hunt, Valerie V.: *Infinite Mind. Science of the Human Vibrations of Consciousness*. Malibu Publications, 1996
Kulvinskas, Victors H.: *Leben und Überleben. Kursbuch im 21. Jahrhundert*. F. Hirthammer Verlag (vergriffen)
Lakhovsky, Georges: *Das Geheimnis des Lebens. Kosmische Wellen und vitale Schwingungen. Wie Zellen miteinander reden.* Verein für Ganzheitsmedizin, 1981
Lama Thubten Yeshe: *Inneres Feuer. Eine Meditationsübung aus den Sechs Yogas von Naropa.* Diamant Verlag, 2007
Lauterwasser, Alexander: *Schwingung – Resonanz – Leben. Wasser-Klang-Bilder und die Formen des Lebendigen.* AT Verlag, 2015
Lauterwasser, Alexander: *Wasser, Klang, Bilder. Die schöpferische Musik des Weltalls.* AT Verlag, 2022
Li, Dr. Qing: *Into the forest. How Trees Can Help You Find Health and Happiness.* Penguin Books, 2019
Muth, Rosemarie: *Arthrose heilen mit basischer Ernährung. Genussvoll essen und beweglicher bleiben.* Hans-Nietsch-Verlag, 2018
Ober, Clinton; Sinatra, Stephen; Zucker, Martin: *Earthing. Heilendes Erden. Gesund und voller Energie mit Erdkontakt.* Verlag für Angewandte Kinesiologie, 2012
Pollack, Gerald: *Wasser – viel mehr als H_2O.* Verlag für Angewandte Kinesiologie, 2015
Popp, Fritz-Albert: *Biophotonen – Neue Horizonte in der Medizin. Von den Grundlagen zur Biophotonik.* Haug Verlag, 2015
Popp, Fritz-Albert: *Die Botschaft der Nahrung*. Zweitausendeins, 2011
Schauberger, Viktor: *Das Wesen des Wassers. Originaltexte, herausgegeben und kommentiert von Jörg Schauberger.* AT Verlag, 2006
Schrödinger, Erwin: *Was ist Leben? Die lebende Zelle mit den Augen des Physikers betrachtet.* Piper Verlag, 1989
Senf, Bernd: *Die Wiederentdeckung des Lebendigen. Erforschung der Lebensenergie durch Reich, Schauberger, Lakhovsky, Herbert und Knapp.* Omega Verlag, 2019
Shelton, Herbert M.: *Food Combining Made Easy.* Martino Fine Books, 2013
Simoneton, Andre: *Radiations des Aliments, Ondes Humaines et Santé*. Courrier Livre, 1994
Sloan, Mark: *Red Light Therapy. Miracle Medicine.* 2018
Herrera, Arturo Solid: *The Human Photosynthesis. Chlorophyll in Plants. Melanin in Human Beings.* Litfire Publishing, 2017
Storl, Wolf-Dieter: *Der Selbstversorger. Mein Gartenjahr. Säen, pflanzen, ernten.* GU Verlag, 2016
Storl, Wolf-Dieter: *Mein Gartenwissen.* GU Verlag, 2017
Straubinger, P. A.; Fels, Margit; Karre, Nathalie: *Der Jungbrunnen-Effekt. Wie 16 Stunden fasten Ihr Leben verändert.* Kneipp Verlag, 2019
Strauß, Markus: *Die 12 wichtigsten essbaren Wildpflanzen bestimmen, sammeln und zubereiten*. Hädecke Verlag, 2020
Strube, Jürgen; Stolz, Peter: *Lebensmittel vermitteln Leben. Lebensmittelqualität in erweiterter Sicht*. Kwalis Qualitätsforschung Fulda, 2004
Switzer, John: *Dr. Switzers Heilkräftige Wildkräuter-Vitalkost-Rezepte.* Ayurveda Health & Beauty Verlag, 2011
Szent-Györgyi, Albert: *Bioenergetics*. Academic Press Inc, 1957 (vergriffen)
Tennant, Jerry: *Healing is Voltage*. CreateSpace Independent Publishing Platform, 2010
Ullmann, Jörg; Knufmann, Kirstin: *Algen. Das gesunde Gemüse aus dem Meer: kreativ zubereitet, ob als Smoothie, Suppe, Salat, Pasta oder Kuchen.* Franckh Kosmos Verlag, 2016
Vormann, Prof. Dr. Jürgen: *Säure-Basen-Balance. Der Kompass für mehr Vitalität und Wohlbefinden.* Gräfe und Unzer Verlag, 2016
Wendt, Lothar: *Die Eiweißspeicherkrankheiten.* Haug Verlag, 1984
Wigmore, Ann: *Schlank, fit und gesund mit Weizengras.* MVG Verlag, 1998 (vergriffen)
Wigmore, Ann: *The Wheatgrass Book: How to Grow and Use Wheatgrass to Maximize Your Wealth and Vitality.* Avery, 1985

Dank

Von ganzem Herzen bedanke ich mich bei Martina Klose (der „Geburtshelferin“ bei der Entstehung dieses Buchs 😊) fürs Lektorat und vor allem für die Unterstützung im Entwicklungsprozess von *HighVibe-Food*. Ein herzliches Dankeschön geht an den Verleger Hans Nietsch für sein Vertrauen und an Rosi Weiss für die wunderschöne grafische Gestaltung und die intensive Zusammenarbeit.

Meinem Bliss-Team danke ich sehr: Mónica für die Zusammenarbeit beim Aufnehmen der meisten Rezeptfotos, Audrey für den Support während der ersten Fotoproduktion, Laura für die Illustrationen und Luca Marie für ihre weitreichende Unterstützung.

Meinem Mann Romain – der mir auf so vielen Ebenen zur Seite steht – gilt ein ganz besonderer Dank für seinen Support, seine Flexibilität, sein Vertrauen und den Freiraum, den er mir zur Entfaltung gelassen hat. Ein herzliches Dankeschön geht auch an meine Mutter Monika, die immer für mich da ist.

Außerdem bin ich all den wundervollen Menschen zu Dank verpflichtet, von deren Wissen, Weisheit und Erfahrungen ich lernen durfte und darf. Gemeint sind die Pioniere, die es nicht immer leicht hatten und die trotzdem ihren Weg gegangen sind und ihre Erkenntnisse mit der Welt teil(t)en: Professor Fritz Albert Popp, Viktor Schauberger, Nobelpreisträger Albert Szent-Györgyi, Rudolf Steiner, Dr. Valerie Hunt, Anne Wigmore, Prof. Gerald Pollack, Dr. Gabriel Cousens und viele andere mehr.

Und dir, liebe Leserin, lieber Leser, danke ich für deinen Entdeckergeist, deine Offenheit und deinen Mut, neue Wege zu gehen.

Dem Leben selbst bin ich tief dankbar: Was für ein Geschenk!

Über die Autorin

Angelika Fürstler wurde 1987 in Klagenfurt/ Österreich geboren. Sie wirkt weltweit in Projekten als Botschafterin für einen ganzheitlichen, nachhaltigen und herzgeleiteten Lebensstil. In ihre innovativen und genussvollen Rezepte und Konzepte fließt nicht nur das Beste ein, was ganzheitliche pflanzliche Ernährung zu bieten hat, sondern auch jede Menge eigene Erfahrung, Kreativität, Liebe, Bewusstsein und Inspiration aus weltweiten Reisen und Abenteuern.

Die Autorin ist Begründerin der *HighVibe®Food & Lifestyle*-Bewegung. Im Rahmen der *HighVibe® Academy* bietet sie ganzheitliche Kurse und Ausbildungen an und in ihren *BlissLife*-Seminaren begleitet sie die Teilnehmer*innen auf dem Weg in ein erfülltes Leben.

Angelika ist Filmemacherin (mit ihrem Debut, dem preisgekrönten Kurzfilm LOTUS).

Mehr über Angelika findest du online unter:
www.angelikafurstler.de (deutsch)
www.angelikafurstler.com (englisch)
www.highvibefood.de (deutsch)
www.highvibefood.com (englisch)

Angelika auf Telegram:
https://t.me/angelikafurstleroffiziell
HighVibe offiziell auf Telegram:
https://t.me/highvibe_offiziell
Pinterest: *@angelikafurstler*

Zahlreiche Bonusgeschenke zu diesem Buch findest du auf meiner Website *www.highvibefood.de.*